全国高职高专轨道交通类专业精品规划系列教材

城市轨道交通应急与安全管理

王芳梅　刘　杰　主　编

代佳妮　王玲玲　梁晓芳　副主编

清华大学出版社

北　京

内容简介

本书结合城市轨道交通运营管理岗位的实际工作流程，从控制中心、车站、乘务三个层面的协调运作出发，以岗位需求为导向编写而成。

全书包括五个项目：伤亡类突发事件应急及安全管理、恐怖袭击类突发事件应急及安全管理、火灾类突发事件应急及安全管理、自然灾害类突发事件应急及安全管理、客运组织类突发事件应急及安全管理。每个项目根据这一类事件的不同情境分为若干个任务，每个任务又由知识准备和实训操作两部分构成，有的实训操作还给出了相应的实训演练示例。

本书最大的特点是注重学生的实操能力，既可作为高职高专院校城市轨道交通运营管理专业的教材，也可作为城市轨道交通运营企业员工的培训资料。

图书在版编目(CIP)数据

城市轨道交通应急与安全管理/王芳梅，刘杰主编. —北京：清华大学出版社，2017(2021.1重印)
(全国高职高专轨道交通类专业精品规划系列教材)
ISBN 978-7-302-45701-5

Ⅰ. ①城… Ⅱ. ①王… ②刘… Ⅲ. ①城市铁路－交通运输安全－交通运输管理－高等职业教育－教材 Ⅳ. ①U239.5

中国版本图书馆 CIP 数据核字(2016)第 288807 号

责任编辑： 王宏琴
封面设计： 常雪影
责任校对： 袁　芳
责任印制： 刘海龙

出版发行： 清华大学出版社
网　　址： http://www.tup.com.cn，http://www.wqbook.com
地　　址： 北京清华大学学研大厦 A 座　　**邮　　编：** 100084
社 总 机： 010-62770175　　**邮　　购：** 010-62786544
投稿与读者服务： 010-62776969，c-service@tup.tsinghua.edu.cn
质量反馈： 010-62772015，zhiliang@tup.tsinghua.edu.cn
课件下载： http://www.tup.com.cn，010-62770175-4278
印 刷 者： 北京富博印刷有限公司
装 订 者： 北京市密云县京文制本装订厂
经　　销： 全国新华书店
开　　本： 185mm×260mm　　**印　张：** 15　　**字　　数：** 340 千字
版　　次： 2017 年 1 月第 1 版　　**印　　次：** 2021 年 1 月第 6 次印刷
定　　价： 45.00元

产品编号：070809-03

前言

FOREWORD

“十三五”期间，我国将优先发展公共交通，特别是加快城市轨道交通的发展。城市轨道交通因其快捷、便利、高效等优势已越来越受人们青睐，但是由于设备、人为及自然灾害等因素，城市轨道交通难免会发生各种突发情况，这就要求城市轨道交通的工作人员具有很强的安全意识和应急处理技能。

重庆公共运输职业学院城市轨道交通运营管理专业自开设以来，一直致力探索专业岗位人才的培养，通过企业调研、校企合作等方式，对接城市轨道交通运营企业实际岗位需求进行课程改革与建设。本书是重庆市公共运输职业学院教育教学改革研究资助项目(项目名称：“轨道交通安全管理与应急处理”课程建设与改革，立项编号：YSJG20160302)和重庆市高等教育教学改革研究一般资助项目(项目名称：“轨道交通安全管理与应急处理”课程建设与改革，立项编号：163322)以及“2016年重庆市高等职业院校专项能力建设(骨干专业)项目城市轨道交通运营管理专业”的阶段性成果，主要包括伤亡类、恐怖袭击类、火灾类、自然灾害类、客运组织类五大类突发事件的应急及安全管理。

本书注重学生实际操作能力的培养，每一类事件根据不同情境分为若干个任务，每个任务都由知识准备和实训操作两部分构成，其中，有的实训操作还给出了实训演练示例，落实了每个岗位的工作内容和职责。同时，本书还注重循序渐进地培养学生能力，前两个项目旨在让学生掌握要做哪些工作，从项目三开始，结合具体的实际线路情况，让学生进行更加细致、复杂的操作。

本书由王芳梅、刘杰担任主编，负责全书框架和编写思路的设计及统稿工作。具体分工如下：王芳梅(重庆公共运输职业学院)编写项目二、项目三；刘杰(重庆公共运输职业学院)编写项目一；重庆公共运输职业学院的代佳妮、王玲玲、梁晓芳编写项目四和项目五。

重庆公共运输职业学院李海峰教授担任本书主审，对本书的编写思路、整体结构和相关内容提出了许多中肯意见，在此深表感谢！

本书编写过程中得到了重庆轨道交通(集团)有限公司、广州市地下铁道总公司等城市轨道交通运营企业以及重庆市急救中心的大力支持，在此一并表示衷心的感谢。

编　者

2016年10月

目录

CONTENTS

项目一

伤亡类突发事件应急及安全管理

任务一　创 伤 急 救

- 了解创伤的概念
- 掌握如何评估失血量
- 学会为伤员止血
- 学会为伤员包扎
- 学会为伤员固定
- 学会搬运伤员

知识准备

一、创伤概述

（一）创伤的概念

创伤是发生意外、疾病时，人体组织或器官受到损伤，受伤者会出血，感到疼痛，严重的会出现休克或意识障碍。

（二）创伤的判断

1. 失血量的评估

血液在维持人体正常生命活动中具有很重要的作用，当失血量达到一定程度时，人体会出现一些异常症状。可以通过观察伤员的症状判断伤员的失血情况，并采取紧急措施。

出血量与异常症状之间的评估见表1.1.1。

表1.1.1 出血量与异常症状之间的评估

类 型	失血比例/%	失血量/毫升	症 状
轻度失血	20	800	口渴、面色苍白、出冷汗、手足湿冷、脉搏快而弱，可达每分钟100次以上
中度失血	20～40	800～1600	呼吸急促、烦躁不安，脉搏可达每分钟120次以上
重度失血	40	1600	表情淡漠，脉搏细弱或摸不到，血压难测，可危及生命

2. 出血的分类

按出血的部位，出血分为内出血和外出血。内出血和外出血症状表现会有不同，处理也不同。

内出血是指血液停留在体内，不向体外排出，看不见出血情况，若不能及时发现，可能危及生命，危险性高。一般症状表现为面色苍白，脉搏快而弱，呼吸浅快，四肢冰凉，全身出冷汗，头晕、口渴等。常见处理方法是呼叫120，立即就近送医院。外出血是指血液流出身体表面，即体外出血，可以看见出血情况，也方便救护。可根据血的颜色、伤口的深浅、伤口的划伤程度判断受伤程度。具体判断见表1.1.2。

表1.1.2 外出血的判断

类 型	动脉出血	静脉出血	毛细血管出血
血色	鲜红	暗红	刚出血时发红，一段时间后变暗
出血情况	血呈泉涌，有搏动性，甚至随心跳呈喷射状	徐缓、均匀外流，吸气缓、出气时快	一点点渗出，有不明显出血点
危险性	使人在短时间内大量失血，有生命危险	危险性小于动脉出血	一般能自行凝固，若大面积创伤，出血量也较多，不可忽视

二、止血术

（一）直接压迫止血法

直接压迫止血法适用于皮肤表面小伤口。可以用创可贴、消毒纱布直接压迫出血部位，持续压迫3～5分钟，然后进行包扎，见图1.1.1。

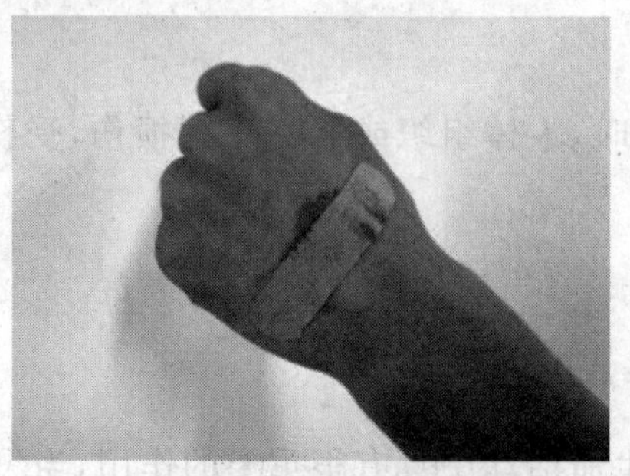

图1.1.1 直接压迫止血法

（二）加压包扎止血法

加压包扎止血法是现场急救中最常用的止血方法之一，适用于小动脉出血、静脉出血和毛细血管出血。

注意：关节脱位和伤口内有碎骨片时，禁用此法，以免加重损伤。

方法：伤口覆盖无菌敷料（干净的纱布、棉花、毛巾、衣服等）后，再用绷带、三角巾等加压包扎，松紧度以能达到止血目的为度，见图 1.1.2。

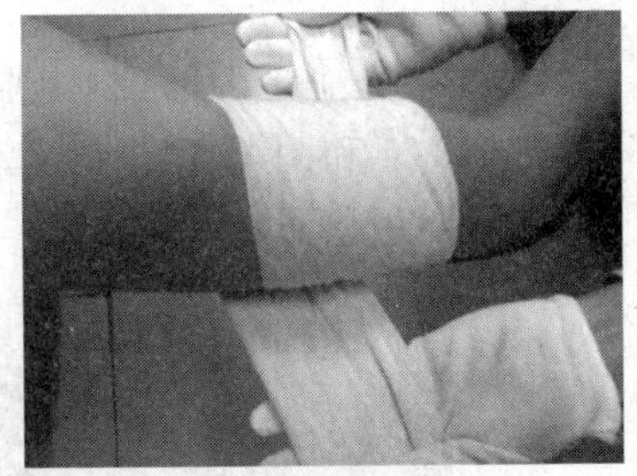

图 1.1.2　加压包扎止血法

（三）伤口有异物的包扎止血法

伤口有异物的包扎止血法是指适用于有异物刺入时的止血方法。

注意：异物嵌入伤口很深时，千万不要拔除，以防血流不止或异物清除不尽，应加以固定，然后前往医院处理。

伤口有异物的包扎方法见图 1.1.3。

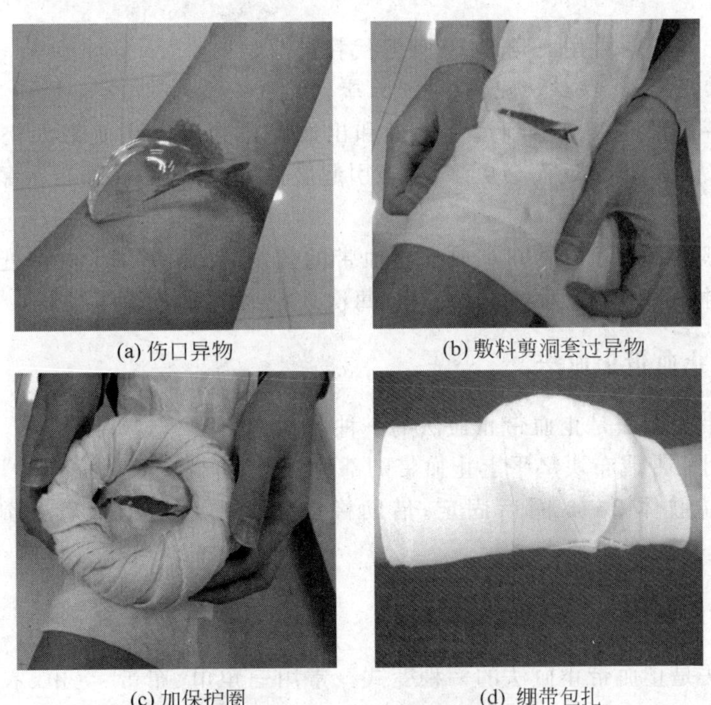

(a) 伤口异物　(b) 敷料剪洞套过异物　(c) 加保护圈　(d) 绷带包扎

图 1.1.3　伤口有异物的包扎止血法

（1）敷料上剪洞，套过异物，盖在伤口上。

（2）加保护圈，或在异物两侧各放一个绷带圈，将异物固定。

（3）用三角巾或绷带包扎。

（四）止血带止血法

止血带止血法适用于四肢大出血或四肢出血加压包扎止不住时，并应将绑有止血带的伤员尽快送往医院急救。

方法如下。

(1) 在上止血带的部位(上肢出血应扎在上臂的 1/3 处，下肢出血应扎在大腿中上部，见图 1.1.4 和图 1.1.5)垫上布块，以免损伤皮下神经。有衣物遮盖时可在衣物外面上止血带，不用垫布块。

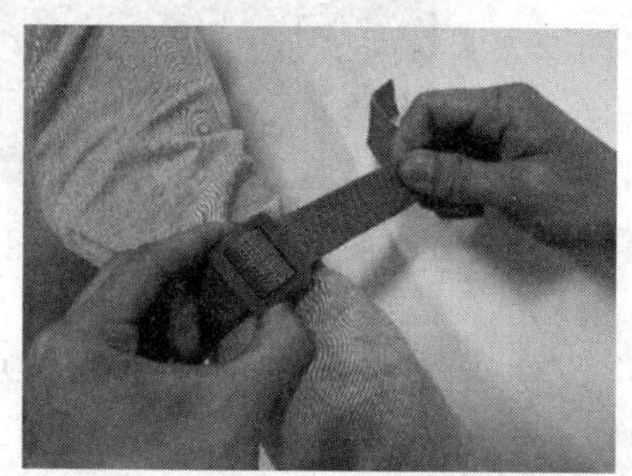

图 1.1.4　止血带止血法

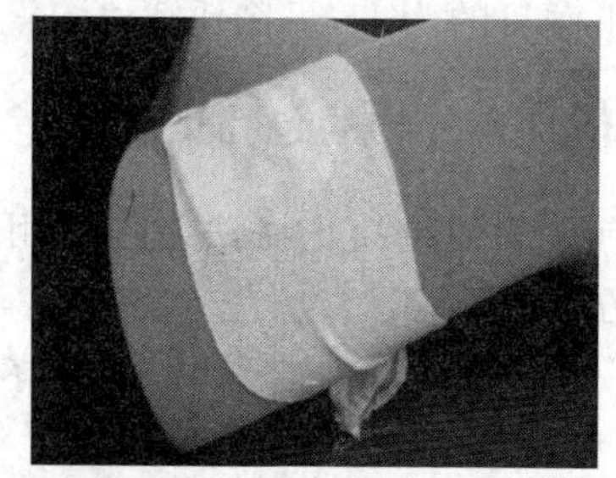

图 1.1.5　下肢出血上止血带部位

(2) 没有止血带时可用三角巾、布条等代替。

注意：严禁用电线、铁丝、绳索代替止血带。

(3) 止血带松紧度以摸不到远端脉搏和出血停止为度。止血带太松起不到止血目的，如果仅压住静脉，出血反而会更多，甚至引起肢体肿胀坏死；止血带太紧则会压迫神经使肢体麻痹。

(4) 记录绑止血带起始时间和放松止血带的各个时刻，并在止血带处做好标记。规定：每隔半小时(冷天)或 1 小时放松一次；每次放松约 1～2 分钟。

（五）橡皮止血带止血法

橡皮止血带止血法是止血带止血法的一种。

方法：先用绷带或布块垫平上止血带的部位，两手将橡皮管止血带中段适度拉长，绕出带血伤口上端肢体 2～3 圈后固定，借助橡皮管的弹性压迫血管达到止血目的，见图 1.1.6。

（六）绞棒止血法

绞棒止血法是止血带止血法的一种变式。常用三角巾、布带、毛巾、衣袖等平整地缠绕在加有布垫的肢体上，用木棍、筷子、笔杆等绞紧固定，见图 1.1.7。

（七）特殊伤：断肢

(1) 残端的处理：首选加压包扎止血，绷带回卷或用三角巾包扎，见图 1.1.8。加压包扎止不住血时，才选用绞棒止血法。

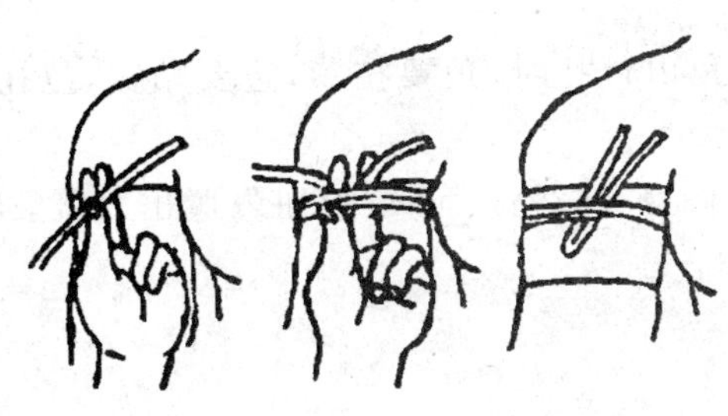

图 1.1.6　橡皮止血带止血法①

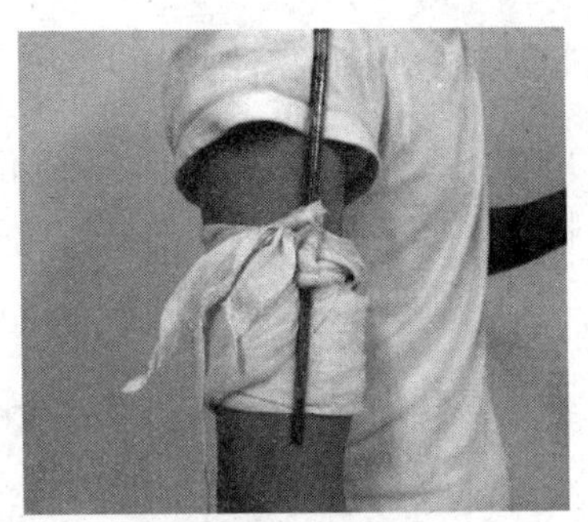

图 1.1.7　绞棒止血法

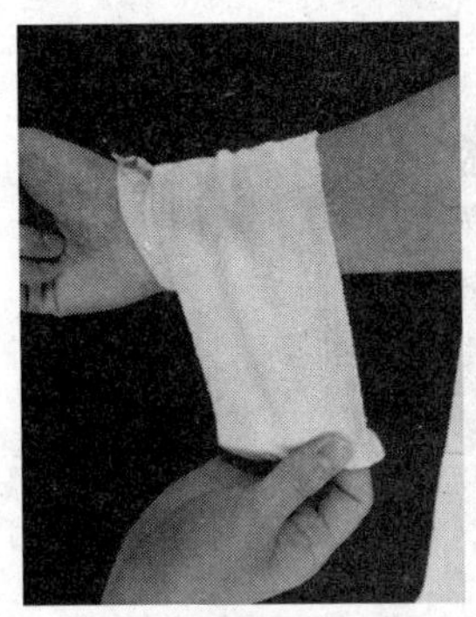

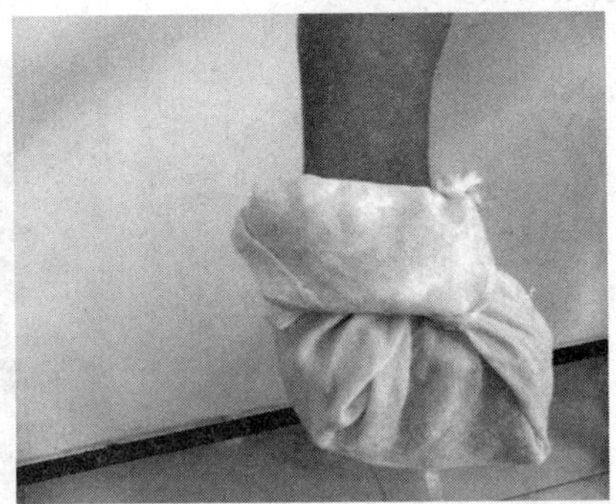

图 1.1.8　残端的止血处理

（2）绷带包扎止血。

（3）三角巾包扎止血。

（4）离断肢体的处理：不能用水、酒精等洗、泡，要用干净敷料包、塑料袋封装离断肢体。天热时周围放冰块，以免肢体腐烂，一定要在 6 小时内送最近有条件的医院进行医治。

三、包扎术

（一）包扎目的和材料

（1）包扎目的：帮助止血、保护伤口、减少感染、保护脏器、减轻痛苦。

（2）包扎材料：绷带、三角巾、干净的毛巾等，根据现场情况就地取材。

① http://image.so.com/v? q=橡皮止血带止血法&src=srp&fromurl=http%3A%2F%2Fwww.360doc.com%2Fcontent%2F11%2F1130%2F01%2F2495754_168516608.shtml#q=%E6%A9%A1%E7%9A%AE%E6%AD%A2%E8%A1%80%E5%B8%A6%E6%AD%A2%E8%A1%80%E6%B3%95&src=srp&fromurl=http%3A%2F%2Fwww.360doc.com%2Fcontent%2F11%2F1130%2F01%2F2495754_168516608.shtml&lightboxindex=5&id=9377a9a7fc4b828b477971b1192c85bd&multiple=0&itemindex=0&dataindex=11.

（二）包扎要求和注意事项

（1）要求：快、准、轻、牢、暴露伤口。三角巾包扎时，角要拉紧，边要贴实，包扎前要加敷料。

（2）注意事项：不冲洗、不上药、不拔除（伤口有异物）、不回纳（脏器脱出）、盖敷料。

（三）包扎方法

1. 头顶帽式包扎

头顶帽式包扎适用于头顶部外伤。

包扎方法见图 1.1.9。

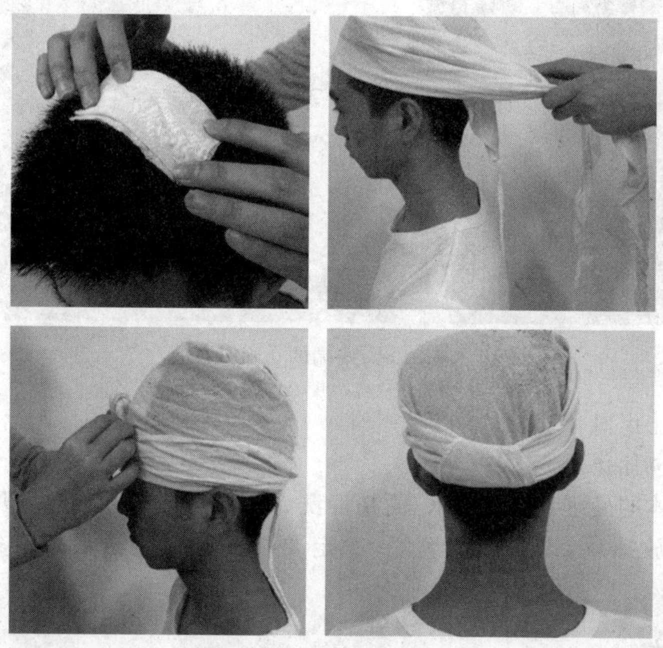

图 1.1.9　头顶帽式包扎

（1）在伤口上覆盖无菌纱布（敷料）。

（2）把三角巾底边的正中间放在伤员眉间上部。

（3）三角巾顶角经头顶拉到头枕部。

（4）将底边经耳上向后拉紧压住顶角。

（5）抓住两个底角在头枕部交叉返回到前额中央打结。

2. 脑溢出的包扎

脑溢出包扎适合于头部有异物刺入或脑组织溢出的伤口。

包扎方法如下。

（1）保持呼吸道畅通。

（2）用塑料薄膜或保鲜膜等覆盖脑组织。

(3) 用保护圈保护脑组织,见图 1.1.10。

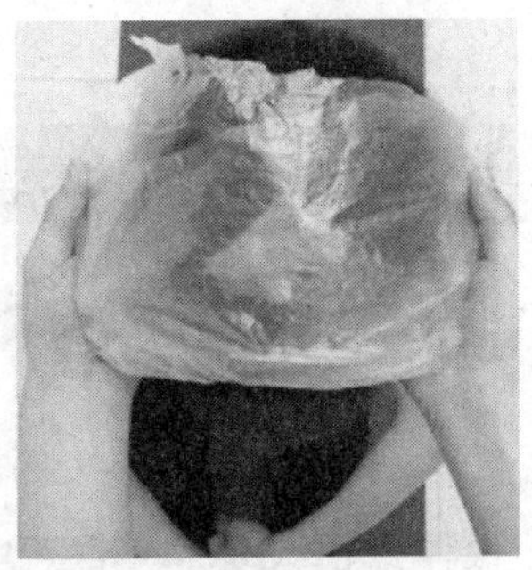
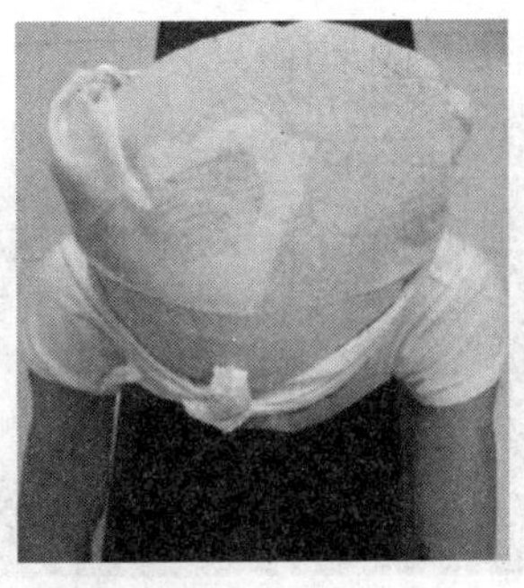

图 1.1.10 脑溢出的包扎

(4) 加盖干净薄敷料。

(5) 头顶帽式三角巾包扎法包扎。

3. 头部十字包扎

头部十字包扎适用于下颌、耳部、前额、颞部小范围的伤口。

包扎方法见图 1.1.11。

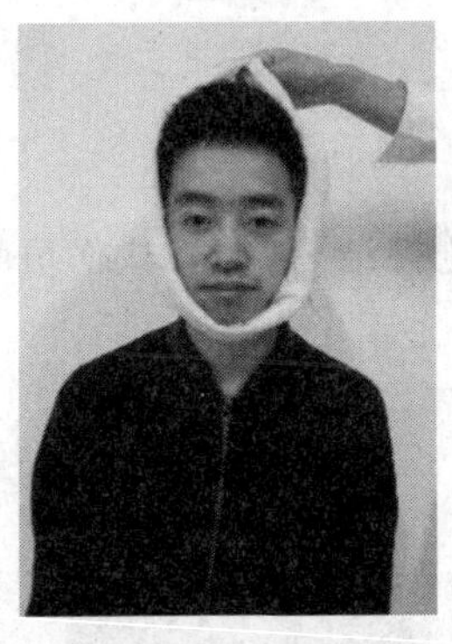
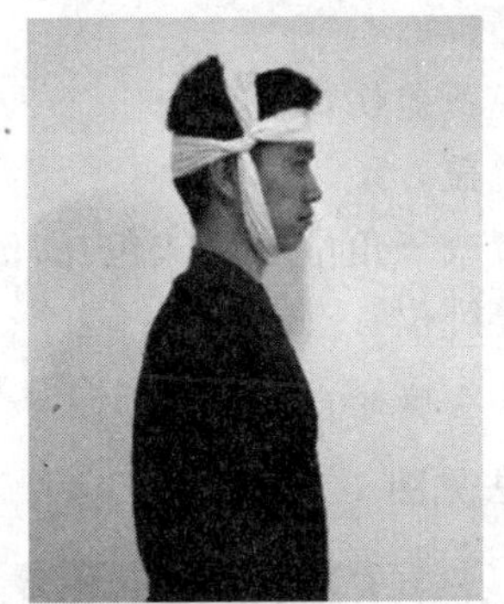

图 1.1.11 头部十字包扎

(1) 将三角巾叠成三指宽的带状放在下颌敷料处。

(2) 两手将三角巾的两底角分别经耳部向上提。

(3) 长端绕头顶与短端在颞部交叉成十字。

(4) 两端水平绕头部经额、耳上、枕在颞部打结。

4. 颈部受伤的包扎

劲部受伤的包扎方法适合于颈部受伤或颈部出血的止血。

包扎方法如下。

(1) 伤员健侧手抬起放头顶上。

(2) 健侧上臂或腋下做支架。

(3) 用三角巾进行包扎。

(4) 注意切不可绕颈部进行加压包扎,以免压迫气管或颈部动脉。

5. 肩部受伤的包扎

肩部受伤的包扎方法见图 1.1.12。

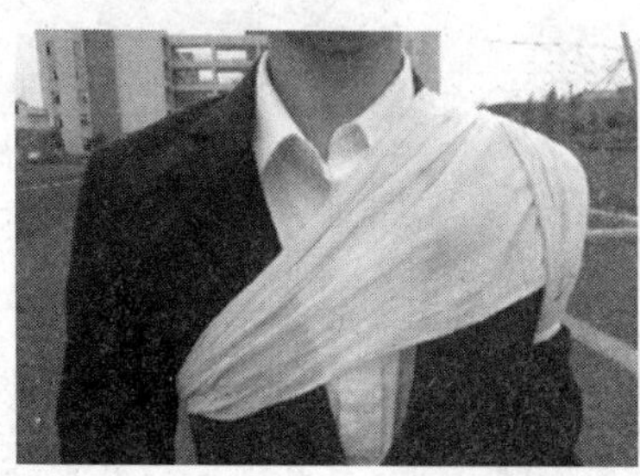

图 1.1.12　肩部受伤的包扎

(1) 将三角巾一底角拉向健侧腋下,顶角覆盖受伤肩部并向后拉。
(2) 用顶角上的带子在上臂上 1/3 处缠绕。
(3) 将一个底角从受伤肩腋下拉出来,绕过肩胛与另一底角在健侧腋下打结。

6. 开放性气胸的包扎

开放性气胸的判断:呼吸困难,胸部伤口冒气泡,能听到"吱吱吱"的声音。

包扎方法如下。

(1) 用塑料薄膜覆盖伤口。
(2) 用厚敷料覆盖。
(3) 三条宽布带或三角巾叠瓦式包扎,健侧打结,打结时让伤员呼气。
(4) 伤员置于半卧位。

7. 单腹、臀部和全腹的包扎

全腹的包扎方法见图 1.1.13。

图 1.1.13　全腹的包扎

(1) 三角巾顶角朝下。
(2) 底边横放于脐部。
(3) 拉紧底角至腰部打结。

(4) 顶角经会阴拉至臀上方。

(5) 顶角带子与底角余头打结。

8. 腹腔脏器脱出的包扎

包扎方法如下。

(1) 伤员置仰卧屈膝位。

(2) 塑料薄膜覆盖脱出脏器及伤口。

(3) 加盖薄敷料。

(4) 加保护圈。

(5) 加容器保护脱出脏器。

(6) 用三角巾进行单腹包扎法包扎。

四、固定术

(一) 了解骨骼[①]

成人人体共有 206 块骨骼,分为颅骨、躯干骨和四肢骨三大部分。其中,颅骨 29 块、躯干骨 51 块、四肢骨 126 块,人体骨骼构造见图 1.1.14。骨与骨之间一般由关节和韧带连接。骨骼在人体中起支持、保护、运动、造血(红骨髓)、储存脂质(黄骨髓)及矿物质的作用。

(二) 骨折

1. 骨折定义[②]

骨的连续性和完整性遭到破坏,称为骨折。

2. 开放骨折与闭合骨折

根据骨折处是否与外界相通,骨折可分为闭合骨折与开放骨折,见图 1.1.15。

(1) 闭合骨折:骨折断端不与外界相通者。

(2) 开放骨折:有皮肤或黏膜破裂,骨折处与外界相通者。

3. 骨折的判断

(1) 畸形:骨折段移位可使患肢外形发生改变,主要表现为肢体突然缩短,本来平直的地方出现角度或旋转。

(2) 异常活动:正常情况下肢体不能活动的部位,骨折后出现不正常的活动,不是关节的地方出现类似关节的异常活动。

(3) 骨擦音或骨擦感:骨折后,两骨折端相互摩擦,可产生骨擦音或骨擦感。

(4) 以上三种体征是只有骨折时才会有的表现,只要发现其中之一,即可确诊骨折,但未见此三种体征者,不能排除骨折的可能,如嵌插骨折,裂缝骨折。现场急救时,对能判

---

① http://baike.so.com/doc/287331-304223.html.

② http://wenda.so.com/q/1378198819063762? src=150.

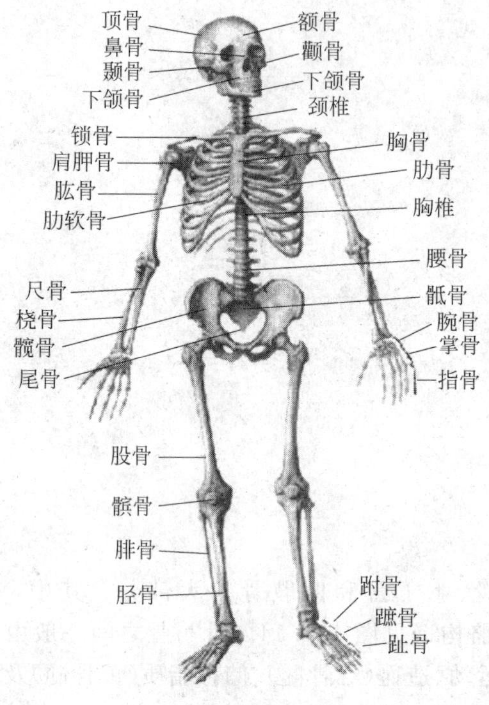

图 1.1.14 人体骨骼构造图①

(a) 闭合性骨折 (b) 开放性骨折

图 1.1.15 骨折②

断的骨折及时正确处理，不能判断是否有骨折时也要考虑骨折的可能，做到小心搬运转移。

（三）骨折固定基础

1. 固定的目的

（1）减轻病员的疼痛。

（2）减少出血和肿胀。

（3）避免损伤周围组织、血管、神经。

（4）防止闭合性骨折转化为开放性骨折。

（5）便于搬动病人。

---

① http://image.so.com/v?q=人体骨骼构造图&src=srp&fromurl=http%3A%2F%2Fwww.med66.com%2Fnew%2F1a41a2010%2F2010816zhangf174042.shtml#q=%E4%BA%BA%E4%BD%93%E9%AA%A8%E9%AA%BC%E6%9E%84%E9%80%A0%E5%9B%BE&src=srp&fromurl=http%3A%2F%2Fwww.med66.com%2Fnew%2F1a41a2010%2F2010816zhangf174042.shtml&lightboxindex=5&id=dfd6fbbab1a65761bed6da35f2a70980&multiple=0&itemindex=0&dataindex=12.

② http://image.so.com/v?q=2.%09开放骨折与闭合骨折&src=srp&fromurl=http%3A%2F%2Fwww.113guke.com%2Fgz%2F374.html#q=2.%09%E5%BC%80%E6%94%BE%E9%AA%A8%E6%8A%98%E4%B8%8E%E9%97%AD%E5%90%88%E9%AA%A8%E6%8A%98&src=srp&fromurl=http%3A%2F%2Fwww.113guke.com%2Fgz%2F374.html&lightboxindex=0&id=9c1f7c1b2f97fc9c4a796689c6bd1eb5&multiple=0&itemindex=0&dataindex=0.

2. 临时固定材料

(1) 夹板：是最常用的固定材料，其长宽尺寸应与伤肢适合。

(2) 木棒等：没有夹板时，可用木棒、竹片、树枝、硬纸板等来代替。

(3) 健肢：没有夹板并且找不到其他替代材料时，可以将患肢固定在健肢上。

3. 固定要领

(1) 先止血，后包扎，再固定。

(2) 如果没有合适的固定材料，骨折上肢可用宽布带固定在胸侧，骨折下肢可以固定在健肢。

(3) 四肢骨折有骨外露时，不能回纳，可用敷料包扎。

(4) 先固定骨折近心端，后固定骨折远心端。

(5) 固定的松紧度要适宜，太松时固定不牢，太紧又会影响血液循环。

(6) 固定后要注意观察手指足趾，如有苍白、青紫、发冷、麻木等，应立即松开，重新固定。

(7) 下肢或脊柱骨折，一般不要随意搬动伤员，就地固定。

4. 固定的注意事项

(1) 不移动，不能回纳。

(2) 不冲洗，不上药。

(3) 夹板长度超过 2 个关节。

(4) 夹板宽度与肢体粗细相当。

(5) 加布垫，保护皮肤，皮肤不与夹板直接接触。

(6) 固定包扎时松紧适度，三角巾或绷带不绑在骨折处。

(7) 露指(趾)，并观察血液循环。

(四) 骨折固定方法

1. 上臂骨折的固定

上臂骨折的夹板固定法见图 1.1.16。

(1) 用两块夹板分别放在上臂内外两侧，内短、外长，外侧夹板长度超过 2 个关节长度。如果只有一块夹板则放在上臂外侧。

(2) 用绷带或三角巾等将上下两端固定。

(3) 肘关节弯曲 90°，前臂用小悬臂带悬吊。

图 1.1.16　上臂骨折的夹板固定法

2. 前臂骨折的固定

前臂骨折的夹板固定法见图 1.1.17。

(1) 用两块长度超过肘关节至手心的夹板分别放在前臂的内外侧。只有一块夹板则放在外侧。

(2) 在手心放好衬垫，让伤员握好，使腕关节稍向背屈。

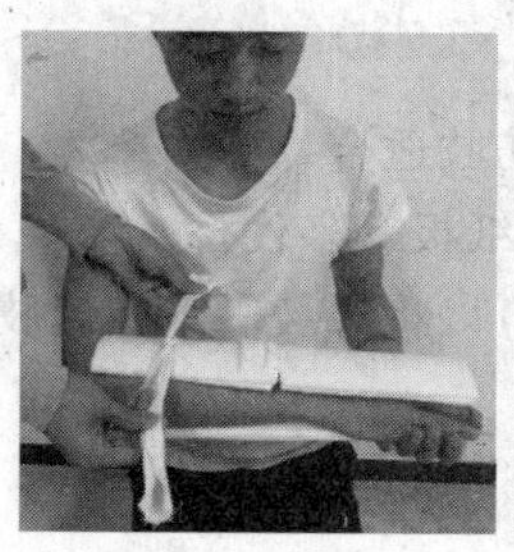
(a) 固定骨折上端

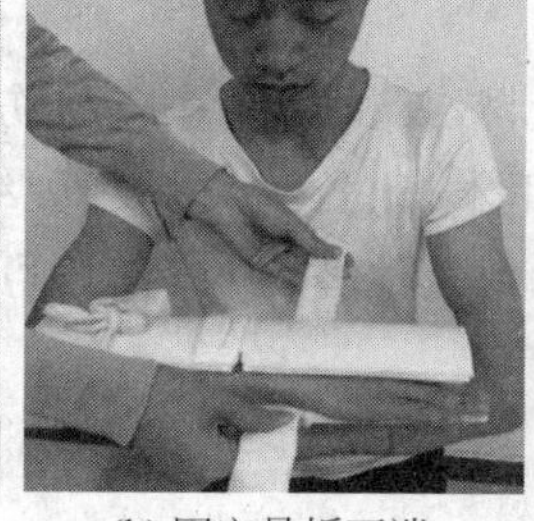
(b) 固定骨折下端

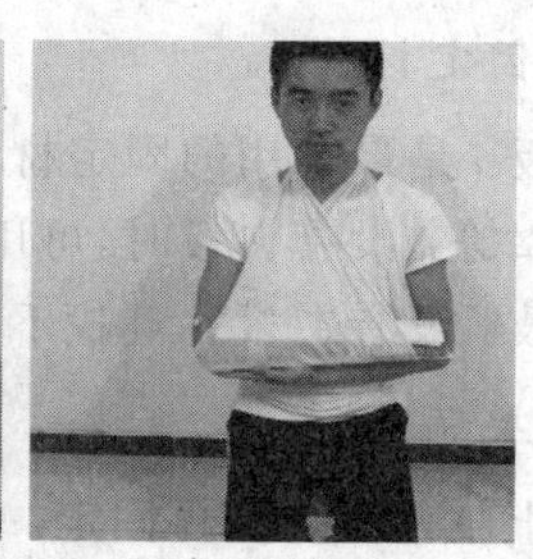
(c) 大悬臂带悬吊

图 1.1.17　前臂骨折的夹板固定法

(3) 固定夹板上下两端。

(4) 屈肘 90°,用大悬臂带悬吊,手略高于肘。

3. 锁骨骨折的固定

(1) 将两条指宽的带状三角巾分别环绕两个肩关节,于肩部打结。

(2) 伤员两肩向后张,分别将三角巾的底角拉紧,于背部打结,见图 1.1.18。

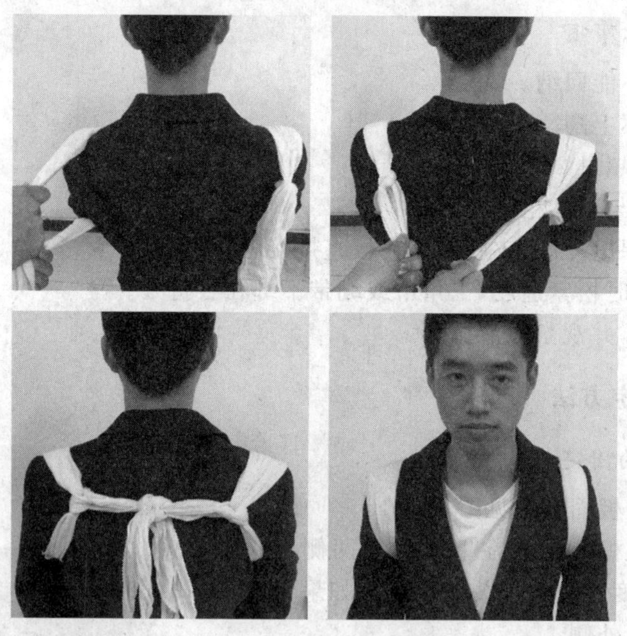

图 1.1.18　锁骨骨折固定

4. 大腿骨折木板固定

(1) 用两块木板,一块长木板从伤侧腋窝到脚外踝,一块短木板从大腿根内侧到脚内踝。

(2) 在腋下、膝关节、踝关节骨突出部位放置棉垫保护,空隙处用柔软物品填实。

(3) 用 7 条宽布带或三角巾固定。先固定骨折上下两端,然后固定膝、踝、腋下和腰部。

(4) 如果只有一块木板,则放置在外侧,固定部位和顺序同上。

(5) 用"8"字法固定足踝:将布带或三角巾置于足底,环绕足背两端交叉,再绕踝部打结固定。

(6) 露出趾端,观察血液循环。

5. 小腿骨折木板固定

(1) 用两块木板,一块长木板从伤侧髋关节到外踝,放置在伤肢的外侧,一块短木板从大腿根内侧到内踝,放置在伤肢的内侧。

(2) 在膝关节、踝关节、骨突出部位放棉垫保护,空隙处用柔软物品填实。

(3) 用三角巾或布带固定。先固定骨折上下两端,然后固定膝踝。

(4) 露出趾端,观察血液循环,见图1.1.19。

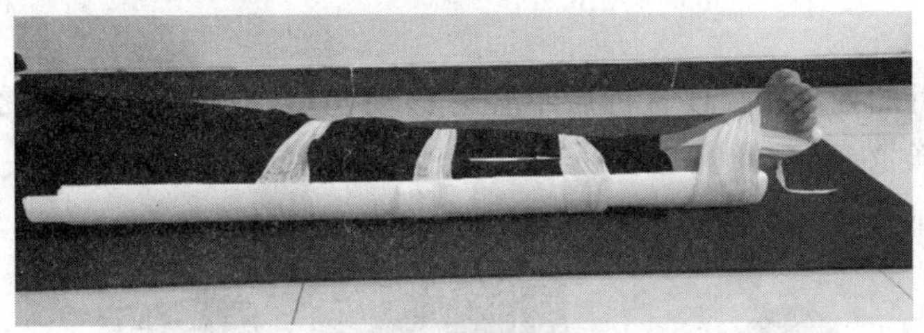

图1.1.19　小腿骨折木板固定

6. 下肢骨折健肢固定

(1) 用四条三角巾或布带将双下肢固定在一起,先固定骨折上端再固定骨折下端。

(2) 两膝、两踝及两腿之间缝隙放好棉垫、衬垫。

(3) 用"8"字法固定足踝。

(4) 露出趾端,观察血液循环,见图1.1.20。

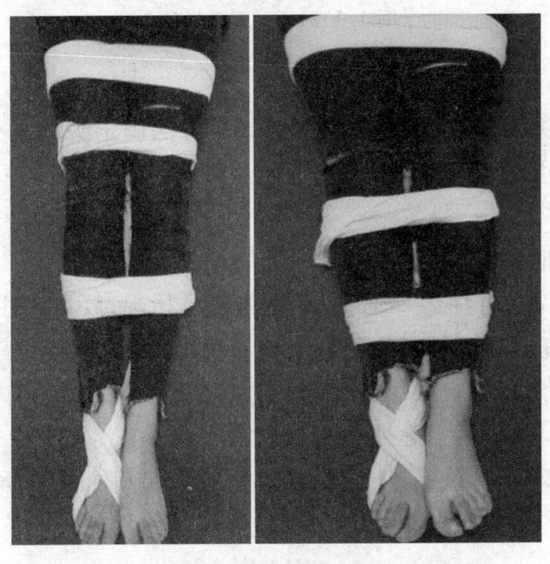

图1.1.20　下肢骨折健肢固定

7. 脊柱骨折

(1) 脊柱骨折的判断。

① 从高空摔下,臀或四肢先着地者。

② 重物从高空直接砸压在头或肩部者。

③ 暴力直接冲击在脊柱上者。

④ 正处于弯腰弓背时受到挤压力。

⑤ 背腰部的脊椎有压痛、肿胀或有隆起、畸形。

⑥ 双下肢有麻木,活动无力或不能活动。

前4条有其中一条,再加第⑤、⑥条即应考虑有脊椎骨折的可能性,应按照脊柱骨折要求进行急救。脊柱骨折时,如果损伤脊髓会导致截瘫,所以对脊柱骨折的伤员进行急救时要特别小心。

(2) 脊柱骨折的处理:脊柱骨折后不轻易移动伤员,应依照伤员的姿势就地固定,如事故现场仍有危险必须移动、搬运伤员到安全地带时,禁止1人抬肩1人抬腿的错误搬运法,应采用4人(或3人)搬运的方法(见图1.1.21)。

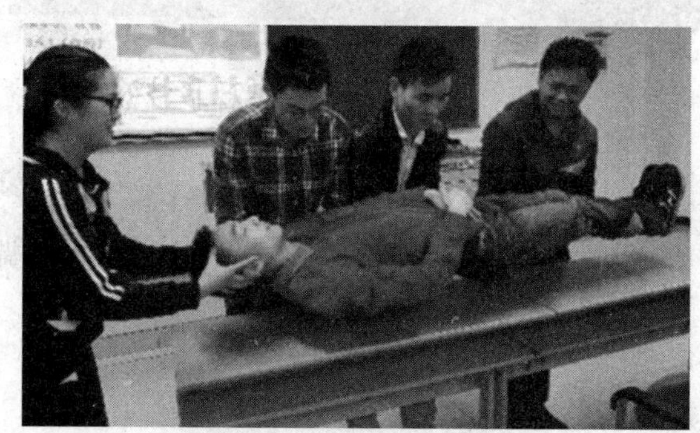

图1.1.21 4人搬运法

处理方法如下。

① 1人在伤员的头部,用头锁、肩锁、头肩锁等方法固定头部或头肩部。

② 另外3人在伤员同一侧,分别在伤员的肩背部、腰臀部、膝踝部。双手掌平伸到伤员的对侧。

③ 4人均单膝跪地。

④ 4人同时用力保持脊柱为一轴线,平稳将伤员抬起,放在脊柱固定板上。

⑤ 上颈托,无颈托时在颈部两侧用沙袋或衣物等固定。

⑥ 头部用头部固定器固定,或用布带固定。

⑦ 头颈部、足踝以及腰后空虚处垫实。

⑧ 固定脊柱,将双肩、骨盆、双下肢及足部用宽布带等捆绑在固定板上,双手用绷带固定放于腹部。

五、搬运术

（一）搬运目的

搬运的目的是使伤员尽快脱离险区，实施现场救护，送医院获得专业医疗，防止损伤加重，最大限度地挽救生命，减轻伤残。

（二）搬运原则

（1）搬运前检查并处理伤情。
（2）选择适当的工具及方法。
（3）不负重、不受压、不扭曲。
（4）搬运途中注意观察伤情。

（三）搬运方法

1. 徒手搬运法

（1）单人搬运：扶行法、抱持法、背负法。
（2）双人搬运：椅托式、轿扛式、拉车式、平卧托运法。

2. 器械搬运法

（1）常用器械：硬担架、帆布担架、绳网担架等。
（2）就地取材：采用简易担架，如椅子、门板、毯子、衣服、绳子、梯子等。

（四）搬运体位

一般情况下伤员处于平卧位最好，但一些特殊病情需要伤员处于特殊体位。
（1）头低足高位：适用于大出血休克的病人。
（2）半卧位：适用于呼吸困难的病人。
（3）仰卧屈膝位：适用于肠脱出的病人。
（4）恢复体位：适用于昏迷的病人。
以上体位见图 1.1.22。

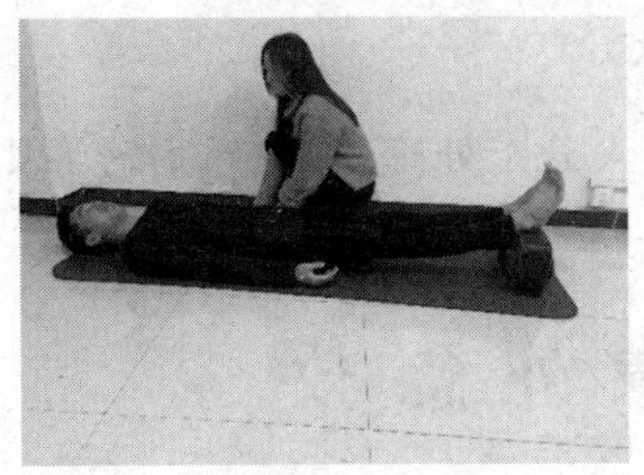
(a) 头低足高位

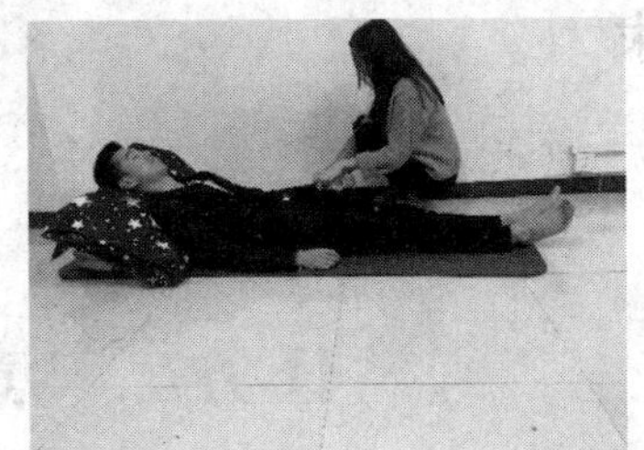
(b) 半卧位

图 1.1.22　搬运体位

(c) 仰卧屈膝位

(d) 恢复体位

图 1.1.22(续)

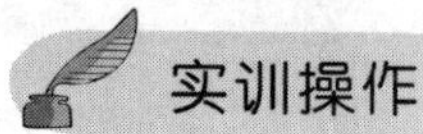

实训目标

- 能根据伤员实际情况进行止血
- 能根据伤员实际情况进行包扎
- 能根据伤员实际情况进行固定
- 能根据伤员实际情况进行搬运

实训任务 1

伤员 1 头顶部凹陷性骨折和肩部出血，现场急救处理。
伤员 2 左大腿骨折，现场健肢固定。

实训任务 2

伤员 1 左上臂中段骨折，利用躯干固定，头顶部出血急救。
伤员 2 右胸开放性损伤伴气胸，现场紧急处理。

实训任务 3

某翻车事故中，伤员 1 下腹部被铁片戳穿，约拳头大的肠管外露，伤员 2 左前臂疼痛畸形，右膝受伤出血，请正确判断伤势并按正确程序进行急救。

实训要求

(1) 5 人为一个抢救小组，2 人当模特，3 人分工处理，按先重后轻原则急救。
(2) 时间：3 分钟。

任务二　意 外 急 救

- 掌握心肺复苏术方法

- 掌握气道异物的急救方法
- 掌握烧伤、烫伤的急救方法
- 掌握鼻出血的急救方法
- 掌握触电急救方法
- 掌握溺水的急救方法
- 掌握煤气中毒的急救方法
- 掌握中暑的急救方法

知识准备

一、心肺复苏术

（一）心肺复苏术定义①

心肺复苏术是指当呼吸停止、心搏骤停时，采用胸外心脏按压及人工呼吸进行急救的一种技术。

1. 心脏骤停的原因

心脏原因：冠心病、风湿性心脏病、严重心律失常等引起心脏休克。

非心脏病变：触电、溺水、创伤、中毒、过敏、窒息等。

2. 心脏骤停判断

专业人员判断：意识突然丧失，脉搏立即消失，停止呼吸或仅出现喘息声。

非专业人员判断：意识突然丧失，停止呼吸或仅出现喘息声。

（二）心肺复苏术的目的

脑细胞对缺氧最敏感，脑组织占体重2%，耗氧量却为20%，一旦心脏骤停，血液循环就会终止，进而脑细胞缺血、缺氧、损伤，如果继续缺氧，脑细胞会死亡进而发生生物学死亡。心肺复苏的目的是通过急救人员的努力，使伤病员的心、肺功能恢复正常，挽救病人生命，并力求不留下任何影响患者生活质量的后遗症。

（三）心肺复苏术的紧迫性

心跳、呼吸骤停后，实施救护的时间点与成功率之间的关系如下。

4分钟以内实施复苏术，成功率50%。

4～6分钟实施复苏术，成功率10%。

6分钟实施复苏术，成功率4%。

10分钟实施复苏术，成功率1%～2%。

---

① http://baike.baidu.com/link?url=dXBGd5nyjtVKvRsg6oNkdDUIAwVcVYf5r1S96jJAf1MZ1CKoUdI5hs4wFp-MGB3U.

从以上数据可以看出，救命黄金时刻为心跳、呼吸骤停后的 4 分钟之内！

（四）基础生命支持（BLS）

BLS 是 Basic Life Support 的缩写，也就是一般人所谓的基本救命术的英文缩写。具体含义如下。

(1) A：Airway，开放气道（开）。

(2) C：Circulation，胸外心脏按压（压）。

(3) B：Breathing，人工呼吸（吹）。

(4) D：Defibrillation，体外除颤（电）。

其中，体外除颤常用的是自动体外除颤器（Automated External Defibrillator，AED）。

AED 原理：让强大电流瞬间通过心脏，终止室颤，窦房结重新发出冲动，心脏恢复正常跳动。

AED 的使用：一个右侧锁骨之下；另一个左侧乳头外侧腋中线。

注意：AED 工作时切勿靠近病人。

（五）单人心肺复苏术操作步骤

实施心肺复苏有两个前提：①确保现场环境安全，伸开双臂，眼睛环顾四周，看上下左右，有无水灾、火灾、雷电、房屋倒塌、煤气泄漏等；②做好自我防护，例如病人有呕吐物或排泄物时，救护人员要戴好手套等。在确保这两个前提条件满足后开始实施心肺复苏，具体步骤如下。

1. 判断意识

判断意识必须在 10 秒钟内完成。首先轻轻拍伤病员两肩，然后在伤病员两侧耳朵呼喊："先生（女士），你怎么啦？能听到吗？"注意要轻拍重喊，切勿摇头、拍脸、随意晃动伤病员身体。

2. 呼叫 120

如果病人有意识，拨打 120，原地观察病人情况，等待救援人员达到。如果病人无意识，立即找人帮忙呼叫 120，进行心肺复苏。找人帮忙时首先要表明自己救护人员的身份，另外一定要明确指定人员拨打 120 求救，并嘱咐其打完电话后告诉你。同时另指定一名人员帮忙取来除颤仪。最后，询问现场还有没有会救护的人员，请其帮忙一起实施救护。

拨打 120 必须用语精练、准确、清楚。用语内容要点如下。

(1) 电话号码与姓名。

(2) 确切地点，尽可能指出附近的显著标志。

(3) 病人目前的情况，如昏倒、无意识、无呼吸、大出血等。

(4) 严重程度、病人数量、事故性质。

注意：打完电话不要着急挂机，等 120 挂机后再挂机。

3. 摆放体位

实施救护之前，先要让病人仰卧在硬平面上，如果病人不是仰卧位，翻转时要注意保护病人的脊柱，特别是颈部。体位正确后，救护人员跪在病人右侧，双膝与肩同宽。左膝关节与病人肩部平齐，然后分别解开病人衣服拉链、衣领、领带、文胸。

病人处于俯卧位时的翻转方法。

(1) 首先施救者跪在病人的一侧。

(2) 翻转病人，使其面向施救者所在的对侧(保护病人脸部)。

(3) 在翻转病人时，保护病人的肩部，将病人的双上肢向头部方向伸直。

(4) 在翻转病人时，将其两小腿交叉，且病人远离施救者一侧的小腿放在另一侧小腿上。

(5) 在翻转时需要注意保护病人的头和颈椎，施救者左手手掌张开，五指分开，放在病人的颈部和头部后面，在翻转过程中尽量不要弯曲和旋扭病人的颈椎，同轴翻转。

(6) 最后施救者用右手手掌放在病人对侧腋下，手臂弯曲，用力把病人翻转过来，见图 1.2.1。

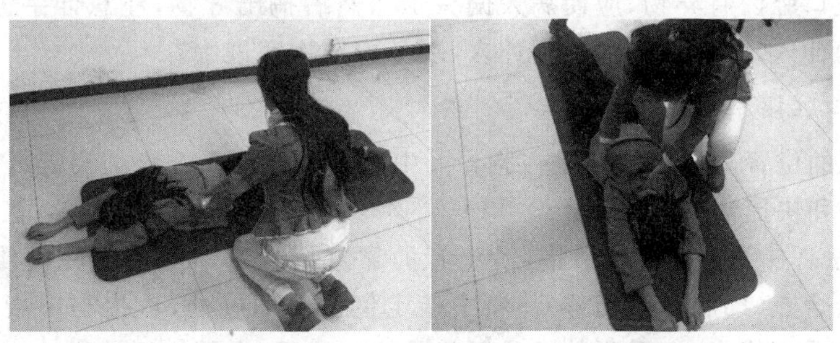

(a) 头、手、脚的放置　　(b) 翻转要点

图 1.2.1　体位翻转

4. 判断呼吸

判断呼吸的方法如下。

一看：抢救者耳朵贴近病人口鼻处，头部侧向病人胸腹部，眼睛观察胸、腹起伏情况。呼吸停止者，胸、腹部无起伏活动。

二听：抢救者在病人口鼻处听呼吸道有无气流响声。

三感觉：抢救者以自己面部接触病人口鼻，感觉有无气体排出。如病人呼吸停止，嘴唇青紫，应立即进行口对口人工呼吸，并呼喊其他人协助急救。

注意：判断呼吸不超过 10 秒，计时方法是四字数数法，即边观察，边数 1001，1002，1003，…，1007，数到 1007 即可。如果是专业人员，还可以计数病人的脉搏。

5. 开放气道

心搏骤停后，咽部肌张力下降，舌头后坠，造成气道梗阻，此时应尽快开放气道，开放气道的方法如下。

(1) 压额提颏[①]法：如患者无颈椎损伤，可首选此法。站立或跪在患者身体一侧，用一只手的小鱼际[②]放在患者前额向下压迫；同时另一只手的食指、中指并拢，放在颏部的骨性部分向上提起，使得颏部及下颌向上抬起、头部后仰，气道即可开放。

(2) 双手拉颌法：如已发生或怀疑颈椎损伤，选用此法可避免加重颈椎损伤，但不便于口对口吹气。站立或跪在患者头顶端，肘关节支撑在患者仰卧的平面上，两手分别放在患者头部两侧，分别用两手食指、中指固定住患者两侧下颌角，小鱼际固定住两侧颞[③]部，拉起两侧下颌角，使头部后仰，气道即可开放。

(3) 压额托颌法：站立或跪在患者身体一侧，用一只手的小鱼际放在患者前额向下压迫；同时另一只手的拇指与食指、中指分别放在两侧下颌角处向上托起，使头部后仰，气道即可开放。在实际操作中，此法优于其他方法，不仅效果可靠，而且省力、不会造成或加重颈椎损伤，而且便于做口对口吹气。

针对成人，无论选用何种开放气道的方法，均应使耳垂与下颌角的连线和患者仰卧的平面垂直，气道方可开放。如果是儿童，只要夹角成60°即可。如果是婴儿，只要夹角成30°即可。在CPR的全过程中，应使气道始终处于开放状态。

如果发现口腔内有异物，应使病人偏头45°，然后掏出异物，注意伸手进去掏异物时，手指应从嘴角伸入，不能从嘴部中间伸入，以免把异物塞进去。

6. 胸外心脏按压

(1) 按压的位置。按压位置是在胸骨的中1/3段与下1/3段的交界处。有两种找点方法：滑行法和快捷法。

① 滑行法：右手的食指和中指，沿患者的靠近抢救者一侧的肋弓下缘，向上滑行到两侧肋弓的会合点(即胸骨下切迹)。将中指定位于下切迹处，食指与中指并拢。左手的掌根紧靠在右手食指旁，左手所处的位置就是按压位置，见图1.2.2(a)。

② 快捷法：当胸一掌根，中指对乳头，见图1.2.2(b)。

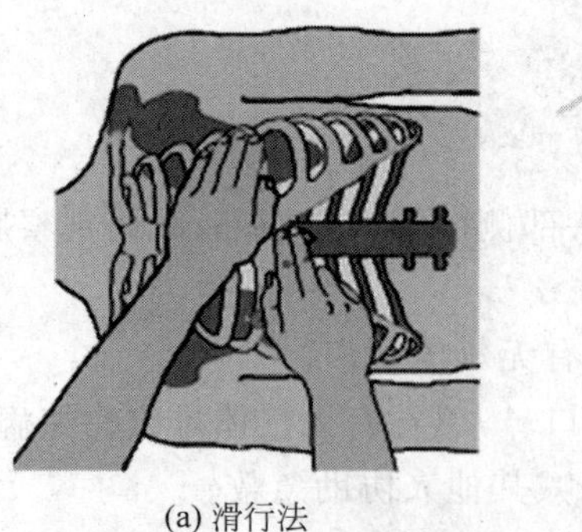

(a) 滑行法

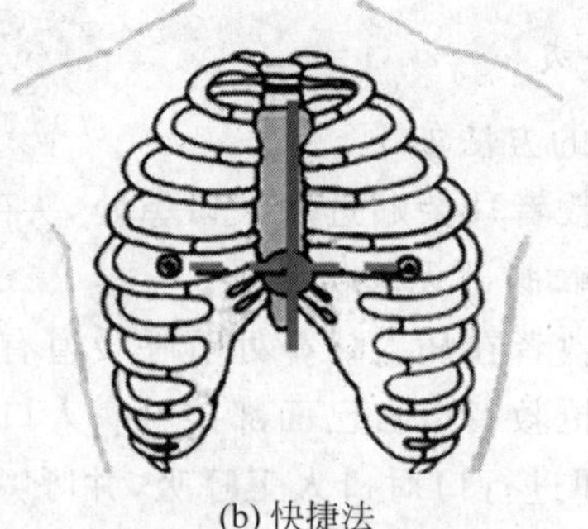

(b) 快捷法

图1.2.2 胸外心脏按压

---

① 颏，念kē，脸的最下部分，在两腮和嘴的下面。通称“下巴”“下巴颏儿”。

② 小鱼际，手掌内、外侧缘由一组肌群构成稍隆起的部位，大拇指一侧称“大鱼际”，小拇指一侧称“小鱼际”。

③ 颞，念niè，头颅两侧靠近耳朵的部分。

(2) 按压姿势。

① 手掌：使左手掌根的长轴与胸骨的长轴重合，以保证按压的力量在胸骨上，避免造成肋骨骨折。然后，再将右手的掌根放在另一手的手背上，使两手掌根重叠，十指相扣，手指翘起离开胸壁，保持下压力量集中于胸骨上。

② 腰与手臂：通过腰部发力，以腰部为支点，手臂伸直，垂直于水平面，按压过程中手臂不能弯曲。姿势见图 1.2.3。

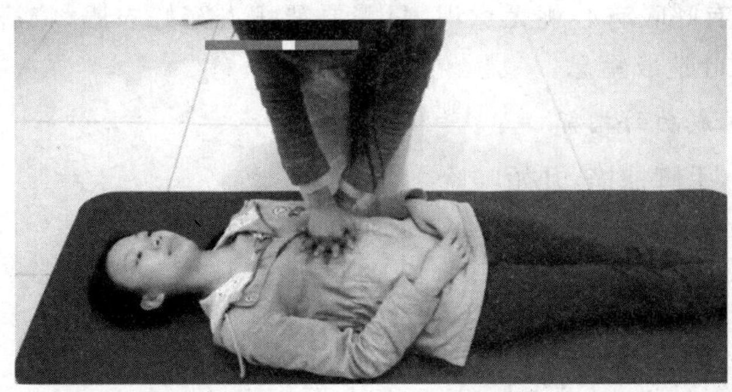

图 1.2.3　按压姿势

以上是对成人的按压方法，如果病人是 1～8 岁的儿童，只用一只手按压；如果病人是婴儿，只用两个指头按压即可。

(3) 按压方法。

① 按压频率：快速压，100～120 次/分，压下去并弹回来算一次按压，弹回时掌根不能离开胸部，边按压边数数：01,02,03,…,30。

② 按压深度：用力压，5～6 厘米。

③ 按压比例：按压与吹气的比例为 30∶2，即每按压 30 次，就吹气 2 次，以此循环。

7. 人工呼吸

人呼出的气体中含有氧气约 16%，可以满足病人的需要。人工呼吸有口对口和口对鼻两种方式。如病人口腔严重损伤，可采用口对鼻方式吹气。

(1) 确定病人无呼吸后，立即深吸气后用自己的嘴严密包绕病人的嘴，同时用食指、中指紧捏患者双侧鼻翼，缓慢向患者肺内吹气两次。

(2) 每次每口吹气量 500～600 毫升，每次吹气持续 1 秒钟以上，吹气时见到病人胸部出现起伏即可，避免过度吹气，以免引起肺泡破裂或胃扩张。

(3) 如果只进行人工通气，通气频率应为 10～12 次/分。

注意：吹气过程中，应始终观察病人胸部有无起伏运动。吹气时如无胸部起伏或感觉阻力增加，应考虑气道未完全开放或气道内仍然存在异物阻塞。[①]

8. 再判断

以 30 次按压、开放气道、吹气 2 口为 1 个周期，2 分钟内完成 5 个周期，然后换人，换

① http://baike.baidu.com/link? url=TBJZ5i_V9OZOFpfHMrKjR13M3Ck3WE8edleursNePChf3eW5y8aPWQNbAmTrfhXPGLxSCiDA9guYqLs13FkiHq.

人需在5～10秒内完成。操作过程中要再判断病人的呼吸和心跳，根据病人的呼吸和心跳情况采取不同措施。

(1) 如果病人仍然无呼吸无心跳，则反复操作CPR，直到AED取来或是医生到达。

(2) 如果病人无呼吸有心跳，则不再进行胸外按压，只进行人工呼吸，每分钟吹气10次。

(3) 如果病人有呼吸无心跳，则不再进行人工呼吸，只进行胸外按压，100～120次/分。

(4) 如果病人有呼吸有心跳无意识，只需要帮病人穿好衣服，将病人置于侧卧位，以免病人突然发生呕吐造成窒息。

9. 心肺复苏术成功的指标

(1) 眼球活动，手脚抽搐，开始呻吟。

(2) 双侧瞳孔缩小。

(3) 面色转为红润。

(4) 自主呼吸逐渐恢复。

(5) 触摸到规律的颈动脉搏动。

10. 终止心肺复苏术的情况

(1) 伤病人恢复自主呼吸和心跳。

(2) 专业医务人员接替抢救。

(3) 救护人筋疲力尽不能继续进行心肺复苏。

(4) 医务人员确定被救者死亡。

二、气道异物的急救

(一) 什么是气道异物

任何物品进入气道内均称为气道异物。

(二) 气道异物的表现

(1) "V"形手势。(单手或双手置于颈前)

(2) 呛咳、弊喘、嘴唇青紫。

(3) 呼吸困难、出冷汗、烦躁不安、失音甚至窒息等。

(4) 异物在气道停留过久，会出现发热、咳痰带脓血、胸痛等症状。①

(三) 气道异物的处理方法

1. 海姆里克手法

(1) 海姆里克手法的原理：快速挤压腹部和胸部，腹腔压力骤然增多，膈肌迅速上举，胸腔压力急速增大，气道异物在气压冲击下喷出。

① http://baike.baidu.com/link?url=OL-nBVg_6BplbconLD8Esv7LijwS-d2h0-Ko-5ARMrEgmm2YgR81DI5bXqhy5PNcS7IiQUjsvWLaErfqpBKjhXrwi149U1tqQD_WNpDFvvlcLXfyKc2mUP6v8ZG5W5mc.

(2) 海姆里克手法的操作(见图 1.2.4)。

① 急救者站在病人身后,用双臂环绕病人的腰部。

② 一只手握拳,拳头的拇指一侧对着病人的上腹部。

③ 另一只手紧握此拳,快速向上冲击压迫病人的腹部。

④ 重复连续推击,直至异物排出。

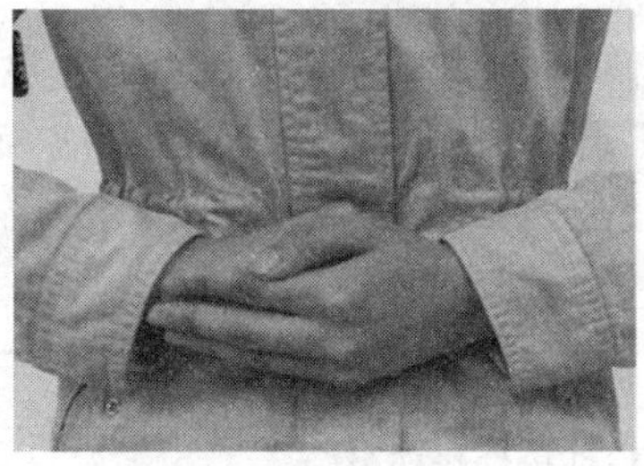

(a) 海姆里克手法　　(b) 握拳方法

图 1.2.4　海姆里克手法及握拳方法

2. 成人自救方法(见图 1.2.5)

(1) 自救腹部手拳冲击法见图 1.2.5(a)。

(2) 椅背支撑腹部压迫法见图 1.2.5(b)。

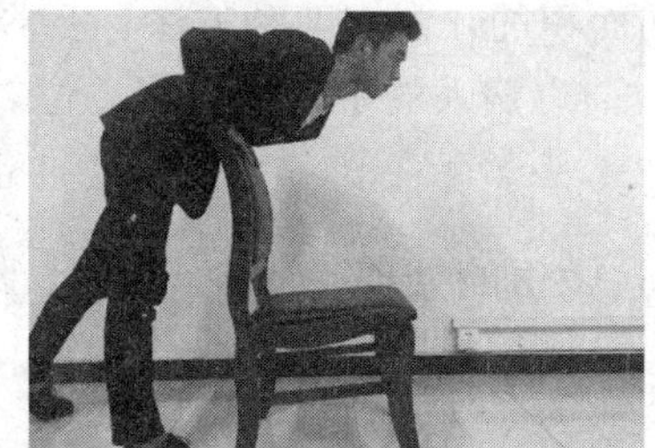

(a) 腹部手拳冲击法　　(b) 椅背支撑腹部压迫法

图 1.2.5　成人自救方法

3. 婴儿救护方法

(1) 胸部手指冲击法。

① 患儿平卧,躺在地面或床板上。

② 抢救者在足侧或坐下,使患儿骑坐在两大腿上背向抢救者。

③ 两手的中指和食指放在患儿胸廓下和肚脐上的腹部,快速向上冲击压迫。

④ 重复动作直至异物排出。

(2) 婴儿背部拍击法。

① 将患儿骑跨并俯卧于急救者的胳臂上,头低于躯干,手握住其下颌固定头部,并将其胳臂放在急救者的大腿上。

② 用另一手的掌根部用力拍击患儿两肩胛骨之间的背部 4～6 次,使呼吸道内压力骤然升高,有助于异物松动并排出体外。

三、烧伤、烫伤的急救

（一）烧伤、烫伤程度评判

烧伤、烫伤程度的评判有两个标准，即烧伤、烫伤的面积大小和程度深浅[①]。

1. 烧伤、烫伤的程度深浅

烧伤程度分为Ⅲ度，关于各程度烧伤的表现有句顺口溜：Ⅰ度红，Ⅱ 度泡，Ⅲ度皮肤全死掉。三度四分法把Ⅱ 度又分为浅Ⅱ度和深Ⅱ度，浅Ⅱ度表现为大泡，深Ⅱ度表现为小泡。具体表现见表1.2.1。

表1.2.1 烧、烫伤程度

烧伤程度		症状表现
Ⅰ度		红、肿、热、痛，感觉过敏，干燥无水泡，红斑性烧伤（红）
Ⅱ度	浅Ⅱ度	感觉过敏、剧痛、有水泡，水肿明显，水泡性烧伤（大泡）
	深Ⅱ度	感觉迟钝，有或无水泡，基底苍白，有红色斑点，创面潮湿（小泡）
Ⅲ度		疼痛消失，无弹性、无水泡，呈皮革状、蜡状、碳化；伤及肌肉、神经、血管、骨骼和内脏（皮肤全部坏死）

2. 烧伤、烫伤的面积

烧伤、烫伤面积的评判有两种方法：手掌法和九分法。

（1）手掌法：以病人的手掌为评判单位，一手掌面积为1%。

（2）九分法：头颈面占9%，双上肢占18%，双下肢占46%，躯干部占27%。

（二）烧伤、烫伤的处理

1. 处理原则

处理原则为：去除伤因，保护创面，防止休克，及时送医。

2. 处理方法

（1）远离火源，防止二次伤害。

（2）冲：冷水冲洗半小时以上对创面降温，特别是化学烧伤更要用水流稀释化学物品浓度，但不能整个身体浸泡在水中，以防感冒。

（3）脱：脱去伤处的衣物或饰品。若衣物粘住了，不能生拉硬扯，应用剪刀小心剪开。

（4）盖：用干净薄膜或纱布盖住创面，保护伤口避免感染，但不能涂抹药水，以免药水颜色影响创面，增加医生对伤口的处理难度。另外，有水泡的创面不要随意刺破。

（5）喝：烧伤、烫伤病人容易口渴，可以给病人喝淡盐水，但是不要给病人喝矿泉水、白开水，以免引发脑水肿和肺水肿等并发症。病人疼痛难忍时，可吃止痛药，随时观察病

---

① http://baike.baidu.com/link?url=ORThODaVSWh-EYXmxvmt6J7sXgoaw17eJCTfFCRegugCza_pRcfQ1Fn61dVOF6ZT6kckO00do6AcfLSzrhHxBa.

人情况，防止休克和窒息。

（6）送：及时送医院寻求专业救护。

四、鼻出血的急救

（一）鼻出血的危害

（1）失血性贫血：可以是急性的（短时间内失血较多），也可以是慢性的（长期反复发生少量失血）。

（2）休克：鼻出血引起失血性休克，主要发生于年老体弱者，因其心、肺、肾代偿功能差，急性大量失血或持续出血不止导致休克。

（3）心血管系统并发症：大量鼻出血使血压骤降，可致急性冠状动脉供血不足，对原有心血管机能不全者，更容易促使发作加重。发生严重贫血后还有导致心肌更细的可能，有时成为鼻出血致死的原因之一。

（4）窒息：引起窒息的直接原因是血液误吸、下咽部血凝块阻塞、喉及下咽部黏膜表面血肮[①]脱落等。年老体弱、昏迷或咽喉黏膜表面麻醉的患者，较容易发生窒息。

（5）胎儿窘迫：孕妇流鼻血过多时容易导致胎儿窘迫。

（二）鼻出血的原因

（1）鼻腔内部毛细血管破裂。

（2）肿瘤、鼻炎、鼻窦炎。

（3）鼻中隔病变。

（4）高血压、服用抗凝药。

（5）鼻子受撞击，挖鼻孔，擤鼻子，打喷嚏。

（6）头部外伤，血液稀薄（严重的看起来像水），可能有颅骨骨折脑脊液流出。

（三）鼻出血的正确处理

（1）让伤员坐下，头部前倾，让血液流出。让伤员通过口腔呼吸，捏住鼻翼10分钟以上。

（2）让伤员保持冷静，不要讲话、吞咽、咳嗽、吐痰或擤鼻子，以免影响血液凝结。用干净的毛巾或纸巾擦拭鼻子流出物。

（3）10分钟过后让放开手不再捏鼻子，如果仍有出血，再次捏鼻翼。

（4）血止住后，伤员保持前倾，用温水将鼻腔周围清洗干净。伤员应安静休息几小时，避免用力。不要捏鼻子以免影响血液凝结。

（5）如果出血比较严重，持续出血超过30分钟，立即将伤员送往医院。

（6）小孩鼻出血让其身体前倾帮其捏住鼻子并安抚。可用容器接住流出物。[②]

---

① 肮：a. 不干净；b. 喻卑鄙、丑恶。

② http://jingyan.baidu.com/article/3c48dd34561a5ae10be358b1.html.

五、触电的急救

（一）什么是触电

人体接触或接近带电体，使一定量的电流或电能通过人体，引起局部受伤、功能障碍或死亡的现象称为触电。

（二）触电方式

触电的基本形式有3种，分别为单相触电、两相触电和跨步电压触电，见图1.2.6。

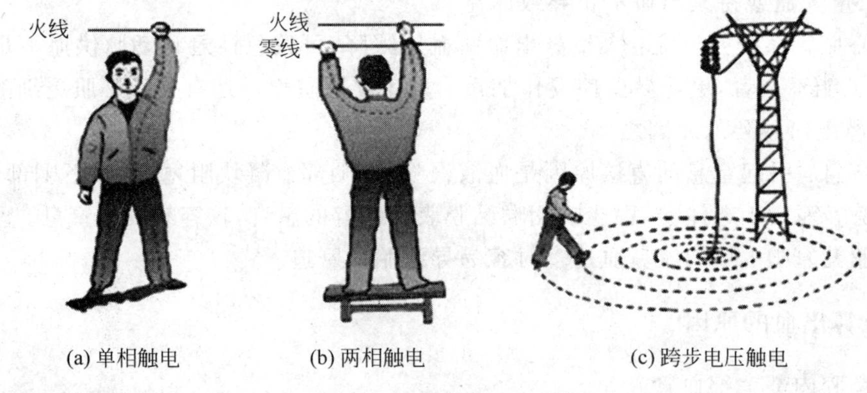

(a) 单相触电　(b) 两相触电　(c) 跨步电压触电

图1.2.6　触电的形式①

(1) 单相触电：指人体的某一部位触及一相带电体，电流由相线经人体流入大地的触电现象，见图1.2.6(a)。

(2) 两相触电：指人体的不同部位分别接触到同一电源的两根不同相位的相线，电流由一根相线经人体流到另一根相线的触电现象，见图1.2.6(b)。

(3) 跨步电压触电：当电气设备发生接地故障，接地电流通过接地体向大地流散，在地面上形成电位分布时，若人在接地短路点周围行走，其两脚之间的电位差，就是跨步电压。由跨步电压引起的人体触电，称为跨步电压触电，见图1.2.6(c)。

（三）电流对人体的伤害

电流对人体有电击和电伤两种类型。

(1) 电击：指电流通过人体，造成人体内部组织的破坏，使人出现痉挛、窒息、心颤、心搏骤停乃至死亡的伤害。

(2) 电伤：指电流对人体外部造成的局部伤害，包括电弧烧伤、熔化的金属渗入皮肤等伤害。

电击和电伤可能同时发生，这在高压触电中常见。生产过程中的大量事故证明，绝大

---

① http://www.52data.cn/anquan/aqzs/200702/12868.html.

部分触电事故都是由电击造成的，所以，触电又叫电击[①]。

（四）触电抢救

（1）迅速切断电源，或用干木棍、竹竿等不导电物体将电线挑开。电源不明时，不要用手直接接触伤员，在确定伤病员不带电的情况下立即施救。

（2）迅速呼救，拨打120。

（3）在浴室或潮湿地方，救护员要穿绝缘胶鞋，戴胶皮手套或站在干燥木板上以保护自身安全，然后进行施救。

（4）立即给心跳呼吸骤停者进行心肺复苏。

（5）处理灼伤，进行创面的包扎，预防感染[②]。

六、溺水的急救

（一）溺水致死的原因

溺水致死是因为溺水者淹没于水中，水和水中的污泥、杂草等堵塞呼吸道或因反射性喉、气管、支气管痉挛引起通气障碍，导致机体缺氧而窒息死亡。

（二）溺水的自救与互救

1. 自救

（1）溺水者如果不熟悉水性，不要惊慌，可采取办法自救。

① 立即呼救。

② 取仰卧位，头部向后，使鼻部可露出水面呼吸。

③ 呼气要浅，吸气要深。因为深吸气时，肚内有大量气体，人体比重降到0.967，比水略轻，可浮出水面；呼气时人体比重为1.057，比水略重。

④ 不要慌张，千万不要将手臂上举乱扑动，这样会使身体下沉更快。

（2）会游泳者在深水中抽筋时的自救。如果在深水处或腿部抽筋剧烈，无法游回岸上，此时应沉着镇静、呼人援救，或自己漂浮在水面上，控制抽筋部位，往往经过休息抽筋肌肉会自行缓解。抽筋的处理方法通常根据产生的部位分别进行处理。

① 手指抽筋：将手握成拳头，然后用力张开，张开后，又迅速握拳，如此反复数次，至解脱为止。

② 手掌抽筋：用另一手掌将抽筋手掌用力压向背侧并做振颤动作。

③ 手臂抽筋：将手握成拳头并尽量曲肘，然后再用力伸开如此反复数次。

④ 小腿或脚趾抽筋：用抽筋小腿对侧的手，握住抽筋腿的脚趾，用力向上拉同时用同侧的手掌压在抽筋小腿的膝盖上，帮助小腿伸直。

⑤ 大腿抽筋：将抽筋的大腿与身体成直角并弯曲膝关节，然后用两手抱着小腿，用

---

① http://www.360doc.com/content/14/0202/20/5853375_349403055.shtml.

② http://baike.baidu.com/link?url=AqMkePcE_LlkAoM_UB1E9iF2Kq0oS2_H0FX6Xq1pWGwm19v4JrhjcB8I09skIF6BEZDz5Te9mBWL-VQLASbkWK.

力使它贴在大腿上并做振颤动作，随即向前伸直。

2. 互救

救护溺水者，如果施救者会游泳，应观察清楚位置，迅速游到溺水者附近，从其后方出手救援，避免溺水者太过惊恐，过度用力抱住救护者的脖子，导致救护者无法呼吸。如果施救者不会游泳，应观察周围有无可利用的物品，如长竹竿、木板、救生圈等，可投到水中让落水者攀扶上岸。

3. 溺水者救上岸的处理[①]

将溺水者救上岸后，应马上检查溺水者的心跳、呼吸等情况，若溺水者心跳、呼吸全无，应立即实施心肺复苏术进行抢救并拨打120求救。此时操作心肺复苏比其他的心肺复苏多一个“空水”的步骤。具体做法如下。

(1) 清除溺水者口、鼻中的异物：迅速将溺水者的衣服和腰带解开，清除口、鼻中的淤泥、杂草等异物。如果发现溺水者喉部有阻塞物，则可将溺水者脸部转向下方，在其后背用力一拍，将阻塞物拍出气管。如果溺水者牙关紧闭，口难张开，救生者可在其身后，用两手拇指顶住溺水者的下颌关节用力前推，同时用两手食指和中指向下扳其下颌骨，将口掰开。为防止已张开的口再闭上，可将小木棒放在溺水者上下牙床之间。

(2) 空水：清除异物后，要将溺水者呼吸道、肺部和腹中的水排出。这一过程就是“空水”。常用的一种方法是，救生者一腿跪地，另一腿屈膝，将溺水者腹部搁在屈膝的腿上，然后一手扶住溺水者的头部使口朝下，另一手压溺水者的背部，使水排出。

(3) 胸外按压与人工呼吸，具体操作同前面的心肺复苏术操作方法一样，直到120救护人员赶到或病人恢复心跳和呼吸时才能停止。

七、煤气中毒的急救

(一) 煤气中毒的表现

(1) 轻度：出现头晕、头痛、眼花、耳鸣、恶心、呕吐、惊慌、短暂昏厥及全身乏力等症状。

(2) 中度：出现多汗、烦躁、走路不稳、皮肤苍白、判断力降低、视力减退、幻觉等症状。

(3) 重度：出现抽搐、昏迷、皮肤和口唇黏膜呈樱桃红症状。

(二) 煤气中毒的原因[②]

煤气中毒的原因是吸入一氧化碳。一氧化碳通过呼吸道进入血液，很快强占血液内的红细胞，与血红蛋白形成碳氧血红蛋白，导致缺氧。大脑是最需要氧气的器官，当氧气供应减少时，大脑首先出现缺氧症状，严重时发生昏迷、窒息死亡。

① http://jingyan.baidu.com/article/63acb44a9a590a61fcc17efa.html.

② http://jingyan.baidu.com/article/6dad5075af2642a123e36ed9.html.

（三）急救措施

（1）稀释毒气：首先救助人员做好准备（如用湿毛巾捂住口鼻），然后关闭煤气总闸，最后打开门窗，使新鲜空气进入室内。

（2）脱离现场：迅速把中毒者转移到通风良好、有新鲜空气的地方。

（3）呼救 120：迅速拨打 120 请求救援，强调是煤气中毒，说明中毒者情况。

注意：*不要在煤气泄漏现场打电话，以免引发爆炸。*

（4）人工呼吸：当中毒者呼吸、脉搏微弱，需要对中毒者进行人工呼吸，将其口中的秽物消除干净。

（5）心肺复苏：对无呼吸、无心跳的中毒者应立即进行心肺复苏术，直至医务人员到达。

（6）供氧：在有供氧条件的情况下，对有自主呼吸意识清醒的中毒者供氧，流量为10 升/分，直至医务人员到达。

（7）安静休息：对于意识清醒的中毒者，让其安静休息，避免活动后加重心肺负担增加氧消耗量。

（四）判断救护效果

救护后从以下表现判断救护是否有效。

（1）中毒者恢复意识。

（2）自主呼吸和心跳逐渐恢复。

（3）面色由苍白或樱桃红转为正常红润。

（4）头痛、头晕、恶心、呕吐等症状缓解。

（五）预防措施

预防措施如下。

（1）安全使用煤气，养成定期检查煤气管道的习惯。

（2）长期无人在家时关闭煤气总阀。

（3）使用煤气时要打开门窗，保持室内良好通风。

（4）避免潮湿物品燃烧。

八、中暑的急救

（一）中暑的概念

中暑是指长时间暴露在高温环境下，出现大量出汗、口渴、头昏、耳鸣、胸闷、心悸、恶心、全身无力。工作强度过大、时间过长、睡眠不足、过度疲劳等也可能引起中暑。

（二）中暑的程度[①]

（1）轻度：体温 38℃以上，面色潮红，胸闷，或有面色苍白、恶心、呕吐、大汗、皮肤湿冷、血压下降等呼吸循环衰竭的早期症状。

（2）重度：除上述症状外，出现昏倒痉挛、皮肤干燥无汗、体温 40℃以上等症状。

（三）中暑的急救措施[②]

（1）搬移：迅速将患者抬到通风、阴凉的地方，使其平卧并解开衣扣，脱去衣物。

（2）降温：患者头部可敷上冷毛巾，可用 50%酒精、白酒、冰水或冷水进行全身擦浴，然后用扇或电扇吹风，加速散热。但不要快速降低患者体温，当体温降至 38℃以下时，要停止一切冷敷等强降温措施。

（3）促醒：若病人已失去知觉，可指掐人中、合谷等穴，使其苏醒。

（4）补水：患者仍有意识时，可给其一些清凉饮料，但千万不可急于补充大量水分或冰啤酒等饮料，否则，会出现呕吐、腹痛、恶心等症状。

（5）转送：对于重症中暑病人，必须立即送医院诊治。在运送途中要注意，尽可能地用冰袋敷于病人额头、枕后、胸口、肘窝及大腿根部，以保护大脑、心肺等重要脏器。

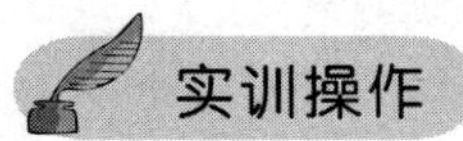

实训目标

- 能判断病人的呼吸、心跳情况
- 能正确翻转病人的体位
- 能正确、完整地操作心肺复苏术

实训情境及任务

某日下午，一年轻女乘客搭乘扶梯时玩手机，由于未握好扶手，不慎摔倒，并把后方一青年男乘客撞到。摔倒时女乘客由于后方男乘客的身体挡护只受了点皮外擦伤，而男乘客摔倒时后脑着地，头部内出血，当场昏迷，失去意识，心搏骤停。请对该男乘客进行急救处理。

实训要求

（1）5 人为一个抢救小组，2 人当模特，3 人分工处理，按先重后轻原则急救。

（2）时间：3 分钟。

---

① http://wenku.baidu.com/link? url=JaE7hyFD_vO9FStg1X4tA_u5JR6I_fGF4oC4fp8HUJ1pdBTrj17a7tQVj94RrEc3CfuMr810VPwwCg1uV4MCFkwPpP7QUppuz8OIsV4avD_.

② http://muzhi.baidu.com/question/584300622.html.

任务三　常见疾病急救

学习目标

- 掌握急性冠脉综合征急救方法
- 掌握急性脑血管病急救方法
- 掌握支气管哮喘急救方法
- 掌握癫痫急救方法

知识准备

一、急性冠脉综合征

（一）什么是急性冠脉综合征

急性冠脉综合征(ACS)是以冠状动脉粥样硬化斑块破裂或侵袭，继发完全或不完全闭塞性血栓形成病理基础的一组临床综合征，它的形成一般是由于冠状动脉内膜脂质堆积，导致冠状动脉粥样硬化，官腔变得狭窄，然后斑块破裂，形成血栓最后血管堵塞，①见图 1.3.1。

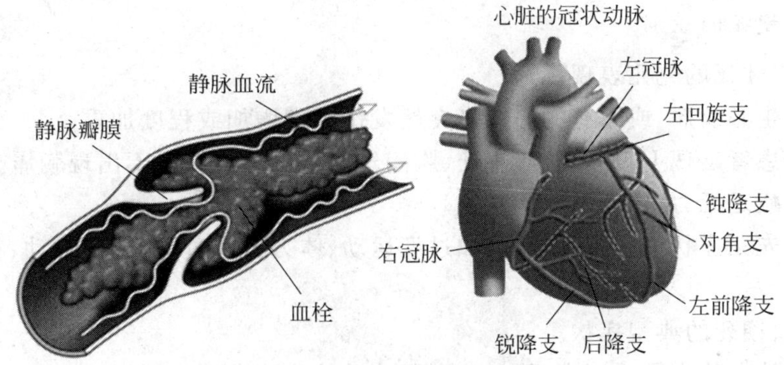

图 1.3.1　血栓的形成

急性冠脉综合征分为心绞痛和心肌梗死。

心绞痛：当冠状动脉的供血与心肌的需血之间发生供给矛盾，冠状动脉血流量不能为心肌代谢提供足够的血流量，从而引起心肌急剧或暂时的缺血缺氧，即发生心绞痛。

心肌梗死：冠状动脉粥样硬化可造成一支或多支血管管腔变窄和心肌供血不足，一

---

① http://baike.baidu.com/link?url=OE38izBAoTko8K9-HbNLiJXuafzQEwB1Q1euc3J2uhcIeEJ_q9u3SHDWdoBpew8xC0WKx0nm3btM-HxdEE5ML_. http://gov-hzrb.hangzhou.com.cn/system/2012/10/17/012145145.shtmlhttp://fj.sina.com.cn/health/z/2010-04-29/17088067.html.

旦血供急剧减少或中断，使心肌严重而持久地急性缺血时长达 20～30 分钟以上，即可发生急性心肌梗死(AMI)。[①]

(二) 急性冠脉综合征的危险因素

(1) 年龄(40～70 岁的人群常见)。

(2) 高血压、高血脂。

(3) 肥胖。

(4) 糖尿病。

(5) 饮酒、吸烟。

(6) 遗传因素。

(7) 久坐不动。

(8) 长期心理紧张和压力大。

(9) 诱因：情绪激动、兴奋、过度劳累、剧烈运动。

(三) 识别与救护

1. 心绞痛的识别

(1) 发作性胸骨后疼痛，可波及心前区，放射至左肩、左上肢内侧。

(2) 疼痛呈压榨性、闷憋性或窒息性，严重时患者大汗淋漓，面色苍白，甚至伴有恐惧感、濒死感。

(3) 疼痛在 3～5 分钟之内渐渐消失，很少超过 10 分钟。

2. 心肌梗死的识别

(1) 心肌梗死的先兆表现。

① 新发生心绞痛，或原有的心绞痛突然发作频率增加或程度加重。

② 部分患者出现上腹痛、恶心想吐、胸闷气憋、心慌头晕，但不出现胸痛。

③ 感觉疲乏无力，休息也不能恢复。

④ 出现先兆症状前有明显诱因，如过度运动、体力负荷过重、情绪激动、精神紧张、气候变化等。

(2) 心肌梗死的典型症状。

① 剧烈持久的胸骨后疼痛，休息和含服硝酸甘油片常不能缓解。

② 伴有呼吸困难、大汗、恶心呕吐、烦躁、恐惧或濒死感等。

③ 心脏病患者突发心律失常、头晕、乏力、昏厥等。

④ 其他不明原因引起的上腹部疼痛、低血压、休克、心力衰竭或猝死等。

3. 现场救护流程

(1) 立即平卧勿乱搬动病人。

(2) 迅速求救 120 并保持镇定。

---

① http://baike.baidu.com/view/439069.htm?fromtitle=心肌梗死&fromid=702113&type=syn.

(3) 解开衣领、腰带等,安抚鼓励病人。

(4) 舌下含服硝酸甘油。

(5) 有条件时给患者吸氧,无条件时要打开窗户,保持新鲜空气的流入,再密切关注患者的呼吸、脉搏,必要时实施 CPR。

二、急性脑血管病

(一) 什么是急性脑血管病

急性脑血管病是指由于脑部或支配脑的颈部动脉病变引起急骤发展的脑局部血液循环和功能障碍,也称急性脑血管意外、卒中或中风。分为出血性中风(脑出血、蛛网膜下腔出血)和缺血性中风(脑血栓形成或脑栓塞)①。

(二) 急性脑血管病的危险因素

(1) 年龄(50 岁以上的老年人多见)。

(2) 高血压、高血脂。

(3) 吸烟、饮酒、滥用药物。

(4) 糖尿病。

(5) 肥胖。

(6) 久坐不动。

(7) 血液黏稠。

(8) 心房纤颤。

(9) 诱因,如过度疲劳、激动、兴奋等。

(三) 识别与救护

1. 症状识别

(1) 头晕、头痛、呕吐、嗜睡、昏迷。

(2) 意识障碍。

(3) 嘴角歪斜、语言不利或运动性失语。

(4) 肢体麻木、无力。

(5) 一侧肢体偏瘫、偏视甚至偏盲。

(6) 瞳孔脑疝形成时双侧瞳孔不等圆等大,桥脑出血时双侧瞳孔极度缩小如针尖样。

(7) 大小便失禁。

2. 现场救护

(1) 安静卧床(头稍高)。

(2) 解开病人衣领和腰带并安抚鼓励。

① http://baike.baidu.com/link? url=4a0Pp1atsdI14-zeRibBB5oeHtfA8QGsvn5gBqU09a4nk3uX_7nkRvbx2An8CalFn6iqvr9WrnKvU0rRB2iY0_.

(3) 迅速拨打 120 求救。
(4) 呕吐时侧身轻拍并帮忙掏出口腔异物。
(5) 头偏向一侧防止吸入呕吐物等。
(6) 有条件时给病人吸氧,限制进食和饮水。

三、支气管哮喘

(一) 什么是支气管哮喘

支气管哮喘简称哮喘病,是一种以反复发作性咳嗽、喘鸣和呼吸困难为主要临床特征的变态反应性疾病,是由于各种刺激,使支气管的平滑肌痉挛、炎性细胞浸润、气道黏膜水肿及分泌物增加,造成气道管腔狭窄,致使气道阻力增加出现哮喘。①

(二) 哮喘的诱因

(1) 接触致敏原,如花粉、霉菌、多毛动物、尘埃、药物食物过敏等。
(2) 接触浑浊的空气、杀虫水、"二手烟"、油漆等刺激性化学物等。
(3) 患呼吸系统感染性疾病,如感冒等。
(4) 剧烈运动。
(5) 情绪不稳定,如紧张、兴奋或发脾气。

(三) 识别与救护

1. 症状识别

(1) 呼吸困难: 反复发作的哮喘,带有哮鸣音的呼气性呼吸困难,严重的哮喘患者被迫采取座位或呈端坐呼吸。
(2) 喘息、咳嗽、胸闷。
(3) 咳痰: 咳大量白色泡沫痰,甚至出现发绀等。

2. 现场救护方式

(1) 半卧静养: 安抚病人,消除恐惧与紧张情绪。
(2) 立即吸氧: 有条件时立即给病人供氧,但吸氧量不宜太大,坚持低流量持续吸氧的原则。
(3) 吸入疗法: 立即使用常备的喷雾剂,吸入量参照说明书指示。
(4) 求救 120: 中度以上哮喘初次发作,立即拨打 120 求救,护送病人到医院就诊。

四、癫痫

(一) 什么是癫痫

癫痫俗称"羊痫风""羊角风",是大脑异常放电,引起肢体抽搐、意识改变等症状的一

---

① http://baike.baidu.com/link? url=b-N90Aa2AJ1Dq_G1SVI9b0rHONF8RzFZuv8x1197a5xQf6h2fhPqSy2NBNkptdQ_3339DkVAF9VB0TcVZKlHFK.

种疾病。遗传因素与后天获得性因素以及胎儿生产过程中，脑外伤、颅内感染、颅内肿瘤等会导致癫痫。

（二）症状识别

1. 强直—阵挛发作（大发作）

突然意识丧失，跌倒，躯干及四肢强直、抽搐。1～2 分钟后进入抑制期，全身肌肉松弛。意识在 10 分钟后逐渐恢复。

2. 失神发作（小发作）

突然停止原来的活动，发呆，失去知觉和反应，面部及手可有一些重复而刻板的动作，不跌倒，10 多秒钟恢复，无记忆。

3. 单纯部分发作

肢体某部位突然出现短暂抽搐，意识正常。

4. 复杂部分发作

在单纯部分发作的基础上合并意识丧失。时间从几秒到几分钟不等。[①]

（三）现场救护原则

（1）通风吸氧，平卧侧头，解开衣领、衣扣及腰带。
（2）防止跌倒。
（3）防止咬舌。
（4）保持呼吸道通畅，防止呕吐误吸。
（5）不宜强力约束肢体。
（6）持续发作应尽快呼叫 120 或送医院。

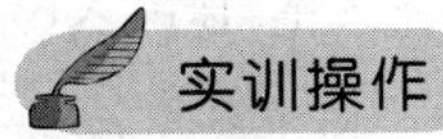

实训操作

实训目标

- 能辨别急性冠脉综合征并能正确处理
- 能辨别急性脑血管病并能正确处理
- 能辨别支气管哮喘并能正确处理
- 能辨别癫痫并能正确处理

实训任务

事先设计好情境，2 名学生抽签表演突发疾病的情境，另外 3 名学生对疾病做出判断并进行现场急救处理。

---

① http://baike.baidu.com/subview/22451/15897470.htm.

实训要求

要求按照先重后轻的原则进行急救,时间为3～5分钟。

任务四　城市轨道交通一般乘客伤亡事件处理

- 掌握乘客伤亡事件处理的要点
- 明确相关岗位人员的职责
- 能根据特定情境制订处理方案
- 能对乘客伤亡事件进行分析并提出预防改进措施

一、事件描述

城市轨道交通乘客伤亡事件是指在城市轨道交通系统内,由于系统原因或乘客自身原因发生的已购票外部人员的伤亡事件,简称客伤。客伤类型有很多,如乘客滑倒摔伤、乘客突发疾病、乘客之间斗殴受伤、闸机扇门夹伤等。本任务讲的"一般乘客伤亡事件"不是说受伤程度的"一般",而是指除后面要讲的几个在特定地点发生的客伤外,可以用一般通用的处理程序来进行处理的乘客伤亡事件。此类事件如果处理不慎,不仅会对城市轨道交通的运营带来影响,造成损失,甚至会危及乘客的人身安全,车站必须做好这类事件的应急处理,不仅对购票人员实施救护,对未购票的非乘客人员也要以人为本,保障人民的生命安全,减少事故损失,避免发生伤亡事故纠纷。

典型案例

深圳地铁女乘客晕倒50分钟死亡事件

2014年2月17日上午10时29分,35岁的IBM深圳公司管理人员梁娅倒在深圳地铁蛇口线水湾站C出口的台阶上,并保持这一姿态达50分钟。监控录像显示,在梁娅倒下后有发出求救的动作。3分钟后,有市民发现并告知地铁工作人员。随后地铁工作人员赶到,民警也在25分钟后赶到。11时18分,急救人员到达现场发现梁娅已经死亡。

案例来源:http://www.njdaily.cn/2014/0227/758963.shtml.

二、处理要点

(1) 救护乘客,把保障乘客生命安全作为应急处理的首要任务。

(2) 疏散围观乘客,保护事发现场,寻找并挽留目击证人,拍照存取物证。

(3) 安抚受伤乘客及家属情绪，根据受伤情况采取车站救治或送医救治。

(4) 保障日常工作秩序，必要时限制售票速度，妥善保管票款。

(5) 做好事故调查分析与预防措施的改进。

三、处理程序

(1) 车站值班员通过 TV 闭路电视监视器(Closed-Circuit TV，CCTV)发现车站有乘客伤亡事件发生，及时通知值班站长前往确认处理。

(2) 车站员工(值班员值班站长除外)发现乘客伤亡事件，立即向值班站长和值班员报告事件情况，并对受伤乘客进行安抚。

(3) 车站值班员按规定程序向有关部门报告(有关部门包括生产调度室、站长、安保部等，接到值班站长通知，立即呼叫 120 请求支援。若乘客死亡，首先向行调报告)。

(4) 值班站长立即赶赴现场(1～2 分钟内必须到达)，对受伤乘客进行初步判断，并安排员工进行应急处置。

① 若伤势较轻，将受伤乘客转移至僻静区域，可由车站人员先期处理和安抚。

② 若伤势较重或乘客执意要求前往医院就医，通知值班员报安保部和中心站站长。值班站长在征得专职安全员或站长同意后，可由乘客自行前往或派人陪同前往就近医院就医。当中心站专职安全员到达现场后移交其处理，并做好配合工作。

③ 若乘客重伤无法动弹，立即呼叫 120，并使用对讲机通知安保人员携带警戒绳、担架前往事发地点，将伤者抬至车站僻静处，做好记录备查。派站务员 A 到出入口迎接 120 救护人员。值班员向安保部和中心站站长报告情况。120 到达后，安全员随往医院了解情况。

(5) 相关站务员的职责与处置。

站务员 B：疏散围观乘客，用隔离柱、警戒绳等将事发现场进行隔离，寻找目击证人，向目击证人询问情况，并进行挽留，若乘客赶时间，留下乘客电话号码，以便联系。

站务员 C：取来应急物资(急救箱、相机、担架、警戒绳等)；协助值班站长对受伤乘客进行先期处理；协助值班站长做好现场取证工作(对事发现场环境、乘客伤亡情况进行拍照留存，采集相关证据，必要时协助公安调查取证)。

车站其他员工：听从值班站长安排，执行值班站长命令，坚守岗位，保证日常工作有序进行。

(6) 若事发在付费区内，值班站长根据需要决定是否暂缓车站售票速度。必要时安排人员到出入口引导急救人员进站。

(7) 后续处理：车站保护好事发现场，做好记录备查，待相关部门人员到达现场后移交其处理，做好配合工作。

四、事故调查分析

通过车站 CCTV 监控视频、现场目击证人证词、事发现场情况、乘客伤亡情况等对事故进行分析调查，找出事故发生原因及车站存在的漏洞和问题，并提出改进方案和措施。

五、事故预防

根据事故调查，提出事故预防方案和措施，并对车站员工进行培训教育，不断完善车站工作，减少乘客伤亡事故的发生。

预防措施(结合车站设计的实际情况)如下。

(1) 及时清除站内积水。

(2) 摆放“小心地滑”等安全提示牌。

(3) 粘贴提示标语。

(4) 播放安全知识动画宣传片。

(5) 站台安全员加强观察留意；

(6) 值班站长加强巡视。

实训目标

- 能对受伤乘客进行先期处理，根据乘客受伤程度采取相应的救护措施
- 能按正确流程对乘客伤亡事件进行应急处理
- 清楚各个岗位工作人员的职责及处理程序
- 能妥善处理各种细节，做到随机应变
- 具备良好的服务意识，在应急处理中保持良好的服务态度
- 能填写乘客伤亡事件调查记录表，能提出预防改进措施
- 能对情境模拟进行自评与总结，不断完善自己

实训要求

(1) 根据所分配的情境，合理设置细节，符合常理，不能刻意简化情境。

(2) 人员岗位分工明确，各岗位人员清楚自身职责与处理程序。

(3) 物资准备齐全，运用合理。

(4) 遵守规章制度，正确处理事件，同时灵活应对乘客。

(5) 表格填写规范具体，原因分析有理有据，预防改进措施合情合理。

实训所需物资和人员

(1) 物资：急救箱(包括棉签、消毒水、医用纱布、绷带、创可贴、止痛药等)、担架、相机、隔离柱、隔离带、警戒绳、扎带、暂停使用牌、乘客伤亡事件调查记录表、乘客证词记录纸、笔等。

(2) 人员：乘客若干，站务员 3～5 名，值班员 2 名，值班站长 1 名，安全员 1～2 名，站长、副站长 1～2 名，地铁公安 1～2 名(人员配备可根据各组场景需要自行安排)。

实训流程

(1) 给各组分配情境任务。

(2) 组内讨论情境细节、人员与职责、物资等。

(3) 情境模拟。

(4) 事故调查及预防。

(5) 自评与总结。

实训表格

(1) 乘客伤亡事件调查记录表(参看附表1)。

(2) 岗位与职责表(参看附表2)。

(3) 实训演练程序及步骤表(参看附表3)。

(4) 实训演练评估表(参看附表4)。

(5) 事故事件台账(参考附表5)。

实训演练示例

示例1　轻伤的处理

1. 情境

某日下雨天,××地铁站1号楼梯口处,由于飘雨及乘客雨伞滴水,导致地面湿滑并有少量积水。一名女乘客在接受安检后,进入购票区时,在该楼梯口摔倒,导致膝盖擦伤。

2. 处理流程

(1) 厅巡发现情况后,立即前往去救助受伤乘客并安抚,边跑边呼叫值班站长,汇报情况。

① 厅巡呼叫值班站长。

厅巡:"呼叫值班站长。"

值班站长:"值班站长有。"

厅巡:"有一名女乘客在1号楼道口滑倒,膝盖擦伤,请求支援。"

值班站长:"有一名女乘客在1号楼道口滑倒,膝盖擦伤。收到,立即救护乘客并安抚乘客情绪,我即刻赶到。"

② 厅巡救护并安抚乘客:厅巡将乘客扶起,询问乘客伤情。

厅巡:"这位乘客您没事吧?要不要紧?"

乘客:"没事,只是一点擦伤而已。"

厅巡:"好的,请您先到这边休息下(离开楼梯口,到不妨碍乘客行走的地方)。我们马上会有工作人员带医疗箱过来。"

乘客:"好的,谢谢。"

(2) 值班站长带上相机、急救箱和证人证词记录表赶往现场,劝阻乘客围观。

值班站长:"各位乘客,请不要围观!"

(3) 值班站长把相机交给厅巡,厅巡拍照取证,值班站长了解乘客伤势,并安抚乘客情绪。

值班站长:"这位乘客,现在你感觉怎么样,需要拨打 120 吗?"

乘客:"没有什么大碍,只是膝盖擦伤了,不需要拨打 120,谢谢。"

值班站长:"您要不要到我们的休息室去休息一下,我们给您的伤口做一下简单的处理。"

乘客:"没事,不用了,您在这里帮我消下毒就好了。"

(4) 值班站长打开医药箱为乘客伤口消毒,并贴上了创可贴。

乘客:"谢谢你们,你们的服务真好。"

值班站长:"没事,这是我们的职责,您慢走!"

乘客:"再见。"

(5) 厅巡在现场挽留证人,收集证词。

厅巡:"您好,这位乘客,刚才的事件您看见了吗? 您能叙述一下当时的情况吗? 以便我们取证,谢谢。"

证人:"可以。"(证人讲述,厅巡记录。)

厅巡:"请您签一下字,并留下您的联系方式,非常感谢!"

乘客:"好的。"

厅巡:"谢谢您的证词。"

乘客:"不用谢,这是我该做的。"

(6) 值班站长回到车控室,复制监控视频,填写乘客伤亡事故调查表,整理现场事故照片,打包上传上级部门。

示例 2　重伤的处理

1. 情境

某日上午 11 时 5 分,站务员正常接发上行 010178 次列车,同时进行安全喊话引导。一名女乘客从上行 010178 次列车下车准备出站,在行走过程中于站台 1 号楼梯口处突然摔倒,额头受伤,大量出血,伤势较重。站务员发现乘客摔倒后,立即上前查看,并立即向车站值班站长汇报。

2. 处理流程

(1) 站台岗发现乘客摔倒,立即上前救护并报告值班站长。

站台岗:"呼叫值班站长,站台 1 号楼梯口前有一位乘客摔倒,额头受伤、大量出血并伴有抽搐,四肢强直,口吐白沫,请求支援。"

值班站长:"值班站长有,立即对受伤乘客伤情进行先期处理,并疏散周围乘客。"

站台岗:"对受伤乘客伤情进行先期处理,并疏散周围乘客,收到。"

(2) 站台岗立即救护乘客,让乘客处于平卧侧头位,解开衣领扣及腰带,让周围乘客不要围观,以便受伤乘客呼吸新鲜空气。

站台岗："各位乘客请不要围观，受伤乘客需要呼吸新鲜空气，请大家让一让。"

(3) 值班站长指挥车站人员进行应急处理，携带物品医药箱、相机赶往现场，了解受伤乘客伤情，疏散围观乘客并取证。

值班站长："厅巡岗，站台 1 号楼梯口处有乘客摔倒，请迅速前去疏散围观乘客并取证。""车站保安，站台 1 号楼梯口有乘客摔倒，请立即前往现场维持秩序。"

(4) 值班站长赶到现场，察看受伤乘客情况，初步断定是癫痫发作，立即解开乘客衣领及腰带，并安排值班员拨打 120。

值班站长："值班员，站台 1 号楼梯口乘客摔倒，怀疑是癫痫发作，立即呼叫 120。"

值班员："值班员有，站台 1 号楼梯口乘客摔倒，怀疑是癫痫发作，立即呼叫 120，收到。"

(5) 值班站长安排人员到出入口引导 120 进站。

值班站长："保安，请到出口处引导 120 进站。"

(6) 厅巡赶到现场，立即用相机拍照取证，并寻找现场证人收集证词。站台岗回到自己岗位，引导乘客有序乘车。

站厅巡："这位乘客您好，刚才的事情您看见了吗？您能述说一下当时的情况吗？以便我们取证。"

乘客证人："可以。"

厅巡："请您签一下字，并请留下您的联系方式，谢谢！"

乘客证人："好的。"

厅巡："谢谢您的证词！"

乘客证人："不用谢，这是我该做的。"

(7) 120 到达车站后，将乘客用担架移至救护车，值班站长安排一名车站员工一同前往医院。

(8) 值班站长回到车控室，收集事故视频，填写乘客伤亡事件事故表，整理现场事故照片，打包上传上级部门。

任务五　城市轨道交通电扶梯乘客伤亡事件处理

- 能深刻认识电扶梯乘客伤亡应急处理的重要性
- 正确把握电扶梯伤亡事件应急处理的要点
- 能根据特定情境制订出处理方案
- 能对电扶梯伤亡事件进行分析并提出预防改进措施

一、事件描述

城市轨道交通系统中，很多车站和线路都设置在地下或高架，为了方便乘客乘车，在出入口、站厅与站台之间都设置了电扶梯。由于乘客对电扶梯的不正确搭乘而导致电扶梯客伤事故频频发生。在车站客伤事故中，电扶梯客伤排在第一位。无数电扶梯客伤事件告诫我们，必须不断完善电扶梯客伤事件的应急处理，对城市轨道交通内部要加强培训，对外部人员还要做好安全教育与宣传，内外双重保障，减少事故的发生，降低事故对乘客生命安全的影响。

典型案例

重庆轨道交通红旗河沟站一小孩卷入扶梯死亡

2015 年 10 月 8 日上午 11 时左右，重庆轨道交通红旗河沟站一名小孩被电动扶梯卡住。孩子母亲和另一个孩子在旁边哭。车站工作人员立即展开救援，但最终被扶梯卡住的小孩不幸身亡。

案例来源：http://sd.china.com.cn/a/2015/rdgz_1008/406064.html.

二、处理要点

(1) 紧停扶梯，把救护受伤乘客放在第一位。

(2) 安抚受伤乘客及其家属，根据受伤情况采取车站救治或送医救治，疏散围观群众，避免事态扩大。

(3) 隔离事故扶梯，必要时进行报修。

(4) 保护好事发现场，做好取证工作和记录备查。

(5) 保障日常工作秩序，必要时限制售票速度，妥善保管票款。

三、处理程序

(1) 若车站值班员通过 CCTV 发现乘客在扶梯上受伤，通知就近工作人员立即关停电扶梯。通知值班站长，并与值班站长保持联系。

(2) 若站务员发现有乘客在扶梯上受伤，立即报告值班站长和车站值班员，同时提醒扶梯上的乘客扶稳扶手注意安全，将电扶梯紧急停止。值班员监控事发现场，随时观察事发现场的情况，并与值班站长保持联系。

(3) 若是扶梯故障引起的客伤，值班员还应及时报修。

(4) 值班站长立即赶往现场，对受伤乘客做初步判断，会同车站人员救护受伤乘客，根据受伤乘客的具体情况决定采用车站救护或向 120 请求救护，并安抚受伤乘客及其家属。

站务员 A：疏散围观乘客，用隔离柱、警戒绳等将事发现场进行隔离，寻找目击证人（两位以上），向目击证人询问情况，并进行挽留，若乘客赶时间，留下乘客电话号码，以便联系。

站务员 B：取来应急物资（急救箱、相机、担架、警戒绳、暂停使用牌等）；协助值班站长对受伤乘客进行先期处理；协助值班站长做好现场取证工作，对事发现场环境、乘客伤亡情况进行拍照留存，采集相关证据，必要时协助公安调查取证。

车站其他员工：听从值班站长安排，执行值班站长命令，坚守岗位，保证日常工作有序进行，必要时限制售票速度，保管好票款。

(5) 事故处理完后若电梯没有问题（血迹清理干净），恢复正常运行。

(6) 填写事故调查表及报告，做事故原因分析，并提出事故预防方案。

四、事故调查分析

通过车站 CCTV 监控视频、现场目击证人证词、事发现场情况、乘客伤亡情况等对事故进行分析调查，找出事故发生原因及车站存在的漏洞和问题，并提出改进方案和措施。

五、事故预防

根据事故调查，提出事故预防方案和措施，并对车站员工进行培训教育，不断完善车站工作，减少电扶梯客伤事故的发生。

预防措施（结合车站设计的实际情况）如下。

(1) 加强广播提醒。

(2) 粘贴提示标语。

(3) 播放安全知识动画宣传片。

(4) 站台安全员加强观察留意。

(5) 值班站长加强巡视。

实训操作

实训目标

- 能对受伤乘客进行先期处理，根据乘客受伤程度采取相应的救护措施
- 能按正确流程对电扶梯乘客伤亡事件进行应急处理
- 清楚各个岗位工作人员的职责及处理程序
- 能妥善处理各种细节，做到随机应变
- 具备良好的服务意识，能在应急处理过程中保持良好的服务态度
- 能填写事故调查表，能做事故调查报告，能提出预防改进措施
- 能对情境模拟进行自评与总结，不断完善自己

实训要求

(1) 根据所分配的情境，合理设置细节，符合常理，不能刻意简化情境。

(2) 人员岗位分工明确,各岗位人员清楚自身职责与处理程序。
(3) 物资准备齐全,运用合理。
(4) 遵守规章制度,正确处理事件,同时灵活应对乘客。
(5) 表格填写规范具体,原因分析有理有据,预防改进措施合情合理。

实训所需物资和人员

(1) 物资:急救箱(包括棉签、消毒水、医用纱布、绷带、创可贴、止痛药等)、担架、相机、隔离带、警戒绳、扎带、暂停使用牌、乘客伤亡事件调查记录表、乘客证词记录纸、笔等。

(2) 人员:乘客若干,站务员3~5名,值班员2名,值班站长1名,安全员1~2名,站长、副站长1~2名,地铁公安1~2名(人员配备可根据各组场景需要自行安排)。

实训流程

(1) 给各组分配情境任务。
(2) 组内讨论情境细节、人员与职责、物资等。
(3) 情境模拟。
(4) 事故调查及预防。
(5) 自评与总结。

实训表格

(1) 乘客伤亡事件调查记录表(参看附表1)。
(2) 岗位与职责表(参看附表2)。
(3) 实训演练程序及步骤表(参看附表3)。
(4) 实训演练评估表(参看附表4)。
(5) 电扶梯故障/缺陷跟踪记录表。
(6) 车站设备设施报修登记簿。
(7) 车站故障报修系统。
(8) 车站电扶梯区域巡查表。
(9) 事故事件台账(参考附表5)。

任务六　城市轨道交通列车与站台缝隙夹人事件处理

- 掌握列车与站台缝隙夹人事件的处理要点
- 清楚各岗位人员的职责
- 会使用站台紧急停车按钮
- 能根据情境制订处理方案,正确处理站台缝隙夹人事件,妥善与乘客沟通

- 能对站台缝隙夹人事件进行调查分析，找出事件发生原因
- 能提出预防此类事件的办法和措施

知识准备

一、事件描述

为了保证行车安全，城市轨道交通设计时会有各种限界要求，列车与站台屏蔽门之间需要有一定的安全距离，因此站台与列车车门之间存在缝隙。如果乘客在车门即将关闭时抢上抢下，或在车厢人满饱和的状态下硬挤上列车，极容易跌落进站台缝隙，导致乘客伤亡事故的发生。

典型案例

澳大利亚一名乘客失足站台缝隙

据法国媒体《新观察家》2014年8月6日报道，澳大利亚珀斯一名男子不慎将腿卡在地铁与站台之间的间隙中，周围乘客齐心用力推开地铁车厢将其救出。

案例来源：http://news.eastday.com/eastday/13news/auto/news/world/u7ai2218463_K4.html.

二、处理要点

发现缝隙夹人后，列车司机应立即停车。若司机不知情，站务员应设法通知（如显示停车手信号等）列车司机停车，必要时按压站台紧急停车按钮；然后将乘客救出，并劝离围观群众，维持站台秩序；寻找目击证人，拍摄现场照片；必要时车站应放慢售票速度或停止售票，做好乘客解释工作。

（1）停车：司机立即停车或站务员通知司机停车，必要时按紧停按钮。

（2）救助受伤乘客。

（3）维持站台秩序，疏散围观人员。

（4）拍照取证，寻找目击证人。

（5）调整售票速度，做好乘客解释工作。

三、处理程序

（1）发生乘客被夹入站台与车门之间缝隙，难以脱离时，列车司机应立即停车。

（2）若是站台岗发现情况应设法通知（如显示紧急停车手信号等）列车司机停车，必要时按压站台紧急停车按钮，并报告车站值班员和值班站长。

显示紧急停车手信号的相关要求如下。

① 显示时机：发现危及行车安全的紧急情况时。

② 显示地点：危及行车安全事发点处，迎来车方向安全位置。

③ 显示方式：手持红色信号灯/展开的红色信号旗高举头顶左右急剧摇动；无信号灯/旗时两臂高举头顶左右交叉急剧摇动，见图1.6.1。

图 1.6.1 停车手信号

④ 收回时机：列车停稳。

(3) 按下紧急停车按钮时，至少持续按压 3 秒，并请车站值班员确认紧停按钮是否有效。站台紧急停车按钮使用方法是：使用时先破除铅封，再打开盖板将按钮按下(至少按压 3 秒)，室外按钮盘上的指示灯亮起，但因其是自复式按钮，松开按钮后，按钮盘上的指示灯会熄灭。站台工作人员在室外无法确认紧急停车按钮是否生效，因此在按下紧急停车按钮的同时，必须用对讲机向车站值班员汇报。

(4) 值班站长通知车站员工启动预案；迅速赶赴事发现场，指挥工作人员进行应急处理。安排人员救护乘客；安排人员拍照取证收集证词；根据乘客情况决定是否需要拨打 120、119 电话请求支援；向 120、119 请求支援时，安排人员到出入口迎接 119、120 救护人员。

车站值班员收到报告后立即向行调等有关部门报告(报告用语为："报告行调，××车站站台缝隙夹人，已按压紧停按钮/已启动应急预案。")。车站利用广播引导站台乘客秩序；接到值班站长拨打 119、120 命令后，立即拨打电话请求支援；利用 CCTV 观察车站情况，随时与值班站长和行调保持联系。

(5) 厅巡和保安带上救援器具和相机等，迅速赶赴现场协助救援，对事发环境、乘客伤势情况拍照留存；寻找并挽留现场目击证人，交由车站民警调查取证。

(6) 站台岗控制好站台秩序，劝阻乘客围观。

(7) 客运值班员维持站厅秩序，根据车站现场情况做好退票准备工作。

(8) 售票员坚守岗位，根据值班站长的命令暂停售票或控制售票速度，做好进站乘客解释工作。根据车站情况和客运值班员的指示，做好乘客退票工作。

(9) 安检岗坚守岗位，根据值班站长的命令控制安检速度，并做好进站乘客解释工作。

(10) 伤者救起后，做好先期救护处理，严重的等待 120 医生的到来；120 医生到达后，值班站长安排人员陪同伤者到医院，并配合安保部做好后期处理有关工作。

(11) 伤者救起后，车站值班员立即报告行调，请求取消紧急停车，恢复列车正常运营；值班站长收集整理相关资料，做好配合调查取证工作。

四、事故调查分析

通过车站 CCTV 监控视频、现场目击证人证词、事发现场情况、乘客伤亡情况等对事故进行分析调查，找出事故发生原因及车站存在的漏洞和问题，并提出改进方案和措施。

五、事故预防

根据事故调查，提出事故预防方案和措施，并对车站员工进行培训教育，不断完善车站工作，减少乘客伤亡事故的发生。

预防措施（结合车站设计的实际情况）如下。

（1）在满足限界条件下加装防踏空踏板。

（2）加强广播提醒。

（3）粘贴提示标语。

（4）播放安全知识动画宣传片。

（5）站台安全员加强观察留意。

（6）值班站长加强巡视。

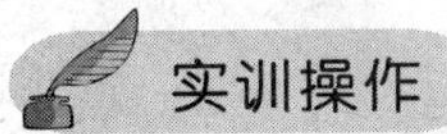

实训操作

实训目标

- 能对受伤乘客进行先期处理，根据乘客受伤程度采取相应的救护措施
- 能按正确流程对站台缝隙夹人事件进行应急处理
- 清楚各个岗位工作人员的职责及处理程序
- 能妥善处理各种细节，做到随机应变
- 具备良好的服务意识，在应急处理中保持良好的服务态度
- 能填写事故调查表，能做事故调查报告，能提出预防改进措施
- 能对情境模拟进行自评与总结

实训要求

（1）根据所分配的情境，合理设置细节，符合常理，不能刻意简化情境。

（2）人员岗位分工明确，各岗位人员清楚自身职责与处理程序。

（3）物资准备齐全，运用合理。

（4）遵守规章制度，正确处理事件，同时灵活应对乘客。

（5）表格填写规范具体，原因分析有理有据，预防改进措施合情合理。

实训所需物资和人员

（1）物资：急救箱（包括棉签、消毒水、医用纱布、绷带、创可贴、止痛药等）、担架、相机、隔离带、警戒绳、扎带、暂停使用牌、乘客伤亡事件调查记录表、乘客证词记录纸、笔等。

(2) 人员：乘客若干，站务员 3～5 名，值班员 2 名，值班站长 1 名，安全员 1～2 名，站长、副站长 1～2 名，地铁公安 1～2 名(人员配备可根据各组场景需要自行安排)。

实训流程

(1) 给各组分配情境任务。

(2) 组内讨论情境细节、人员与职责、物资等。

(3) 情境模拟。

(4) 事故调查及预防。

(5) 自评与总结。

实训表格

(1) 乘客伤亡事件调查记录表(参看附表 1)。

(2) 岗位与职责表(参看附表 2)。

(3) 实训演练程序及步骤表(参看附表 3)。

(4) 实训演练评估表(参看附表 4)。

实训演练示例

站台缝隙夹人事件处理

1. 情境

某日，1 号线 xx 站上行台 3 号门处，一名乘客上车时不慎将一只脚陷入站台缝隙，无法拔出，站台岗发现后立即按下紧急按钮，并向车控室报告，值班站长立即启动应急预案。

2. 处理流程

(1) 乘客脚被站台缝隙夹住，站台岗发现立即按压紧停按钮并上前救护。

乘客：“哎哟，我的脚被夹住了，取不出来，谁来帮帮我啊?”

站台岗(看见后，马上按下紧急按钮并快速跑过来)：“这位乘客不要惊慌，我马上通知人员来帮您。”

(2) 站台岗利用对讲机向车控室报告。

站台岗：“1 号线上行站台 3 号屏蔽门处一位乘客的脚不慎跌入站台缝隙，暂时无法拔出，现已按下紧急停车按钮，请求支援。”

值班员：“1 号线上行站台 3 号屏蔽门处一位乘客的脚不慎跌入站台缝隙，暂时无法拔出，收到。请安抚乘客情绪。”

乘客：“你看车就准备走了，我的脚拔不出来，怎么办啊?”

站台岗：“乘客，请您不要担心，我已经按下紧急停车按钮，列车是不会运行的，您先不要惊慌，不要动，救援人员马上就到。”

(3) 值班站长立即启动应急预案。

值班站长：“各岗位注意，1 号线上行站台 3 号屏蔽门处一位乘客的脚不慎跌入站台缝隙，现启动应急预案，做好乘客救援工作。”

(4) 值班员向行调报告。

值班员:“1 号线 xx 站呼叫行调,1 号线 xx 站上行站台 3 号屏蔽门处一位乘客的脚不慎跌入站台缝隙,暂时无法拔出,现已按下紧急停车按钮,车站已启动应急预案,请指示。”

行调:“行调有,1 号线 xx 站上行站台 3 号屏蔽门处一位乘客的脚不慎跌入站台缝隙,暂时无法拔出,收到,请做好乘客救援工作。”

(5) 行调向值班主任报告。

(6) 行调扣停本线后续列车。

行调:“010176 次列车司机请注意,立即在 yy(xx 站的后方站)扣停并清客。”

司机:“010176 次列车立即在 yy 站扣停并清客,明白。”

司机广播:“各位乘客请注意,由于前方车站发生紧急情况,现列车终止服务,请所有乘客在本站下车。有到前方车站的乘客,请换乘其他交通工具,为您带来的不便敬请谅解。”

(7) 行调组织列车在具备条件的区段开行小交路。

(8) 行调在调整行车的同时,车站值班员拨打 119 请求救援,值班站长带上相机、医疗箱、乘客证词记录表等前往现场处理。

值班站长:“这位乘客请不要惊慌,我们已经拨打 119,一定会把您安全救出来的。”

乘客:“好的,麻烦你们快点,谢谢你们。”

(9) 站台岗疏散围观乘客,并用相机取证。

站台岗:“各位乘客您好,请配合我们的救援工作,不要围观,谢谢您的配合!”

(10) 站台岗寻找证人。

站台岗:“这位乘客您好,请问您看到这件事的事情经过了吗? 能不能请您描述一下事情经过以便我们取证? 谢谢!”

证人乘客:“好的。”

(11) 值班站长安排人员到出入口迎接 119。

值班站长:“机动岗,请到出入口迎接 119 进站。”

(12) 119 到场后利用专业工具救出乘客。

(13) 值班站长安抚乘客。

值班站长:“这位乘客,您的脚怎么样? 有没有受伤?”

乘客:“(动了一下脚)应该没什么大碍,只是脚有点麻了,不过刚刚真是吓死我了,真的非常感谢你们的帮助。”

值班站长:“这是我们应该做的,您没事就好。”

(14) 值班员向行调报告事故处理完毕,请求恢复紧急停车按钮。

值班员:“1 号线 xx 站值班员呼叫行调,站台被夹乘客已救起,请求恢复紧急停车按钮。”

行调:“1 号线 xx 站站台被夹乘客已救起,可以恢复紧急停车按钮。”

(15) 站台岗向司机显示“好了”信号,司机凭此信号动车。

(16) 行调组织列车恢复正常运行。

（17）车站值班站长回到车控室填写事故调查记录表，复制监控视频和照片，上传上级部门。

任务七　城市轨道交通车门、屏蔽门夹人夹物事件处理

- 能理解为何会发生车门、屏蔽门夹人夹物事件
- 会使用站台紧急停车按钮
- 会在紧急情况下手动打开车门和屏蔽门
- 能根据特定情境制订处理方案
- 能按操作规范正确处理车门、屏蔽门夹人夹物事件

一、事件描述

城市轨道交通列车车门设有防夹装置，防夹装置是根据被夹物品的厚度触发的。当被夹物品的厚度大于等于防夹标准时，防夹装置能感应到，车门会自动弹开；当被夹物品厚度小于防夹标准(广州地铁采用的是 2.5 厘米。之所以要设置这个标准，是为了防止误报，以免车门过于敏感，否则任何细微的动静都可能导致车门反复弹开，造成列车晚点，影响城市轨道交通系统运营)时，防夹装置无法感应，车门不能自动弹开。乘客的头发、背包带、雨伞等物品因为厚度不够，容易被车门夹住。更危险的，如果乘客在车门即将关闭时抢上抢下，或者在车厢人满饱和的情况下硬挤上车，很容易被夹在车门与屏蔽门之间(站台屏蔽门和车门并不是完全同时关闭。当屏蔽门已经关闭，乘客没能挤上列车，车门也关闭时，乘客就被挤在车门和屏蔽门之间了。一般是儿童或体形瘦弱的成年人会发生这种情况)。这时一旦列车动车(虽然有些城市轨道交通设有软灯光装置，帮助司机确认缝隙内有无人、物被夹，但这些装置只适用于直线站台，不适用于曲线站台)，后果不堪设想。

典型案例

上海地铁屏蔽门夹死人事件

2007 年 7 月 15 日下午 3 时 34 分，轨道交通 1 号线下行往莘庄方向行驶的一辆列车，在上海体育馆站发生一起事故：一名男性乘客在上车时，不慎被夹在列车与屏蔽门之间，在列车正常启动运行后，该男子不幸被挤压致死。

案例来源：http://bbs.bato.cn/thread-289116-1-1.html.

二、处理要点

(1) 停车：司机立即停车或站务员通知司机停车，必要时按紧急停车按钮。

(2) 操作屏蔽门与车门，救助受伤乘客。

(3) 维持站台秩序，疏散围观人员。

(4) 拍照取证，寻找目击证人。

(5) 调整售票速度，做好乘客解释工作。

三、处理程序

1. 列车在站台未启动时的处理程序

(1) 司机接到报告或观察到夹人(夹物)后，立即重新打开车门和屏蔽门，待人和物撤离后，再关闭屏蔽门和车门。

(2) 如司机发现而站台人员未发现夹人夹物处所时，应通过端墙电话通知车控室。值班员命站台人员到夹人夹物处了解乘客有无受伤情况。如有伤亡情况，站台人员立即报告值班员和值班站长，值班站长启动应急预案。

(3) 待伤者被救援后，站台人员向司机显示"好了"信号，司机凭站台人员"好了"信号，关闭车门和屏蔽门，确认车门、屏蔽门无夹人夹物。

2. 列车已动车时的处理程序

(1) 列车产生不明原因紧急制动后司机汇报行调(如运行中获知夹人信息应立即停车)。

(2) 司机接到乘客有关夹物报警后确认具体位置，做好乘客安抚广播，告诉乘客列车前方到站会有工作人员前来处理，嘱咐乘客不要触碰车内设备。

司机接到乘客报警有关夹人报警后，确认具体位置，立即停车并报告行调(司机："行调，××次列车夹人(物)，现在前往处理，over。"行调回复："××次司机抓紧时间处理。")。司机携带无线便携台前往现场采用单个车门紧急解锁方式处理(解锁前要确保附近乘客的安全)。严禁按压司机室门控按钮开门。

(3) 司机处理完毕，恢复车门，向行调汇报处理情况和乘客伤亡情况等，凭行调指令动车。

(4) 若有乘客伤亡，行调命前方站做好救护准备。前方站值班站长启动应急预案，救护伤亡乘客。

3. 接报非站台侧车门夹人夹物后有关人员的处理程序

(1) 接到行调通知或紧急报警得知车门夹人后，前往现场处理，携带无线便携台。

(2) 采用单个车门紧急解锁方式妥善处理(解锁前要确保附近乘客的安全)。处理完毕，恢复车门。

(3) 处理完后，站台工作人员向司机做出"好了"手势信号，司机关门，确认车门、屏蔽门无夹人夹物。

4. 乘客被困在屏蔽门与车门之间的处理程序

(1) 站台人员：发现乘客被困屏蔽门与车门之间，立即按压站台紧急停车按钮，报告值班员和值班站长，并前往救助乘客。

(2) 值班员确认紧停按钮的有效性，向行调报告。

(3) 值班站长启动应急预案，前往事发现场指挥应急处理。

(4) 站台人员采用单个屏蔽门解锁方式打开屏蔽门，救出乘客后恢复屏蔽门，并报告值班员。若是列车已动车，乘客摔下轨道，站台人员立即报告值班员，值班员报告行调和环调，环调立即对该区间线路停电，车站在得到行调“已断电，可下轨道救人”命令后，方可下轨道救人。

(5) 值班站长安抚乘客情绪，对乘客受伤情况做初步判断和先期处理，根据乘客受伤情况决定采取站内救护或送医救护。

(6) 屏蔽门恢复后值班员向行调请示取消紧急停车。

(7) 得到行调恢复运营命令后，站台人员向司机显示“好了”信号，司机动车，恢复运营。

小思考

当乘客被困屏蔽门与车门之间时，该如何自救？车上的乘客如何救助被困乘客？

四、事故调查分析

通过车站 CCTV 监控视频、现场目击证人证词、事发现场情况、乘客伤亡情况等对事故进行分析调查，找出事故发生原因及车站存在的漏洞和问题，并提出改进方案和措施。

五、事故预防

根据事故调查，提出事故预防方案和措施，并对车站员工进行培训教育，不断完善车站工作，减少乘客伤亡事故的发生。

预防措施(结合车站设计的实际情况)如下。

(1) 加强广播提醒。

(2) 粘贴提示标语。

(3) 播放安全知识动画宣传片。

(4) 站台安全员加强观察留意。

(5) 值班站长加强巡视。

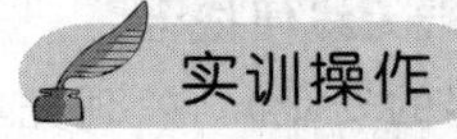

实训目标

- 能对受伤乘客进行先期处理，正确运用外伤救护四大技术
- 能按正确流程对乘客滑倒伤亡事件进行应急处理

- 清楚各个岗位工作人员的职责及处理程序
- 能妥善处理各种细节,做到随机应变
- 能填写事故调查表,能做事故调查报告,能提出预防改进措施
- 能对情境模拟进行自评与总结

实训要求

(1) 根据所分配的情境,合理设置细节,符合常理,不能刻意简化情境。

(2) 人员岗位分工明确,各岗位人员清楚自身职责与处理程序。

(3) 物资准备齐全,运用合理。

(4) 遵守规章制度,正确处理事件,同时灵活应对乘客。

(5) 表格填写规范具体,原因分析有理有据,预防改进措施合情合理。

实训所需物资和人员

(1) 物资：急救箱(包括棉签、消毒水、医用纱布、绷带、创可贴、止痛药等)、担架、相机、隔离带、警戒绳、扎带、暂停使用牌、乘客伤亡事件调查记录表、乘客证词记录纸、笔等。

(2) 人员：乘客若干,站务员 3～5 名,值班员 2 名,值班站长 1 名,安全员 1～2 名,站长、副站长 1～2 名,地铁公安 1～2 名(人员配备可根据各组场景需要自行安排)。

实训流程

(1) 给各组分配情境任务。

(2) 组内讨论情境细节及人员物资。

(3) 情境模拟。

(4) 事故分析及预防。

(5) 自评与总结。

实训表格

(1) 乘客伤亡事件调查记录表(参看附表 1)。

(2) 岗位与职责表(参看附表 2)。

(3) 实训演练程序及步骤表(参看附表 3)。

(4) 实训演练评估表(参看附表 4)。

(5) 事故事件台账(参考附表 5)。

实训演练示例

乘客被困车门与屏蔽门之间的处理

1. 情境

某日高峰期,一名乘客抢上车被夹在车门和屏蔽门之间，由于车站站台不是直线站

台，司机没有注意到这一情况，列车即将开车。

2. 处理流程

(1) 站台安全员发现情况后立即按下紧急停车按钮并报告车控室。

站台安全员："呼叫车控室，1号线上行站台有一名乘客被夹在1号车门与屏蔽门之间，已经按压紧急停车按钮，请求支援。"

值班员："车控室有，1号线上行站台有一名乘客被夹在1号车门与屏蔽门之间，收到。按压紧停按钮有效。立即救护受伤乘客。"

(2) 值班员向行调汇报。

值班员："呼叫行调，1号线xx车站上行站台1号屏蔽门处有一名乘客被夹在屏蔽门与车门之间，现已按下紧急停车按钮，请指示"。

行调："1号线xx车站上行站台1号门处有一名乘客被夹在屏蔽门与车门之间，现已按下紧急停车按钮，行调明白，请车站做好乘客救援工作。"

(3) 行调向线路值班主任汇报。

(4) 行调扣停本线后续列车，并将CCTV切换到1号线xx车站上行站台，观察车站情况。

行调："010176次列车司机请注意，请在yy(xx站的后方站)扣停。"

司机："010176次列车在yy站扣停，明白。"

(5) 司机广播安抚乘客并打开车门与屏蔽门。

司机广播："各位乘客请注意，由于前方列车未出站，现在是临时停车。"

(6) 行调与司机在处理的同时，值班站长立即启动应急预案，指挥工作人员救援被困乘客。

值班站长："各岗位注意，一位乘客被困1号线上行站台1号车门与屏蔽门之间，立即启动应急预案。"

各岗位回复："收到。"

(7) 值班站长与机动岗一起赶往现场，带着相机、医药箱和证词记录表等。

值班站长："机动岗，疏散围观乘客，拍照取证并寻找证人。"

机动岗："各位乘客请不要围观，请保证自身安全，请配合我们的救援工作，谢谢!""这位乘客您好，请问您看到这件事的事情经过了吗，能不能描述下事情经过以便我们取证？谢谢!"

值班站长："站台安全员采用单个屏蔽门解锁方式打开屏蔽门，救出乘客。"

(8) 救出乘客后，值班站长安抚乘客。

值班站长："这位乘客，请问您有什么不适吗?"

乘客(很惊慌)："我以为我要死在这里啦！我现在腿很软，心慌。"

值班站长对机动岗说："机动岗，将这位乘客带往休息室休息。"

(9) 值班员向行调报告事故处理完毕，请求恢复紧急停车按钮。

值班员："1号线xx站值班员呼叫行调，站台被夹乘客已救起，请求恢复紧急停车按钮。”

行调:“1 号线 xx 站台被夹乘客已救起,可以恢复紧急停车按钮。”

(10) 站台岗向司机发出“好了”信号,司机凭“好了”信号启动列车。

(11) 行调凭值班员报告和 CCTV 看到的情况,恢复列车正常运营。

行调:“010176 次列车司机请注意,前方故障已排除,请恢复正常运行。”

司机:“恢复正常运行,明白。”

项目二

恐怖袭击类突发事件应急及安全管理

任务一　反恐应急公共基础

学习目标

- 树立反恐意识
- 能辨认恐怖分子
- 会使用各种反恐工具
- 掌握基本防身术

知识准备

一、恐怖袭击案例

在学习如何应对恐怖袭击之前，我们先看一组关于全球范围内的重大恐怖袭击案例的数据（见表 2.1.1），了解恐怖袭击活动发生的规律和发展趋势。

表 2.1.1　全球重大恐怖袭击案例

案例名称	时间/年	死亡人数/人	受伤人数/人
突尼斯国家博物馆遭恐怖袭击	2015	22	—
法国杂志社遭恐怖袭击	2015	12	4
肯尼亚商场恐怖袭击	2013	67	上百
美国波士顿马拉松爆炸案	2013	2	近百
挪威爆炸枪击事件	2011	77	80 多
孟买连环袭击案	2008	188	313

续表

案例名称	时间/年	死亡人数/人	受伤人数/人
卡拉奇连环爆炸案	2007	140多	500多
孟买连环爆炸案	2006	100多	260多
埃及连环爆炸案	2005	90	200
伦敦地铁爆炸案	2005	56	400多
马德里连环爆炸案	2004	200	600多
别斯兰人质事件	2004	330多	—
巴厘岛连环爆炸案	2002	202	330多
莫斯科人质事件	2002	118	—
中国昆明火车站恐怖袭击	2014	29	143
中国广州火车站持刀砍人	2014	—	6

从表2.1.1可以看到，全球恐怖袭击活动从未停止，造成的人员伤亡数目不可小觑，恐怖袭击活动给世界人民带来的恐慌日益严重。恐怖袭击活动不分国别，反恐战争不是一个国家或一个地区的事。在美国“9·11”事件之后，我国开始重视恐怖袭击，但是仍有很多地方的民众未意识到恐怖袭击带来的灾难性后果，特别是一些身处象牙塔的大学生们，认为自己的生活环境非常安全，恐怖袭击事件离他们很遥远，缺乏反恐意识。

2009年7月5日在新疆乌鲁木齐发生了暴乱事件，如果说这起事件还让大家觉得事发地离我们遥远，那么，2014年3月1日，发生在我国云南昆明火车站的恐怖案件是否能引起我们的沉思呢？

昆明火车站“301案件”造成29人死亡，143人受伤，当时很多人正在梦乡中安然等候列车，还没醒过来就遭到恐怖分子的袭击，连最后看一眼世界的机会都没有。这次事件之所以会死伤那么多人，很大程度上是因为人们的反恐意识淡薄，在毫无防备的情况下遭到恐怖袭击，毫无反击之力。

也许还有人会说昆明是在边境，离我们还是有些遥远，那么，如果恐怖活动是发生在广州，我们又该做何感想呢？2014年5月6日，广州火车站又发生了持刀砍人事件，造成6名无辜旅客受伤。

这些案例已足以让我们警觉了，恐怖分子离我们的生活其实很近，一旦发生随时会夺取我们或者亲人的宝贵生命，“反恐”是每一个人的责任，我们应该提高自己的反恐意识，学习反恐方法及技巧，在遇到突发恐怖事件时能够妥善应对，尽最大努力避免或减少灾难带来伤害。

二、恐怖分子特征①

在具备反恐意识之后，我们还应学会如何识别恐怖分子。现实生活中，恐怖分子都有一定的特征，我们在日常生活中应随时留意身边的人或物，从他们的特征中识别恐怖分子。

① http://zhidao.baidu.com/question/1946914371150287268.html? fr=iks&word=%CA%B.

（一）可疑人员特征

（1）作息特征：昼伏夜出，作息时间反常。

（2）住房特征：住房内有异常声响、异常气味（如火药味、血腥味、类似臭鸡蛋的刺鼻气味等）。

（3）垃圾特征：常出现非生活垃圾，如带血的绷带等。

（4）交往特征：交往复杂、异常，通常这些人的长相、神情、穿着会与常人不同。

（5）物品特征：常携带异常物品出入，如管制刀具等。

（二）可疑车辆特征

（1）车牌特征：车辆没有车牌或者故意遮挡车牌。

（2）外观特征：车窗门锁有撬压损坏痕迹，车体有异常损伤。

（3）停留特征：在禁止停车的水、电、气、热等重要设施附近以及繁华路口、转弯处停车。夜间停车长时间着车熄灯。

（4）人员特征：乘车人员较多，神色惊慌、东张西望，戴墨镜或用帽子遮挡面部，见到有人接近刻意躲避。

（5）行驶特征：在非机动车道区域快速行驶，行驶轨迹左右摇摆、忽快忽慢等异常行驶。

（6）物品特征：车内装载物品属于易燃易爆、易挥发、易腐蚀等危险品，大量管制刀具，物品包装异常等。

三、恐怖袭击手段

我们应该了解恐怖分子惯用的恐怖袭击手段，再做好相应的应急准备。常见恐怖袭击手段有：砍杀，冲撞碾轧，纵火，爆炸，枪击，劫持人或交通工具，破坏电力、交通、通信、供水设施，核与辐射、化学、网络、生物恐怖袭击等。下面对爆炸和化学恐怖袭击两种发生概率较高且影响大的恐怖袭击手段进行阐述。

（一）爆炸

1. 爆炸的概念①

爆炸是指一种或一种以上的物质在极短时间内（一定空间）急速燃烧，短时间内释放出大量能量，产生高温，并放出大量气体，在周围介质中造成高压的化学反应或状态变化。

使气体体积迅速膨胀，就会引起爆炸。

2. 爆炸发生的三个条件②

（1）存在可燃性气体。

---

① http://www.zybang.com/question/53cc362bb5f8ee45e8994b7884eb6f2b.html.

② http://www.zybang.com/question/8f7b6c802f5a2d95d41cb397a94f9c33.html.

(2) 在一定的空间内形成爆炸性混合物，其浓度在该气体的爆炸极限范围内。

(3) 有点火源，其能量必须大于爆炸性混合物的最小点火能量。

3. 识别可疑爆炸物方法①

(1) 不要触摸，由表及里、由远到近地观察，识别、判断可疑物品有无暗藏爆炸装置。

(2) 用耳朵倾听是否有爆炸倒计时等异常声响。

(3) 用鼻子嗅，黑火药会放出臭鸡蛋的味道。

4. 爆炸物可能放置的地方

(1) 厕所等隐蔽角落，不易被人发现的地方。

(2) 重大活动场所，如大型运动会、明星演唱会等。

(3) 人员聚集场所，如商业区、地铁站、火车站等。

(4) 行李、包裹、手提包、礼品盒中。

(5) 宾馆、酒吧、KTV 等易于隐蔽且闲杂人员容易进出的地点。

(6) 公交车、地铁列车、游轮等各种交通工具上。

5. 发现可疑爆炸物处理方法②

(1) 切勿靠近，立即报警，尽量掌握可疑物发现的时间、大小、位置、外观等情况，为警方提供有价值的线索。

(2) 迅速撤离，不要惊慌互相拥挤，以免发生踩踏事故，造成伤亡。

(3) 撤离时不要引起恐慌，照顾好身边的老人和小孩。

6. 地铁列车上发生爆炸的处理办法③

(1) 迅速利用车上的报警按钮向司机反映情况。

(2) 寻找列车上的消防器材，利用消防器材灭火。

(3) 不要触碰紧急开门装置以免列车意外停车，耽误救援时间，更不要砸窗、跳车，地铁旁有高压电，跳车会有触电身亡的危险。

(4) 在工作人员指引下，迅速有序地通过车头或车尾疏散门进入隧道，向邻近车站撤离。

(5) 寻找衣服、毛巾，打湿，捂住口鼻，有序撤离。

(二) 化学袭击

1. 化学恐怖袭击的概念④

化学恐怖袭击是指以有毒、有害化学品为武器的恐怖活动。

---

① http://wenda.tianya.cn/question/18ibamlgoc08b90qafr3v8qa5hrap86dnij54? sort=t.

② http://ga.haian.gov.cn/news/article.aspx? id=200000096323.

③ http://news.163.com/16/0425/05/BLFNAGKQ00014SEH.html.

④ http://baike.baidu.com/link? url=DPjol4ReOxfHCV4AYBeCm_63XfAun7m84HjbyG2j6rkL.

2. 遭遇化学袭击的处理办法

(1) 不要惊慌，做好自身防护，利用环境设施和随身物品遮掩口鼻，避免毒气吸入和侵袭。

(2) 进一步判明情况，化学恐怖袭击多利用空气为传播介质，常伴有异常气味、烟雾等现象。

(3) 尽快寻找出口，迅速有序撤离污染区域，尽量逆风撤离。

(4) 及时报警求助。

(5) 进行必要的自救互救，采取催吐等方法，加快毒物排出。

四、通用防范方法

(1) 保持镇静：不要慌乱，避免大声惊叫引起对方警觉。

(2) 确保安全：做好自身保护，同可疑人保持一定距离。

(3) 牢记特征：尽可能记住嫌疑人及交往人员体貌特征，在确保不被发现的情况下，可用手机对人或物品进行拍照。

(4) 迅速报警：转到安全的地方迅速拨打 110，反映可疑情况。报警内容包括时间、地点、人物特征及数量、物品特性、事件类型及规模、报警人联系方式等。

五、常用反恐工具

(一) 警用约束叉

警用约束叉见图 2.1.1。

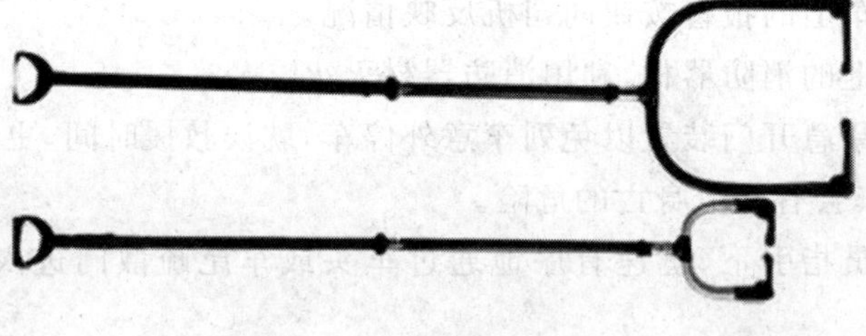

图 2.1.1 警用约束叉①

1. 性能介绍

在铁路列车或地铁车站都备有若干警用约束叉，约束叉用以控制歹徒，保持与歹徒的安全距离。警用约束叉可伸缩，伸缩长度为 1～2 米，末端装有半圆弧形叉头，叉头可夹可锁，没有棱角，叉头没有攻击性。紧急情况下也可以将约束叉换头当长棍攻击对方。

2. 使用方法

(1) 警用约束叉的伸缩。警用约束叉由叉和杆两段构成，伸长后有机械锁扣会自动

① http://image.so.com/i? ie=utf.8&src=hao_360so&q=%E8%AD%A6%E7%94%A8%E7%BA%A6%E6%9D%9F%E5%8F%89.

锁闭，按下锁扣即可收回。

(2) 警用约束叉的使用。警用约束叉主要用于与歹徒对峙时保持安全距离，将歹徒控制在相对固定范围内（一般是墙角），使用前应先伸长约束叉，拨动尾部开关打开叉头。使用时一手握住把手，一手举叉，用半圆弧形叉头对歹徒的腰部、胸部进行阻挡拦截。最好是两人配合，从不同方向进攻，一人控制歹徒的腰部或脖子，另一人控制歹徒的攻击手臂。

3. 注意事项

(1) 使用警用约束叉时应注意自身安全，与歹徒保持安全距离，尽量将歹徒控制在角落。最好几人同时进行。

(2) 面对持械歹徒应注意躲闪歹徒投掷的器械。

（二）伸缩警棍

伸缩警棍见图 2.1.2。

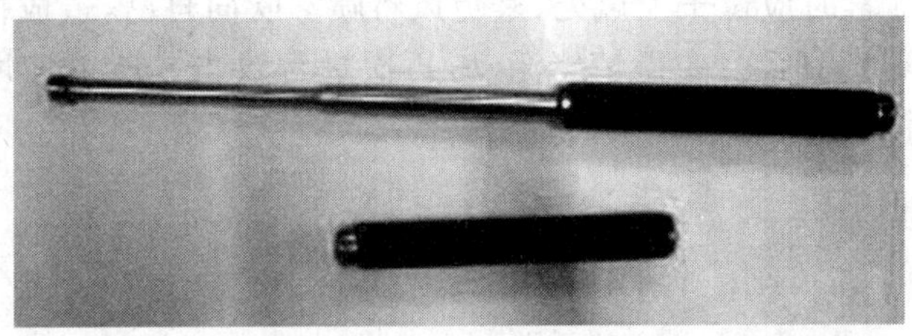

图 2.1.2　伸缩警棍[①]

1. 性能介绍

伸缩警棍属于警方的低强度武装配发，一般用于对付具有中低强度攻击意识的对象作压制以及人员自我防护武器使用。

2. 使用方法及注意事项

(1) 出棍方式。伸缩警棍日常应处于收缩携带状态，在使用时的出棍方式一般有以下两种。

① 下出棍：手握棍上提，棍头向上，然后手臂快速向下挥甩。手臂向下挥甩及手腕下压的动作越快，锁定越牢固。

② 上出棍：手握棍，棍头向上，然后猛然向下一顿。速度越快越好，棍子锁定得也就越牢固。

(2) 击打要点。伸缩警棍击打会导致钝器击伤，为避免对歹徒的人身伤害，在使用时应严格遵循“三打、三不打”的原则，即“打手腕、脚腕、膝盖”“不打头、脊椎和胸部心脏”。

(3) 使用注意事项如下。

① 伸缩警棍一般用于制服歹徒，为保障使用者人身安全，使用伸缩警棍时尽量避免

---

① http://baike.baidu.com/link? url=iSj30rTbmyjyBOeNtwQURpiNv64I2LhGDV-5JWhaI_b-9.

与持械歹徒对峙。

② 若歹徒穿着过于厚重，击打效果会大大受到影响，可根据现场情况使用其他防恐工具应对。

（三）警用喷雾

警用喷雾见图 2.1.3。

1. 性能介绍

警用喷雾是一种新型的警械，具有质量轻、运用广、使用方便、效果好等特点。喷雾液体属于辣素溶液，接触部位会火辣辣地疼痛；吸入警用喷雾后会导致呼吸困难、严重打喷嚏；沾染眼睛则会导致眼睛暂时无法睁开。使用正确可在一定时间内使歹徒无法实施有效攻击。

2. 使用方法及注意事项

(1) 警用喷雾使用的方法为按压式，使用时向歹徒的面部持续喷射效果最好。

(2) 使用警用喷雾时应位于上风处，避免风将喷雾吹向自己，造成自身伤害。

(3) 歹徒被喷雾喷中后会变得情绪激动，再次进行攻击。所以使用警用喷雾的同时应注意自身安全，保持安全距离。

（四）防割手套

防割手套见图 2.1.4。

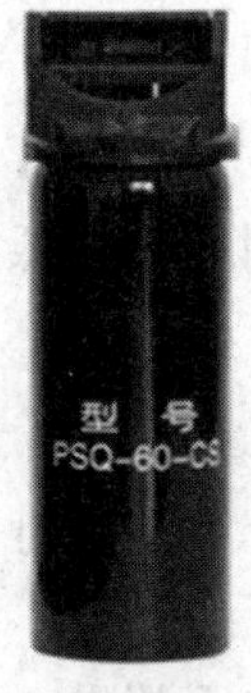

图 2.1.3 警用喷雾①

图 2.1.4 防割手套②

1. 性能介绍

防割手套，可手抓匕首、刺刀等利器刃部。即使刀具从手中拔出也不会割破手套，不会伤及手部。

2. 使用方法及防护

直接戴在手上，并且扣好开关。

① www.nnabt.com.

② bzb.zlcsp.com.cn.

防割手套超乎寻常的防割性能和耐磨性能,使其成为高质量的手部劳保用品。一双防割手套的使用寿命相当于500副普通线手套,称得上是"以一当百"。

(五)电棒

电棒见图2.1.5。

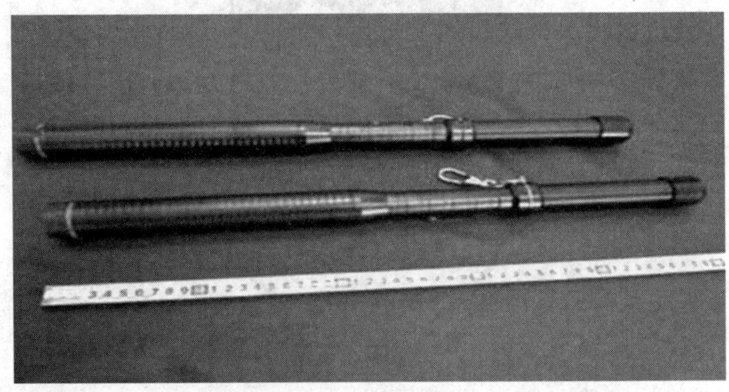

图2.1.5　电棒①

1. 性能介绍

电棒是由一体化高质量集成块及可充镍氢电池组成的;外部结构主要是由硬胶压注以及金属材料组成的,在电棒的前部有一对或多对金属电击头,后端有电击保险开关,按下电击开关,就能产生强烈电击。

2. 使用方法及作用

(1) 电击。一般右手握住电警棍手柄,并将保险套套在腕上,用大拇指按动手柄处电击按钮,此时会有蓝色电弧产生,将金属放电条触及人体皮肤,被击者就会产生剧烈的麻木酸痛感。

(2) 照明。手握电警棍,按动前部靠近放电条的红色照明开关,此时照明灯应亮。

(3) 报警。手握电警棍,按动中部报警开关S按钮将发出由弱到强的连续报警声响。

(六)盾牌

盾牌见图2.1.6。

1. 性能介绍

防暴盾一般用来应对群体骚乱等低等级冲突,能有效阻挡玻璃瓶等物体投击。特种使用的防暴盾一般还有防冲电波和防强光的功能。

2. 使用方法

盾牌可以挡,也可以撞。

① www.afypshop.com.

图 2.1.6 盾牌①

(1) 在处置突发事件的现场,可以手持盾牌,立正站好。

(2) 当遇到危险时,就用双手抓住盾牌,身体下蹲,目视前方,做好持盾牌戒备姿势。既能保护好自己,又能攻击。

(3) 当有犯罪分子用匕首向你捅时,可以用盾牌迅速上挡一下,把匕首挡开。

(4) 攻击是最好的防守,发现机会应立即展开攻击,用盾牌使劲撞击犯罪分子,使其不能利用凶器进攻。

六、自卫防身术

(一) 自卫防身术的概念

防身术是一种当自己身体受到攻击时所能采取的高度自我防卫策略与技术手段,从而来应对侵袭,维护个人人身与财物安全。

(二) 自卫防身术的使用原则②

(1) 临危不乱,头脑尽量保持清醒。

(2) 把握尺度,注意适当地进行防卫,在自卫的基础上尽量不要致对方于死地。

(3) 审时度势,准确找到目标进行回击,出击要迅速,以速度取胜。

(4) 有胆有识,机智地与敌人周旋,适时向外界求救。

(三) 在正面对付暴恐分子时的注意事项

(1) 护好自身重要的部位(头、颈部、心脏)。

① www.szgaofeng.com.

② http://zhidao.baidu.com/link? url=lNfzUgkTe2ZiiQIfEm6rH5drawiYHAa_bZK8yg_ZqbrfFVX.

（2）在对付暴恐分子时应注意不要误伤乘客。

（3）尽量缩小暴恐分子行凶的范围。

（4）在无防爆工具的时候，尽量用身边能用的物体进行自我防护。

（5）暴恐分子与工作人员力量悬殊时，待乘客疏散完后，不要恋战，尽量躲避有门禁的办公区域。

（四）防身术技法[①]

在遭到攻击时，一般是肉体侵害居多。由于一般受害者与歹徒的距离会比较近，所以防身的技巧非常重要。防身技巧好就能够在最短时间击败对方，从而使自己的人身和财产得到保护的作用，避免受到伤害。"侧身"是遭遇其他不测时自卫的自己姿势，即两腿一前一后，屈膝、脚掌着地，两手握拳一前一后。这种侧身可以尽量少地暴露易遭攻击的部位。

常用的回击方法有以下5种。

1. 拳击

在人的身体中，手是最灵活的，也是威力最大的，而手的攻击形式以拳为主，因此拳是人最主要的攻击武器。拳分为以下几种。

（1）直拳：主要是用拳直接攻击对方面部和胸部的拳法。

（2）勾拳：主要是用拳面击打对方腹部、下颌等的拳法。

（3）劈拳：主要是用拳攻击对方面部的拳法。

（4）鞭拳：主要是用拳背攻击对手、头部的拳法。

2. 肘击

肘击属于近距离击打的技法。肘部具有的生理构造特点，使肘击的击打力量较其他手法要重、要狠。肘击分为以下几种。

（1）顶肘：主要用于顶击对方腋下，效果最好。

（2）挑肘：主要用于击打对方胸腹部。

（3）横肘：主要用于攻击对方太阳穴、后脑、耳门、颈部以及胸肋。

（4）砸肘：主要用于对方抱腰、腿时砸击其后脑、腰部。

（5）反手顶肘：主要用于攻击背后之敌肋、腹部。

（6）反手横肘：主要用于攻击背后之敌面部、太阳穴。

3. 膝击

膝击是指用膝攻击男性毫无承受打击能力的要害部位裆部。以膝攻击裆部有两个好处：一是距离短，这就保证了攻击可以很快地完成；二是角度小，攻击准备和攻击过程都可以很隐蔽。

（1）提膝：用膝腿上抬，动作要猛，并以双手拉住对方帮助发力。

（2）侧撞膝：左侧撞膝是左膝上抬，由左向右侧撞击；微倒身，扭髋内转，两手可抓住

---

① http://wenku.baidu.com/link?url=FH-GwQfB9m0oI5Izb4LQTSHKcSzq-mVv_esrnSVt5YY.

对方帮助发力。右侧撞膝动作与左侧撞膝相反。

4. 腿击

(1) 蹬腿：蹬腿要领是脚尖要勾，力达脚跟。蹬腿时身体不可前后俯仰，要脆、快、有力，蹬出后迅即收回。

(2) 弹腿：一腿支撑，一腿提膝，同时膝关节由屈到伸，向正前方弹踢出腿。脚背绷直，力达脚背。弹踢时要快而有力。

(3) 踹腿：踹腿又可分为正踹、侧踹。正踹腿一般用于攻击对手胫骨，侧踹腿可用于攻击对方裆部、腹部。

5. 头击

以额头为武器攻击对手，在武术中被称为头锋攻击，主要用于撞击对手面部和胸部。一般而言，撞击面部效果较好。撞击面部要瞄准鼻梁处三角区，千万不能撞在对方前额上，形成互伤。

(五) 现场模拟情境

1. 现场模拟演练情境一：被歹徒按压时①

被歹徒按压时，如果双手未被按压，可张开手掌，用掌根猛击歹徒鼻梁。猛烈击打到位后，再用指甲在其面部用力地抓。最好用手去抓歹徒的眼睛，这样歹徒就会因为泪流不止，眼睛睁不开，而转移其注意力。这时趁歹徒一时丧失施暴能力，自卫者可及时逃脱。

2. 现场模拟演练情境二：当被抱住时②

当被歹徒从侧面抱住时，先用靠近他的那只手猛击他的裆部，随即用同一只手的肘部猛撞歹徒的肋部，最后再用脚猛烈地跺歹徒的脚尖。在歹徒疼痛时，迅速逃脱。

3. 现场模拟演练情境三：当被抱起时③

当被歹徒抱了起来，挣扎是徒劳无益的，只会让歹徒更冲动。这个时候必须保持冷静，“温柔地”用双臂抱住他的脖子，认准面部的某个部位比如耳朵或脖子，狠狠地咬下去，并做好被歹徒随时扔到地上的准备，然后再对准其裆部用力猛踹。趁歹徒疼痛难忍时迅速逃离。

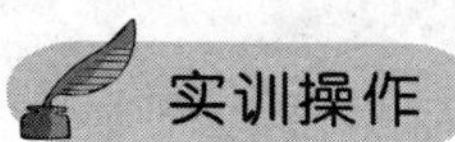

实训目标

- 能正确使用各种反恐工具

---

① http://zhidao.baidu.com/link? url=20c2t-806lR4CWr9opWnzVjk2ikFLmKIM7XNwoFI2pP.

② http://zhidao.baidu.com/link? url=e85K8cwvOUp7vV5kR3vrqUwKV0r2bl55HeDskjvCrup.

③ http://www.xuexila.com/shenghuo/fangshenshu/512453.html.

- 掌握基本防身术的动作要领
- 能在面对威胁时随机应变，正确使用防身术保护自己
- 能通过防身术练习强健体魄

实训要求

（1）根据分配的由人员制服歹徒的情境，对使用工具制服歹徒或采用防身术制服歹徒进行模拟。

（2）每个人员分工明确，清楚自身应该进行的处理程序。

（3）常用的治安工具准备齐全，运用合理。

（4）正确处理事件，同时灵活应对当时的情境变化。

实训所需物资和人员

（1）物资：警用约束叉、警用喷雾、伸缩警棍、防割手套、电棒、盾牌。

（2）人员：路人若干，"歹徒"1～3 名，救助人员 2～5 名（人员配备可根据各组场景需要自行调整）。

实训流程

（1）给各组分配情境任务。

（2）组内讨论情境细节、人员与职责、物资等。

（3）情境模拟。

（4）自评与总结。

任务二　城市轨道交通车站遭遇劫持人质事件的处理

- 知道车站遭遇劫持人质的影响及危害
- 掌握车站遭遇劫持人质时的处理要点
- 能根据特定的情境制订处理方案

一、事件描述

城市轨道交通作为现代交通的骨干，越来越受到公众的关注。轨道交通线路一般会把城市中的重要商圈、党政机关、金融机构、居民生活区连接起来，客流量往往较大，一旦城市轨道交通系统出现危急情况，其影响力大，影响面广。一些不法分子为了报复社会，给社会带来恐慌，通常会选择在城市轨道交通线路和车站实施违法犯罪行为。恐怖分子

的恐怖行为有很多种类型，本节主要讲车站遭遇劫持人质事件的处理。这种情况下，很多乘客会进行围观拍照。车站人员应在做好自我防护的前提下及时疏散乘客，组织围观，及时报警。

典型案例

2012年北京地铁安检员被劫持事件

2012年7月19日晚，一名男子在呼家楼地铁站B口持刀劫持一名女安检员。警方接到报警后立即赶赴现场。民警到达现场后，谈判专家与嫌疑人进行对话。谈话中，民警提出以自己交换人质，被嫌疑人拒绝。经过70余分钟反复劝说无效，且在嫌疑人持刀伤害人质的情况下，特警总队蓝剑突击队狙击手果断开枪，将嫌疑人击毙，人质安全获救。

案例来源：http://news.sina.com.cn/c/2012-07-21/024024815639.shtml.

二、处理要点

(1) 发现劫持人质事件后立即报警，根据需要报120。

(2) 值班站长启动应急预案，指示车站人员做好自我防护。

(3) 事发现场3米范围内设置警戒线，阻止乘客围观，立即进行疏散。

(4) 事态扩大或歹徒攻击性太强时，根据需要封站。

(5) 行调根据需要组织列车不停车通过车站，并调整行车方案。

三、处理程序

(1) 车站人员发现车站范围内有劫持人质的治安事件发生时，立即报告车站值班员和值班站长。

(2) 车站值班员接到通知后的具体做法。

① 立即通知值班站长，告知值班站长暴恐事件发生的位置或车次及人员信息，以便有关人员及时赶赴现场进行处置。

② 及时向行车调度员、安全保卫部、公安轨道支队、120报告，简要说明事发车站、歹徒人数、性别、凶器、人员伤亡情况，以及报告人单位及姓名、职务、联系方式等。

③ 将通往车控室等重点区域的房门(窗)反锁，避免歹徒流窜进设备区。

④ 广播引导乘客立即出站或远离危险区域。

⑤ 通过CCTV观察车站情况，保持与值班站长和行车调度联系，随时报告处理进度。

(3) 车站值班站长收到有暴恐事件发生的信息的做法。

① 立即通知车站各岗位启动暴恐应急预案，指示车站所有工作人员注意自身防护。

② 跑步到事发现场设置警戒线，劝导乘客不要围观、疏散乘客。

③ 了解现场情况，保护现场，搜集线索，保持与车站值班员信息的传递。

④ 立即安排车站保安或其他人员使用防暴装备(防暴叉、甩棍、防暴喷雾等)，根据现场情况使用防暴装备控制或制服歹徒。

⑤ 安排车站工作人员到车站出入口阻止乘客进站，引导110、120人员进站。

(4) 行调接到报告后立即报告线路值班主任，组织列车在发生劫持人质的车站通过和调整列车运行。

(5) 车站其他人员的处理(视具体车站而定)如下。

① 客运值班员：锁闭好车站票务室大门，保证票款安全；保证自身安全，引导乘客出站；协助医务人员抢救伤员，组织乘客自救、互救。

② 售票员：锁闭钱箱、票亭，保护票款安全；保证自身安全，在站厅引导乘客往站外疏散；协助医务人员抢救伤员，组织乘客自救、互救。

③ 厅巡员：保证自身安全；厅巡员在站厅引导乘客往站外疏散；随时向值班站长报告各自区域情况；协助医务人员抢救伤员，组织乘客自救、互救。

④ 安检员：立即停止安检，阻止乘客进入，引导乘客出站；听从站长、值班站长安排，协助保安使用防暴装备制服歹徒；注意自身防护，保证自身安全，避免事态扩大。

⑤ 站台安全员：保证自身安全；站台岗引导乘客疏散到站厅；随时向值班站长报告各自区域情况；协助医务人员抢救伤员，组织乘客自救、互救。

⑥ 保安：保安接到值班站长通知后，立即携带防暴装备赶往事发地点；协助医务人员抢救伤员，组织乘客自救、互救；注意自身防护，保证自身安全，避免事态扩大；险情解除后，恢复日常运营秩序，及时清理现场。

备注：防暴装备运营期间存放在安检点，非运营期间存放在车控室内，一般车站配备防暴叉2把，客流大站配备4把。

(6) 事后恢复。

① 值班员接到暴恐分子已被制服并带离车站的通知后，停止播放广播，确认各项设施、设备是否恢复正常，及时处置，确保满足正常运营条件，及时向值班站长和行调汇报。

② 行调确认具备恢复运营条件后，令车站恢复运营，并调整恢复行车方案。

③ 值班站长确认暴恐分子已被制服并带离车站后，通知各岗位准备恢复运营，听取各岗位汇报具备运营条件后，组织恢复车站运营。

④ 工作人员回到各自岗位，维持秩序。

四、事故调查分析

通过车站CCTV监控视频、现场目击证人证词、事发现场情况、乘客伤亡情况等对事故进行分析，配合公安部门做全面调查，并提出改进方案和措施。

五、事故预防

根据事故调查，提出事故预防方案和措施，并对车站员工进行演练培训，加强车站巡视，不断完善车站工作，减少乘客伤亡事故的发生。

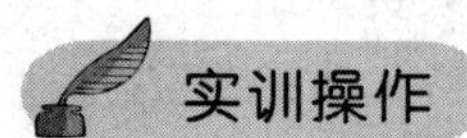

实训操作

实训目标

- 明确各个岗位工作人员的职责及处理程序
- 能妥善处理各种细节,做到随机应变
- 能填写事故调查表,能做事故调查报告,能提出预防改进措施
- 能对情境模拟进行自评与总结,不断完善自己

实训要求

(1) 根据所分配的情境,合理设置细节,符合常理,不能刻意简化情境。

(2) 人员岗位分工明确,各岗位人员清楚自身职责与处理程序。

(3) 物资准备齐全,运用合理。

(4) 遵守规章制度,正确处理事件,同时灵活应对乘客。

(5) 表格填写规范具体,原因分析有理有据,预防改进措施合情合理。

实训所需物资和人员

(1) 物资:急救箱、担架、警戒绳、防暴叉、警棍、防爆喷雾、乘客伤亡事件调查记录表、乘客证词记录纸和笔等。

(2) 人员:乘客若干,站务员 3～5 名,值班员 2 名,值班站长 1 名,保安 1～2 名,行调,地铁公安若干名,120 救护人员若干(人员配备可根据各组场景需要自行安排)。

实训流程

(1) 给各组分配情境任务。

(2) 组内讨论情境细节及人员物资。

(3) 情境模拟。

(4) 事故分析及预防。

(5) 自评与总结。

实训表格

(1) 乘客伤亡事件调查记录表(参看附表 1)。

(2) 事故事件台账。(参看附表 5)

(3) 岗位与职责表(参看附表 2)。

(4) 实训演练程序及步骤表(参看附表 3)。

(5) 实训演练评估表(参看附表 4)。

任务三　列车上遭遇劫持人质事件的应急及安全管理

- 知道列车遭遇劫持人质事件的影响及危害
- 掌握列车遭遇劫持人质事件时的处理要点
- 能根据特定的情境制订处理方案

一、事件描述

列车上的劫持人质事件分两种情况：一种是乘客被劫持；另一种是司机被劫持。两种情况下，司机都应设法驾驶列车到站上进行处理。如果是司机被劫持，司机更要灵活处理，随机应变。一方面，尽量维持列车的 ATO 驾驶模式，保证列车能到站停车，打开车门疏散乘客；另一方面，要设法与外界取得联系，让外界知道自己的处境，保证自身安全。

典型案例

2015 年 9 月 K2905 次列车上男子劫持乘客事件

2015 年 9 月 5 日 12 时，西安至温州的 K2905 次列车运行到宣城至长兴南区段，女乘客吴某同 4 岁女儿在餐车就餐时，被一男乘客劫持。值乘该次列车的乘警张洪安接到报告后，立即赶到现场进行处置。乘警到场后，该男子见状变得更加狂躁，并威胁要掐死女乘客。乘警为防止事态扩大，一边动员疏散餐车的其他乘客，一边采取措施救助人质。乘警一人正面与该男子周旋分散其注意力，另外两人伺机绕到男子身后，将其扑倒在地控制住，救下女乘客。

据调查，该男子是一精神病患者，乘警按规定将其移交杭州站派出所转送当地医院进行治疗。

案例来源：http://news.gaotie.cn/yishi/2015-09-10/267753.html.

二、处理要点

(1) 列车运行到站上紧急疏散乘客。

(2) 列车即将到达的车站提前组织疏散与封站，列车到站后协助疏散列车上的乘客。

(3) 及时报警，立即报告轨道公安支队、120 等。

(4) 做好自身防护，保证自身安全，避免事态扩大。

三、处理程序

（一）列车上乘客被劫持时的处理程序

（1）列车司机接到列车上乘客被劫持的信息时，立即报告行车调度员。

（2）行调接到乘客被劫持的报告后。

① 指示列车司机继续运行到前方站清客。

② 马上报告线路值班主任。

③ 立即通知前方到站提前疏散乘客并封站。

④ 通知在站的邻线列车立即开出，命令邻线其他列车不停车通过。

⑤ 向全线发布运营受阻信息，在具备运行条件的区段，组织列车小交路运行，调整列车运行秩序。

（3）车站值班站长组织车站人员启动应急预案，指示工作人员保证自身安全。各岗位人员的职责同车站遭遇劫持人质事件的一致。

（4）列车司机按照行车调度员指示进站停车，疏散乘客完毕后，从驾驶室撤离到安全地点。

（5）事后恢复。

① 值班员接到暴恐分子已被制服并带离车站的通知后，停止播放广播，再次按压AFC紧急释放按钮恢复车站进出站闸机，并确认各项设施、设备是否恢复正常，及时处置，确保满足正常运营条件，及时向值班站长和行调汇报。

② 行调确认具备恢复运营条件后下令恢复运营。

③ 值班站长确认暴恐分子已被制服并带离车站后，通知各岗位准备恢复运营，听取各岗位汇报具备运营条件后，组织恢复车站运营。

④ 车站工作人员回到各自岗位，维持日常工作秩序。

（二）列车司机被劫持时的处理程序

1. 列车司机

（1）列车在运行中，歹徒闯入驾驶室劫持司机时，列车司机必须维持ATO自动驾驶模式，保证列车在前方站自动停车并打开车门和站台门疏散乘客。

（2）若歹徒威胁司机列车不得停站，司机不可转换驾驶模式，而应向歹徒托词列车驾驶必须由中央控制，以便向行车调度员报告。

（3）若歹徒拒绝通话，司机可悄悄打开与行车调度员联系的无线列车调度电话，或者将对讲机处于通信位置，让行调通过司机与歹徒的对话知道司机室发生的情况。

（4）若无法报告行车调度员时，司机应想尽一切办法让外界知道自己的处境，将一切有用的信息传递出去。

2. 站台人员

（1）发现停在站台上的列车司机被劫持，立即按压紧急停车按钮扣停列车，组织列车和站台上的乘客紧急疏散。

(2) 立即报告值班员和值班站长(值班员接到通知后立即报告行调)。

3. 行调

(1) 接到列车司机被劫持报告后,立即报告线路值班主任。

(2) 接到歹徒强迫列车司机到站不停车的报告后,命令前方车站值班员掌握时机按压"紧急停车按钮",将列车强行扣停在车站。

(3) 命令前方站的邻线列车立即开车,扣停其他相关列车。

(4) 调整列车运行,维持小交路运行。

(5) 向全线发布列车运行受阻的信息。

(6) 尽可能按照警方要求进行列车控制,将列车引入警方指定的车站或者开往车场露天空线停车。

(7) 事发列车进入警方指定的车站或车场前,指示车站立即停止车站乘客服务,先行疏散车站乘客,安排进入车站或车厂空线的进路。

4. 车站值班站长

(1) 接行车调度员命令后,通知车站工作人员执行人质被劫持应急预案。

(2) 列车到站后,协助疏散列车上的乘客。

5. 车站其他工作人员

车站其他工作人员的职责同车站遭遇劫持人质事件时一致。

6. 司机

(1) 被劫持的司机应灵活机动地与歹徒周旋,不要刺激歹徒,要转移其注意力,使其放松警惕,保护自身安全。

(2) 列车到站停车开门后,如果能有机会逃生,应尽快逃生;如果没有机会逃生,应等待现场警方进行专业处理。

(3) 事件处理完毕后,被劫持的司机原则上不再担任当日乘务工作。乘务段另行安排其他司机。

7. 事后恢复

(1) 事件处理完毕后,值班站长按警方通知向行车调度员报告,请求恢复运营。

(2) 行调确认具备恢复运营条件后,下令恢复运营。

(3) 车站人员清理现场,组织恢复运营。

(4) 乘务段安排其他司机担任乘务,恢复运营。

四、事故调查分析

通过车站CCTV监控视频、列车监控视频、现场目击证人证词、事发现场情况、乘客伤亡情况等对事故进行分析,配合公安部门做全面调查,并提出改进方案和措施。

五、事故预防

根据事故调查,提出事故预防方案和措施,并对车站员工进行演练培训,加强车站巡视，不断完善车站工作，减少乘客伤亡事故的发生。

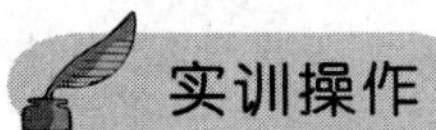

实训操作

实训目标

- 明确各个岗位工作人员的职责及处理程序
- 能妥善处理各种细节，做到随机应变
- 能填写事故调查表，能做事故调查报告，能提出预防改进措施
- 能对情境模拟进行自评与总结，不断完善自己

实训要求

(1) 根据所分配的情境，合理设置细节，符合常理，不能刻意简化情境。

(2) 人员岗位分工明确，各岗位人员清楚自身职责与处理程序。

(3) 物资准备齐全，运用合理。

(4) 遵守规章制度，正确处理事件，同时灵活应对乘客。

(5) 表格填写规范具体，原因分析有理有据，预防改进措施合情合理。

实训所需物资和人员

(1) 物资：急救箱、担架、警戒绳、防暴叉、警棍、防爆喷雾、乘客伤亡事件调查记录表、乘客证词记录纸和笔等。

(2) 人员：乘客若干，站务员 3～5 名，值班员 2 名，值班站长 1 名，保安 1～2 名，行调，地铁公安若干名，120 救护人员若干(人员配备可根据各组场景需要自行调节)。

实训流程

(1) 给各组分配情境任务。

(2) 组内讨论情境细节及人员物资。

(3) 情境模拟。

(4) 事故分析及预防。

(5) 自评与总结。

实训表格

(1) 乘客伤亡事件调查记录表(参看附表 1)。

(2) 事故事件台账。(参看附表 5)

(3) 岗位与职责表(参看附表 2)。

(4) 实训演练程序及步骤表(参看附表 3)。

(5) 实训演练评估表(参看附表 4)。

实训演练示例

列车上乘客被歹徒劫持时的处理

1. 情境

某日，一名戴口罩的男子在乘坐轨道交通 L 线 010178 次列车时，突然掏出匕首劫持了旁边一位女乘客，并宣称自己背包里有炸弹，要求释放一名恐怖组织头目，否则立即杀掉女乘客，并引爆炸弹。

2. 事件及处理流程

(1) 乘客向司机报警。

动作：在车门旁边，打开紧急报警按钮盖板，按下报警按钮，等到闪烁的红灯变为稳定红灯时说话。

乘客："有人吗？听得到吗？"

司机："我是本车司机，乘客请讲。"

乘客："6 号车厢有一名乘客被一名歹徒持刀劫持，情况十分危急，怎么办？"

(2) 司机安抚乘客。

司机："乘客，您的求助信息我已收到，列车即将到站，到站后会有相关工作人员前来处理，请您转移到其他车厢，注意自身安全，不要随意触碰车内设备。"

(3) 司机向行调汇报情况。

司机："呼叫行调，呼叫行调。"

行调："行调有，请讲。"

司机："010178 次列车 6 号车厢在 xx 站至 yy 站上行区间发生一名歹毒持匕首劫持一名女乘客事件，请求支援。"

(4) 行调对事发列车司机下达命令，指示司机运行到前方站清客。

行调："010178 次列车 6 号车厢在 xx 站至 yy 站上行区间发生一名歹毒持匕首劫持一名女乘客事件，行调收到。请保持列车运行至前方站清客。"

司机："收到。"

(5) 行调向值班主任报告。

(6) 行调通知前方车站疏散乘客，做好列车清客准备。

行调："yy 站值班员。"

值班员："yy 站值班员有。"

行调："010178 次列车 6 号车厢有一名歹徒持匕首劫持了一名女性乘客，请你站提前疏散车站乘客和封站，并做好列车清客和被劫持乘客救援准备。"

值班员："010178 次列车 6 号车厢有一名歹徒持匕首劫持了一名女性乘客，两路口站提前疏散车站乘客和封站，并做好列车清客和被劫持乘客救援准备，收到。"

(7) 值班员向值班站长汇报。

值班员："报值班站长，接行调命令 010178 次列车 6 号车厢有一名歹徒劫持了一名女性乘客，我站提前疏散车站乘客和封站，并做好列车清客和被劫持乘客救援准备。"

(8) 值班站长启动应急预案。

值班站长："值班站长有，立即启动列车上乘客遭遇劫持事件应急预案。"

(9) 值班员广播通知工作人员按预案做好乘客疏散与救援工作。

值班员："各工作人员请注意，接行调命令 010178 次列车 6 号车厢有一名歹徒劫持了一名女性乘客，立即启动列车上乘客遭遇劫持事件应急预案，请各岗位人员按照预案组织乘客疏散与救援工作。"

(10) 值班员广播引导乘客有序离站。

值班员(广播)："各位乘客请注意，由于车站发生紧急情况，为了您的安全，请听从工作人员指引，尽快离开车站，照顾好身边的老人和小孩，不要拥挤，有序疏散。"(间歇性重复)

(11) 值班员向行调汇报车站情况。

值班员："yy 站值班员呼叫行调，yy 站已启动紧急预案。"

行调："行调收到。"

值班员：(拨打 110/120)"轨道集团 L 线 yy 站列车上发生歹徒用匕首劫持乘客紧急事件，请求支援。"

(12) 值班站长指挥各岗位工作人员进行现场处理，并与歹徒周旋救援乘客。

值班站长："安检岗和车站保安，请做好自身安全防护，携带约束叉等前往站台 6 号车厢处救援乘客。机动岗，请携带警戒线等到站台隔离现场，疏散乘客。站台岗，请做好站台与列车乘客疏散工作。厅巡岗，请到出入口粘贴告示，阻止乘客进站，并指引 110、120 人员进站。"

(13) 站台岗将站台乘客往站厅疏散，列车到站后，从第二车厢进入列车，进行列车清客。

站台岗："各位乘客，由于发生紧急情况，为了您的安全请尽快离站，请您听从工作人员指引，注意安全。"

(14) 保安和安检岗携带约束叉从两端车厢进入，不惊动歹徒，趁其不备时制服歹徒。如果没有机会不要轻举妄动，等待公安人员前来救援。

(15) 客运值班员锁好点钞室，到站厅(出入口或扶梯处)疏散乘客。

客运值班员："各位乘客，请从这边出站，注意安全，听从工作人员指引。"

(16) 售票员收好票款，锁好票亭，到票亭外(出入口或扶梯处)疏散乘客。

(17) 值班员通过 CCTV 监控车站情况，随时向行调报告车站情况，如发现乘客受伤，报告值班站长，值班站长安排人员携带急救箱前往进行先期处理。

(18) 行调通知车站后，命令在站邻线列车立即开车。

行调："010178 次列车司机，立即开车。"

(19) 行调拦停后方列车。

行调："010178 次列车司机，请在 mm 站(xx 站的后方站)扣车。"

(20) 行调组织列车在具备条件的区段开行小交路。

(21) 公安人员到达后，值班站长配合公安人员的处理。公安人员击毙歹徒后，由专业人员解除炸弹引爆装置。

任务四　城市轨道交通车站发现可疑物品的处理

- 知道什么是可疑物品
- 明确各岗位工作人员职责
- 能根据特定情境制订处理方案

一、事件描述

可疑物品是指无人认领的外观、形状、包装、重量、声音和气味可疑的物品。车站工作人员上岗之前都会接受危险物品的相关培训，上岗后在日常工作中要时刻留意乘客携带的物品，特别是放置在角落长时间无人认领的物品。发现可疑物品时及时报警，根据警方指示封站，调整列车运行。

典型案例

2013 年 9 月 30 日西安地铁发现可疑纸盒

2013 年 9 月 30 日高峰期，西安地铁 2 号线正处于客流高峰，工作人员在纬一街站 B 出入口台阶下的通道中央发现一个疑似蛋糕的纸盒，因无人认领，车站无法确认物品性质，被迫临时封闭了纬一街地铁站 B 出入口，随后用隔离栏围住，待警察和地铁保安人员达到现场后确认物品性质。之后站内工作人员通过调取站内监控录像后，确定这是一位乘客遗失的蛋糕。于是纬一街站恢复了 B 出入口的正常通行。并想法联系到乘客回地铁站取走了蛋糕。

案例来源：http://jl.sina.com.cn/news/gngj/2013-10-02/075444359.html.

二、处理要点

(1) 车站发现可疑物品后，值班站长立即报告轨道公安支队，由轨道公安支队负责确认。

(2) 经轨道公安支队确认为危险品后，车站值班员应立即报告行车调度员、安全保卫部。

(3) 疏散乘客时，应尽量不要引起乘客恐慌，组织乘客到站外安全地点。

(4) 行车调度员及时扣停有关列车，避免造成更大的损失。

三、处理程序

(1) 车站人员发现可疑物品立即报告值班员和值班站长。

(2) 值班员立即向行调、110 报告。

(3) 在警方确认物品危险性前,值班站长赶往现场指挥工作。

① 设置警戒线,隔离危险品,保护事发现场,劝导乘客不要围观。

② 安排人员在现场拍照留证,寻找并挽留证人,收集证词。

③ 安排人员到出入口引导 110 进站。

(4) 在警方确认物品为危险品后,值班站长启动预案,下令封站。

(5) 值班员。

① 根据值班站长的指示,立即向行调、安全保卫部、110、120 报告。

② 按压 AFC 闸机紧急释放按钮,打开全部进出站闸机。

③ 广播引导乘客立即出站。

④ 通过 CCTV 观察车站情况,保持与值班站长和行车调度联系,随时报告处理进度。

(6) 行调。

① 接到报告后,立即向线路值班主任报告。

② 指挥站上的列车立即开车;扣停后续列车,来不及扣停时指示列车不停车通过本站;不能不停车通过时组织列车退回后方站。

③ 组织具备运行条件的区段维持小交路运行。

(7) 司机。

① 列车正在发现可疑物品的车站时,司机应根据行车调度员的命令迅速将列车驶离该站。

② 根据行车调度员的命令,即将到达该站的列车不停车通过本站,不能不停车通过时反方向运行回后方车站。

③ 线上所有列车司机接行车调度员命令后,广播向乘客进行通报,引导前往该站的乘客换乘其他交通工具。

(8) 车站各岗位人员按照应急预案做好乘客疏散工作。

① 厅巡关停所有电扶梯或将扶梯调往出站方向运行。

② 售票员收好票款,锁好票亭,打开边门,疏散乘客。

③ 客运值班员锁好票务室(点钞室),到站厅引导乘客疏散。

④ 站台岗将站台乘客往站厅疏散,疏散完毕后到站厅协助疏散。

⑤ 安检岗协助疏散乘客。

⑥ 各岗位按照值班站长的指示做好其他工作,如受伤乘客的救护等。

(9) 事后恢复。

① 事件处理完毕后,值班站长按警方通知向行车调度员报告,请求恢复运营。

② 行调确认具备恢复运营条件后,下令恢复运营。

③ 车站人员清理现场,组织恢复运营。

四、事故调查分析

通过车站 CCTV 监控视频、现场目击证人证词、事发现场情况、乘客伤亡情况等对事故进行分析,配合公安部门做全面调查,并提出改进方案和措施。

五、事故预防

根据事故调查,提出事故预防方案和措施,并对车站员工进行演练培训,加强车站巡视,不断完善车站工作,减少乘客伤亡事故的发生。

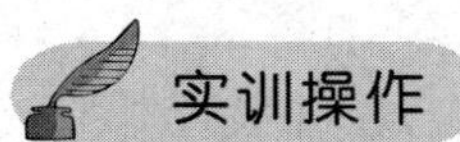

实训目标

- 能及时、有效处理车站内发现的可疑物品
- 能按正确流程对车站发现的可能危害公共安全的可疑物品进行应急处理
- 清楚各个岗位工作人员的职责及处理程序
- 能妥善处理各种细节,做到随机应变
- 能填写事故调查表,能做事故调查报告,能提出预防改进措施
- 能对情境模拟进行自评与总结,不断完善自己

实训要求

(1) 根据分配的车站发现可疑物品的情境,模拟各岗位人员的处理程序。

(2) 各岗位人员分工明确,互相协同处理。

(3) 遵守规章制度,正确处理事件,同时灵活应对突发事件。

(4) 表格填写规范具体,原因分析有理有据,预防改进措施合情合理。

实训所需物资和人员

(1) 物资:对讲机、警戒绳、相机、各种表格、纸和笔等。

(2) 人员:车站人员(含安检、保安、保洁等)、车站值班员、值班站长、行车调度员、列车司机。

实训流程

(1) 给各组分配情境任务。

(2) 组内讨论情境细节及人员物资。

(3) 情境模拟。

(4) 事故分析及预防。

(5) 自评与总结。

实训表格

(1) 岗位与职责表(参看附表 2)。

(2) 实训演练程序及步骤表(参看附表 3)。

(3) 实训演练评估表(参看附表4)。

(4) 事故事件台账(参考附表5)。

实训演练示例

车站发现可疑物品的应急处理

1. 情境

某日上午,L线x站站台厕所处,发现一个黑色背包,包内伴有嘀嗒嘀嗒的声音,线路、车站及在线列车情况见图2.4.1。

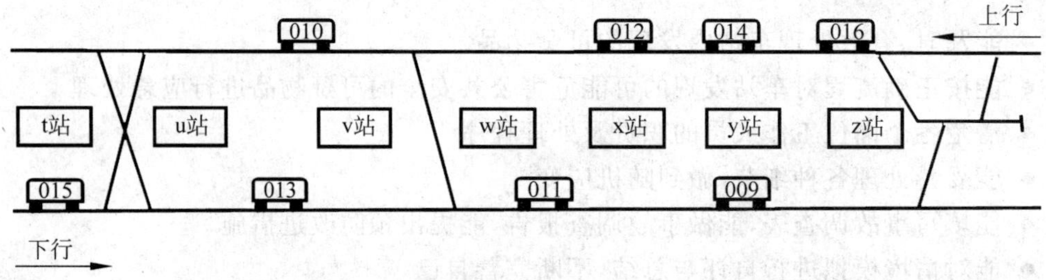

图2.4.1 L线x站线路、车站及在线列车情况

2. 处理流程

(1) 站台岗认为是可疑物品,于是向值班站长汇报。

站台岗:"报告值班站长,站台厕所处发现一黑色背包,包内伴有嘀嗒嘀嗒的声音,认为是可疑物品,请求支援。"

值班站长:"收到,我即刻前来处理,请维持好现场秩序。"

(2) 值班站长命令值班员广播通知车站乘客认领物品,并前往现场处理。

值班员:"各位乘客请注意,站台厕所处发现一黑色背包,如有遗失背包的乘客,请前往站台认领。"

(3) 值班站长赶到现场听到声音,但无法确认是否真的是危险物品,车站也无乘客前来认领,值班站长命令值班员立即报警。

值班站长:"车控室,站台厕所处可疑物品无人认领,立即报警。"

值班员:"立即报警,收到。"

值班员:"报告轨警,L线x站站台厕所处发现一可疑物品,请求支援。"

(4) 值班站长指挥厅巡携带警戒线、相机、证词记录表等前往现场处理,同时引导乘客远离可疑物品。

值班站长:"厅巡,立即携带隔离柱、警戒线、相机和证词记录表到站台厕所处处理。"

值班站长:"各位乘客,厕所出现问题,暂停使用,请远离此处,谢谢您的配合!"

(5) 值班站长在现场寻找证人,收集线索。

值班站长:"这位乘客,请问您是否看到这个背包是谁放在这儿的?"

乘客 A："不知道，没看见。"

乘客 B："不知道，没看见。"

乘客 C："我刚看到一个美女把包放在这，上完厕所就走了。"

值班站长："能请您描述一下当时的情况吗？以便我们取证。"

乘客 C："可以。"

(6) 厅巡携带工具到场后，把证词记录表交给值班站长，值班站长记录乘客证词，并请乘客签字留下联系方式。

(7) 厅巡立即用隔离柱和警戒线隔离现场，然后用相机拍照取证。

(8) 轨警到场后，确认为危险物品，指示值班站长封站。

(9) 值班站长立即启动应急预案。

值班站长："车站各工作人员请注意，站台厕所处发现可疑物品，现启动应急预案，请各岗位做好乘客疏散工作。"

① 客运值班员锁好点钞室，到站厅疏散乘客。

② 售票员收好票款锁好票亭，打开边门疏散乘客。

③ 厅巡将电扶梯调往出站方向运行，疏散乘客。

④ 安检到出入口粘贴告示，劝阻乘客进站并做好解释工作。

⑤ 站台岗疏散站台乘客。

(10) 值班员立即按压 IBP 盘上 AFC 闸机紧急释放按钮并报告行调。

值班员："L 线 x 站值班员呼叫行调，L 线 x 站站台发现一危险物品，报轨警后值班站长已启动应急预案，请指示。"

行调："L 线 x 站站台厕所处发现可疑物品，收到，你站迅速疏散乘客并封站。"

值班员："我站迅速疏散乘客并封站，收到。"

(11) 值班员播放广播引导乘客出站。

值班员："各位乘客请注意，由于车站发生紧急情况，请按照工作人员指示有序离站，请照顾您身边的老人和小孩，谢谢您的配合！"

(12) 值班员通过 CCTV 观察车站情况，发现一乘客在 3 号出口楼梯处摔倒，报告值班站长。

值班员："报告值班站长，一乘客在 3 号出口楼梯处摔倒受伤。"

值班站长："收到。"

(13) 值班站长安排人员去救护摔倒乘客。

值班站长："厅巡和客运值班员，一乘客在 3 号出口楼梯处摔倒，请立即携带急救箱和担架前往救护乘客。"

厅巡和客运值班员："收到。"

(14) 厅巡和客运值班员到 3 号出口楼梯处用担架将乘客送到出口处，客运值班员对受伤乘客进行先期处理，厅巡拍照取证。

(15) 值班员拨打 120 请求救援。

值班员："喂，120 吗？这里是轨道交通 L 线 x 站，一位乘客在 3 号出口处摔倒受伤，请求救援。"

(16) 行调报告线路值班主任并进行行车调整。

① 命令站上的列车立即开车。

行调："012 次列车(x 站在站列车)司机请注意，立即关门开车。"

② 命令即将到达本站的列车退回后方站清客。

行调："011 次列车(即将到 x 站，在区间的列车)，请退回 w 站清客。"

③ 扣停此区段后方列车。

行调："014 次列车(后方列车)司机注意，请在 y 站扣停清客。"

"016 列车司机注意，请在 z 站扣停清客。"

④ 命令相关列车在相关车站多停 30 秒，以便减少车站滞留乘客，同时争取时间调整行车。

行调："010 次列车司机请注意，从 v 站开始，每站多停 30 秒。"

⑤ 行调组织列车在具备条件的区段开行小交路。

(17) 列车司机按照行调指示行车，并播放广播向乘客做好解释工作。

司机："各位乘客请注意，由于 x 站发生紧急情况，现列车在本站终止服务，请所有乘客下车。有到 x 站的乘客请换乘其他交通工具，给您带来的不便，我们深感抱歉。"

(18) 警方将危险物品取走，解除危险，指示车站可恢复运营。值班站长指挥车站人员回到岗位，命值班员向行调请求恢复运营。

值班站长："各岗位人员请注意，危险已解除，各岗位人员回到工作岗位，值班员向行调请求恢复运营。"

(19) 值班员向行调请求。

值班员："L 线 x 站值班员呼叫行调，x 站危险已排除，请求恢复运营。"

行调："危险已排除，收到，你站加强车站巡视，确保车站环境和设备安全后，可恢复运营。"

(20) 值班站长组织车站员工加强车站巡视，并到车控室复制视频，整理证据资料，填写事故调查报告，打包上传上级部门。

任务五　城市轨道交通列车上发现可疑物品的处理

- 掌握列车上发现可疑物品的处理要点
- 明确各岗位工作人员的职责
- 能根据特定情境制订处理方案

一、事件描述

车站发现可疑物品时，车站人员马上前往处理。而列车上发现可疑物品与车站不同，列车上只有司机一个工作人员，要保证列车的安全行驶，只有将列车开往前方车站后在站内处理。

典型案例

2011 年 7 月 28 日挪威地铁列车上发现可疑物品

2011 年 7 月 22 日，挪威奥斯陆市中心发生爆炸案，于特岛发生枪杀案。此后，挪威警方一直处于高度戒备中。2011 年 7 月 28 日上午 10 时 40 分左右，挪威首都奥斯陆市内，有人在停靠在国家大剧院站的地铁列车上发现可疑物品后报警，警方接到报警后立即对该站乘客进行紧急疏散，并对可疑物品进行检查。地铁停靠的国家大剧院站因此进行紧急疏散，并导致奥斯陆市内所有地铁停运近一小时。可疑物品后来被确认是一个被遗弃的空包。

案例来源：http://news.xinhuanet.com/world/2011-09/28/c_122102842.htm.

二、处理要点

(1) 列车上发现可疑物品后，司机立即用车内广播通知乘客认领，如果是无人认领的可疑物品，报告行车调度员。让乘客离开可疑物品所在的车厢。

(2) 行车调度员通知列车司机继续运行到前方站，通知前方站有可疑物品需要移交。

(3) 由车站值班员通知驻站轨警接收可疑物品，由轨道交通支队警察负责确认和处理。

三、处理程序

1. 列车司机

(1) 列车上发现无人认领可疑物品后，司机用车内广播通知乘客认领。

(2) 如果是无人认领的可疑物品，用车内广播引导乘客离开该车厢。

(3) 立即报告行车调度员。

2. 行调

(1) 接到列车上发现无人认领的可疑物品的报告后，命令前方车站值班员通知驻站轨警(或保安)到列车上接收可疑物品。

(2) 立即报告线路值班主任。

(3) 命令封站车站的邻线列车立即开车。

(4) 拦停开往本站的上、下行列车；来不及拦停时指示列车不停车通过本站；不能不停车通过时退回后方站。

(5) 向全线发布运营受阻信息，在具备运行条件的区段，组织列车小交路运行，调整列车运行秩序。

3. 车站值班员

(1) 接到行车调度员列车上有乘客被劫持的通知后及时向值班站长报告。

(2) 立即通知驻站轨警(或保安)到站台等候，列车到站后由轨警(或保安)将可疑物品取出。

4. 列车司机

列车司机按照行调指示保证列车运行到前方站处理。列车到站后，引导轨警和保安接收可疑物品。

5. 值班站长

(1) 列车到站后，协助司机疏散列车上乘客，劝导乘客不要围观。

(2) 公安轨道支队确认该物品有危险后，值班站长根据轨警的指示，启动应急预案。立即封站疏散车站所有人员。

(3) 安排保安到车站出入口阻止旅客进站，引导 110 人员进站。

6. 值班员

(1) 得到值班站长清客、封站的命令，车站值班员立即报告行调并广播引导乘客远离危险区域出站。

(2) 通过 CCTV 观察车站情况，保持与值班站长和行车调度联系，随时报告处理进度。

7. 车站其他工作人员

车站其他工作人员的职责同车站发现可疑物品时一致。

8. 事后恢复

(1) 事件处理完毕后，值班站长按警方通知向行车调度员报告，请求恢复运营。

(2) 行调确认具备恢复运营条件后，下令恢复运营。

(3) 车站工作人员清理现场，组织恢复运营。

四、事故调查分析

通过车站 CCTV 监控视频、列车监控视频、现场目击证人证词、事发现场情况、乘客伤亡情况等对事故进行分析，配合公安部门做全面调查，并提出改进方案和措施。

五、事故预防

根据事故调查，提出事故预防方案和措施，并对车站员工进行演练培训，加强车站巡视，不断完善车站工作，减少乘客伤亡事故的发生。

实训操作

实训目标

- 能按正确流程对车站发现可能危害公共安全的可疑物品进行应急处理
- 清楚各个岗位工作人员的职责及处理程序
- 能妥善处理各种细节，做到随机应变
- 能填写事故调查表，能做事故调查报告，能提出预防改进措施
- 能对情境模拟进行自评与总结，不断完善自己

实训要求

(1) 根据分配的列车上发现可疑物品的情境，模拟各岗位人员的处理程序。

(2) 各岗位人员分工明确，互相协同处理。

(3) 遵守规章制度，正确处理事件，同时灵活应对突发事件。

(4) 表格填写规范具体，原因分析有理有据，预防改进措施合情合理。

实训所需物资和人员

(1) 物资：对讲机、警戒绳、相机、各种表格、纸和笔等。

(2) 人员：车站人员(含安检、保安、保洁等)、车站值班员、值班站长、行车调度员、列车司机。

实训流程

(1) 给各组分配情境任务。

(2) 组内讨论情境细节及人员物资。

(3) 情境模拟。

(4) 事故分析及预防。

(5) 自评与总结。

实训表格

(1) 事故事件台账(参看附表 5)。

(2) 岗位与职责表(参看附表 2)。

(3) 实训演练程序及步骤表(参看附表 3)。

(4) 实训演练评估表(参看附表 4)。

任务六 接到恐吓电话的应急及安全管理

学习目标

- 掌握接到恐吓电话时的处理要点
- 能根据特定情境制订处理方案
- 具备良好的服务意识和爱岗敬业、坚守岗位的职业情操

知识准备

一、事件描述

在城市轨道交通中，接到恐吓电话绝不能掉以轻心，要保持冷静，在不让恐怖分子知道的情况下报警，同时尽量拖延时间，多和恐怖分子说话，尽量获取更多信息。在对话过程中了解恐怖分子的性别、年龄、口音、口头语等特征。同时要注意言语，不要刺激恐怖分子的情绪。最重要的一点是要相信警方，严格按照警方要求处理。

典型案例

2005 年 7 月波兰首都华沙市地铁接到恐吓电话

2005 年 7 月 12 日电，波兰首都华沙市的地铁 12 日下午接到恐吓电话，一位身份不明的人士拨打电话，声称在华沙地铁内安装了爆炸物。华沙市长卡琴斯基立即下令紧急疏散所有乘客，地铁立即停止全线的运营工作。警方赶到现场迅速控制地铁的所有出入口，并在地铁全线排查爆炸物。经全面搜索后没有发现可疑爆炸物。

案例来源：http://news.qq.com/a/20050713/000439.htm.

二、处理要点

(1) 接到恐吓电话后保持镇静，及时向公安轨道支队、安全保卫部和行车调度员报告。

(2) 严格按警方要求进行处理，寻求警方保护。

(3) 对来电人的无理要求不要马上拒绝，应通过商谈的形式延长通话时间，尽可能获得最多的信息。

(4) 若恐怖分子指出已在车站放置计时炸弹装置，要及时关闭车站的民用信号，以免恐怖分子通过遥控装置引爆炸弹。

(5) 需要疏散乘客或封站时，应尽量不要引起乘客恐慌。

(6) 封站时，行调做出行车调整。

三、处理程序

1. 车站人员

车站人员接到恐吓电话时，要保持镇静，对来电人的无理要求不要马上拒绝，应通过商谈的形式延长通话时间，尽可能获得最多的信息（电话号码、声音特征、地理位置等），并通知值班站长。

2. 值班站长

（1）立即报告驻站轨警和公安轨道支队。

（2）组织车站人员加强车站巡视，查找有无可疑物品或可疑人员。

（3）根据公安轨道支队指示清客或封站，立即启动应急预案。

（4）若恐怖分子指出已在车站放置炸弹装置，通知各岗位员工做好乘客疏散工作。

（5）安排保安到车站出入口阻止旅客进站，引导公安人员进站。

（6）公安轨道支队轨警到场后，引导警方到现场，向其汇报有关情况。

3. 值班员

（1）立即向行车调度员报告。

（2）得到值班站长清客或封站的命令，车站值班员广播引导乘客远离危险区域或立即出站。

4. 车站工作人员

车站工作人员在值班站长指挥下完成清客和封站工作，配合民警，加强站台、站厅所有区域的巡视，特别是隐蔽地点和垃圾桶等。

5. 事后恢复

（1）警方确认安全后，根据警方指示，值班站长向行调请求恢复运营。

（2）行调确认具备恢复运营条件后，下达恢复运营命令。

（3）各岗位人员回到各自岗位中，恢复日常工作。

四、事故调查分析

通过车站 CCTV 监控视频、列车监控视频、现场目击证人证词、事发现场情况、乘客伤亡情况等对事故进行分析，配合公安部门做全面调查，并提出改进方案和措施。

五、事故预防

根据事故调查，提出事故预防方案和措施，并对车站员工进行演练培训，加强车站巡视，不断完善车站工作，减少乘客伤亡事故的发生。

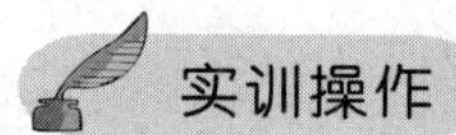

实训目标

- 能按正确流程对接到的恐吓电话事件进行应急处理
- 清楚各个岗位工作人员的职责及处理程序
- 能妥善处理各种细节,做到随机应变
- 能填写事故调查表,能做事故调查报告,能提出预防改进措施
- 能对情境模拟进行自评与总结,不断完善自己

实训要求

(1) 根据分配的接到恐吓电话的情境,模拟各岗位人员的处理程序。

(2) 各岗位人员分工明确,互相协同处理。

(3) 遵守规章制度,正确处理事件,同时灵活应对突发事件。

(4) 表格填写规范具体,原因分析有理有据,预防改进措施合情合理。

实训所需物资和人员

(1) 物资:对讲机、警戒绳、相机、各种表格、纸和笔等。

(2) 人员:车站人员(含安检、保安、保洁等)、车站值班员、值班站长、行车调度员、列车司机。

实训流程

(1) 给各组分配情境任务。

(2) 组内讨论情境细节及人员物资。

(3) 情境模拟。

(4) 事故分析及预防。

(5) 自评与总结。

实训表格

(1) 事故事件台账(参看附表5)。

(2) 岗位与职责表(参看附表2)。

(3) 实训演练程序及步骤表(参看附表3)。

(4) 实训演练评估表(参看附表4)。

任务七　城市轨道交通车站遭遇毒气袭击的处理

学习目标

- 掌握车站遭遇毒气袭击事件的特点
- 掌握车站遭遇毒气袭击事件的处理要点
- 能根据特定情境制订处理方案

知识准备

一、事件描述

城市轨道交通线路穿行于城市的各大商圈、政府机关和居民区等，这些区域都是人流量密集的地带。一旦这些线路或车站遭遇毒气袭击，不仅城市轨道交通系统会损失惨重，还会对周围环境造成严重影响，造成大量人员的伤亡。

典型案例

案例1　2009年5月广州地铁3号线出现不明气体

据报道，2009年5月15日，中国广州地铁3号线北延段施工时，盾构仓内现场出现不明气体，造成3人死亡，多人中毒。

案例来源：http://news.sohu.com/20090516/n263996446.shtml.

案例2　2001年9月加拿大蒙特利尔地铁遭遇毒气袭击

据报道，2001年9月2日晚，加拿大蒙特利尔市中心地铁车站遭遇催泪毒气袭击事件，事发时，许多乘客感到呼吸困难，睁不开眼。随后，警察、救护、消防人员赶到现场进行紧急救护。事件造成42名乘客中毒被送到医院治疗。据当地警方人员说，这是当地第一次遭遇化学毒气恐怖袭击，开始没有人意识到是毒气袭击。还好相关部门有相应的应急计划并立即采取了营救行动，才没有造成人员死亡。由此可见地铁做好应急预案，适时采取应急救援行动是多么的重要。

案例来源：http://news.sina.com.cn/w/2001-09-05/348460.html.

二、处理要点

(1) 车站遭遇毒气恐怖袭击的关键是迅速、紧急疏散乘客，立即封站。

(2) 相关人员及时报告公安轨道支队、119、120。

(3) 行车调度员拦停开往本站的上、下行列车；若来不及拦停时，应组织列车退回后方站；扣停后续列车，调整行车方案。

（4）环调关闭通风系统、水系统，使两端车站处于正压，根据现场抢险总指挥人员指示开启相应风机。

（5）参与现场救援工作人员应佩戴防毒用品。

三、处理程序

车站人员发现相继有乘客感觉不适，出现中毒症状，疑似遭遇毒气袭击时，立即报告值班站长和车站值班员。

值班站长接到报告后立即启动应急预案，指示工作人员戴上防毒面具，组织疏散和封站。

1. 值班员

（1）立即向环控调度员和行车调度员报告车站遭遇毒气袭击事件的概况。

（2）通知本站员工做好疏散乘客和抢救伤员工作。

（3）及时向公安轨道支队、119、120 报警。

（4）立即报告安全保卫部。

（5）立即按压 AFC 紧急按钮，打开全部进、出站闸机。

（6）立即对车站所有区域（公共区、设备区等）进行广播，通知人员疏散。

（7）通知车站员工、保安，按预案规定到各自岗位维持秩序、疏散乘客。

（8）如果中央级无法操作，环控调度员下放站控后，由车站值班员在车站级操作，操作失败后在 IBP 盘上操作。

（9）通过 CCTV 观察车站情况，保持与值班站长和行车调度员联系，随时报告处理进度。

2. 行调

（1）立即向线路值班主任报告。

（2）命令在站的上、下行列车立即开车。

（3）拦停开往本站的上、下行列车；来不及拦停时，呼叫列车立即停车退回后方站；若后方站有车占用时，命令列车不停车通过本站。

（4）扣停后续列车。

（5）向全线发布运营受阻信息，在具备运行条件的区段，组织列车小交路运行，调整列车运行秩序。

3. 环调

（1）立即向环控工程师和值班主任报告。

（2）向环控工程师请示处置方案，经总调批准同意后执行。

（3）立即关停本站所有通风系统及水暖系统。相邻车站保持车站处于正压状态，防止毒气扩散。

（4）环控调度员按现场抢险总指挥的命令，开启相应的风机排毒。

（5）若发生中央级控制无法操作时，及时向车站值班员下放“站控”。

（6）检查、监视通风情况并随时报告线路值班主任和环控工程师。

4. 司机

(1) 接到行车调度员的通知后，按行车调度员指示退回后方站。

(2) 接到行车调度员命令后，广播向乘客通告该站不能停车的原因，请乘客在前方站下车后，换乘其他交通工具。

(3) 线上所有列车司机（包括其他线）接行车调度员指令后，用列车广播通告乘客，引导前往该站的乘客换乘其他交通工具。

5. 车站人员

车站人员在值班站长指挥下，戴好防毒面具后，组织乘客疏散和救护。各岗位职责如下。

(1) 站台岗：迅速将站台乘客向站厅疏散，关停扶梯或将扶梯达到往站厅方向运行。

(2) 客运值班员：停止工作，锁好门，迅速赶到站厅疏散乘客。

客运值班员现场喊话："各位乘客请往这边出站，注意安全，听从工作人员指引。"

(3) 售票员：立即停止售票，迅速锁好钱箱票款，锁闭票亭，打开边门疏散乘客。

(4) 厅巡员：将站厅扶梯关停或打到往站外方向运行。疏散乘客。

(5) 保安：到出口阻止乘客进站，迎候消防人员和急救人员并带到现场。

(6) 安检岗：听从值班站长指挥，疏散乘客，乘客受伤时携带担架和急救箱进行救援。

(7) 机动岗：听从值班站长指挥，疏散乘客，乘客受伤时携带担架和急救箱进行救援。

6. 值班站长

值班站长利用对讲机了解疏散过程中的人员伤亡情况，安排人员利用担架和急救箱救助乘客。

值班站长现场喊话："××岗，请携带担架和急救箱立即赶往×××救助受伤乘客。"

7. 值班站长

值班站长利用对讲机对站台、站厅工作人员进行询问，确认伤者及乘客已撤离完毕后，进入车控室进行人工广播："我是值班站长，请车站所有工作人员全部撤离车站。"（重复两遍）听到广播后，各岗位工作人员迅速撤离，客运值班员统计各出口人员后报值班站长。

8. 事后恢复

(1) 值班站长在消防人员处理好现场，确认可以恢复运营后向行调报告，请求恢复运营。

(2) 行调确认具备恢复运营条件后，下令恢复运营，恢复行车方案。

(3) 环调恢复正常环控工况模式。

(4) 各岗位人员回到各自岗位，恢复日常工作。

四、事故调查分析

通过车站 CCTV 监控视频、现场目击证人证词、事发现场情况、乘客伤亡情况等对事故进行分析，配合公安部门做全面调查，并提出改进方案和措施。

五、事故预防

根据事故调查，提出事故预防方案和措施，并对车站员工进行演练培训，加强车站巡视，不断完善车站工作，减少乘客伤亡事故的发生。

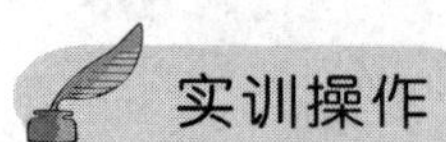

实训操作

实训目标

- 能按正确流程对车站遭遇毒气袭击事件进行应急处理
- 清楚各个岗位工作人员的职责及处理程序
- 能妥善处理各种细节，做到随机应变
- 能填写事故调查表，能做事故调查报告，能提出预防改进措施
- 能对情境模拟进行自评与总结，不断完善自己

实训要求

(1) 根据分配的车站遭遇毒气袭击的情境，模拟各岗位人员的处理程序。

(2) 各岗位人员分工明确，互相协同处理。

(3) 遵守规章制度，正确处理事件，同时灵活应对突发事件。

(4) 表格填写规范具体，原因分析有理有据，预防改进措施合情合理。

实训所需物资和人员

(1) 物资：对讲机、警戒绳、相机、急救箱、担架、防毒面具、各种表格、纸和笔等。

(2) 人员：车站人员(含安检、保安、保洁等)、车站值班员、值班站长、行车调度员、列车司机、环调。

实训流程

(1) 给各组分配情境任务。

(2) 组内讨论情境细节及人员物资。

(3) 情境模拟。

(4) 事故分析及预防。

(5) 自评与总结。

实训表格

(1) 事故事件台账(参看附表 5)。

(2) 岗位与职责表(参看附表 2)。

(3) 实训演练程序及步骤表(参看附表 3)。

(4) 实训演练评估表(参看附表 4)。

实训演练示例

车站遭遇毒气袭击的应急处理

1. 情境

2016 年 5 月 13 日,1 号线 x 车站(为一个换乘站)工作人员发现相继有乘客不适,出现中毒症状,自己身体也出现不适,于是报告车控室,值班站长立即启动应急预案。1 号线线路、车站、在线列车见图 2.7.1。

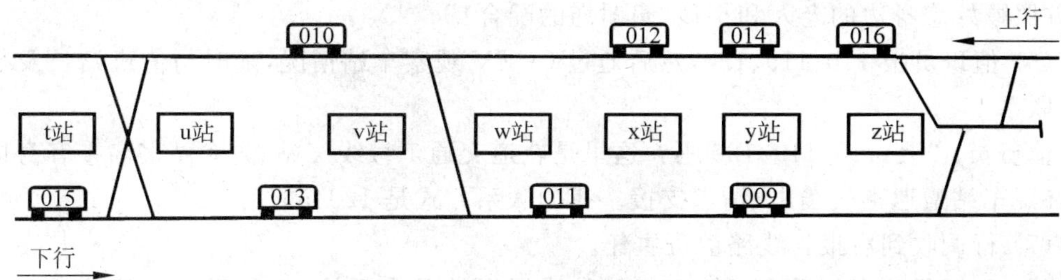

图 2.7.1　1 号线线路、车站、在线列车

乘客 1:"我的头好晕呢,是不是没睡好觉呢?"

乘客 2:"我的头也好晕呢,我是不是也没睡好?"

乘客 3:"不可能我们 3 个都没睡好吧,我头也很晕。"

2. 处理流程

(1) 厅巡自己也觉得头晕,并发现站内乘客也有不适现象,怀疑车站遭遇毒气袭击,于是上报给值班员。

厅巡:"呼叫车控室。"

值班员:"车控室有,请讲。"

厅巡:"1 号线站厅发现多名乘客身体不适,伴有头晕等症状,怀疑车站遭遇毒气袭击,请求支援。"

值班员:"1 号线站厅发现多名乘客身体不适,伴有头晕等症状,怀疑车站遭遇毒气袭击,收到,请立即救护乘客。"

(2) 值班站长启动车站遭遇毒气袭击应急预案。

值班站长:"各岗位请注意,1 号线站厅发现多名乘客身体不适,怀疑车站遭遇毒气袭击,立即启动车站遭遇毒气袭击应急预案,请各岗位戴上防毒面具,迅速疏散乘客。"

(3) 值班员报告行调。

值班员:"1 号线 x 站值班员呼叫行调,x 站 1 号线站厅发现多名乘客身体不适,怀疑车站遭遇毒气袭击,值班站长已启动应急预案。"

行调:"行调有,x 站 1 号线站厅多名乘客身体不适,怀疑车站遭遇毒气袭击,收到。请你站迅速疏散乘客并封站。"

值班员："我站迅速疏散乘客并封站，收到。"

(4) 值班员报告环调。

值班员："呼叫环调，x 站 1 号线站厅多名乘客身体发现不适，并伴有头晕症状，怀疑车站遭遇毒气袭击，现已启动应急预案，请求支援。"

环调："x 站 1 号线站厅多名乘客身体发现不适，并伴有头晕症状，怀疑车站遭遇毒气袭击，现已启动应急预案，收到。"

(5) 值班员按下 AFC 闸机紧急释放按钮，打开全部进出站闸机，并广播通知乘客疏散。

广播："各位乘客请注意，由于车站发生紧急情况，请您听从工作人员的指引迅速离站，并照顾好您身边的老人和小孩，谢谢您的配合！"

(6) 值班员报 110、119、120，然后通过 CCTV 观察车站情况，随时与值班站长及行调保持联系。

值班员："喂，110/119/120 吗？这里是轨道交通 1 号线 x 站，先车站多名乘客身体不适，怀疑车站遭遇毒气袭击，请求支援。我的联系方式是 12345678。"

(7) 行调收到后报告线路值班主任。

(8) 环调收到报告后立即关停 x 站的通风系统及水系统，保持两端车站处于正压状态，密切监控 x 站现场情况，以便根据现场需要开启相应风机。

(9) 行调调整列车运行。

① 命令站上的列车立即开车。

行调："012 次列车(x 站在站列车)司机请注意，立即关门开车。"

② 命令即将到达本站的列车退回后方站清客。

行调："011 次列车(即将到 x 站，在区间的列车)，请退回 w 站清客。"

③ 扣停此区段后方列车。

行调："014 次列车(后方列车)司机注意，请在 y 站扣停清客。"

"016 列车司机注意，请在 z 站扣停清客。"

④ 命令相关列车在相关车站多停 30 秒，以便减少车站滞留乘客，同时争取时间调整行车。

行调："010 次列车司机请注意，从 v 站开始，每站多停 30 秒。"

⑤ 行调组织列车在具备条件的区段开行小交路。

(10) 清客列车司机播放安抚乘客广播并引导乘客下车。

司机广播："各位乘客请注意，由于两路口车站发生紧急情况暂停服务，现列车在本站终止服务，请所有乘客下车。有到两路口和前方其他车站的乘客请换乘其他交通工具，给您带来的不便，敬请谅解。"

(11) 值班站长启动预案后立即赶到现场，指挥各岗位工作人员，疏散乘客。

值班站长："厅巡、保安，请到出入口粘贴告示，阻止乘客进站，并引导 110、119、120 进站。"

(12) 厅巡、保安到出口迎接 110、119、120 并阻止乘客进站。

(13) 站台岗将站台乘客向站厅疏散，并关停扶梯。

站台岗:“各位乘客,由于车站发现紧急情况,请迅速离开车站,请用湿毛巾捂住口鼻。”

(14) 售票员停止售票,锁闭票亭,打开边门并疏散乘客。

售票员:“各位乘客请往这边出站,请用湿毛巾捂住口鼻。”

(15) 值班站长利用对讲机了解疏散过程中的人员伤亡情况,安排人员利用担架和急救箱救助乘客。

值班站长:“机动岗请携带急救箱赶往3号出口,救助受伤乘客。”

(16) 值班站长确认所有乘客已全部撤离车站,并通过广播通知各工作人员离开车站。

值班站长:“我是值班站长,请车站所有工作人员全部撤离车站。”

(17) 经专业人员确认车站可以投入运营后,值班站长向行调报告车站可以投入运营,请求恢复车站运营。

任务八　列车遭遇毒气袭击的应急及安全管理

- 掌握列车遭遇毒气袭击事件的特点
- 掌握列车遭遇毒气袭击事件的处理要点
- 能根据特定情境制订处理方案

一、事件描述

城市轨道交通线路穿行于城市的各大商圈、政府机关和居民区等,这些区域都是人流量密集的地带。一旦这些线路或车站遭遇毒气袭击,不仅会使城市轨道交通系统遭受惨重损失,还会对周围环境造成严重影响,造成大量人员的伤亡。

典型案例

东京地铁沙林毒气事件

1995年3月20日上午,东京地铁遭遇了一起震惊全世界的毒气袭击事件——东京地铁沙林毒气事件。恐怖分子在东京地铁千代田线A725K列车、丸之内线A777列车、丸之内线B801列车、日比谷线B711T列车、日比谷线A720S列车共三条线五次列车上投放了沙林毒气,导致13人死亡,几千人中毒住院治疗,日本地铁也因此导致多条主干线和多个车站停止运营,严重影响了日本的交通。

案例来源:http://baike.baidu.com/view/145188.htm? fromtitle=%E4%B8%9C%E4%BA%

AC%E5%9C%B0%E9%93%81%E6%B2%99%E6%9E%97%E6%AF%92%E6%B0%94%E4%BA%8B%E4%BB%B6&fromid=2186832&type=syn.

二、处理要点

（1）列车遭遇毒气恐怖袭击，司机应尽量将列车运行到车站疏散乘客，并立即报告行车调度员。

（2）迅速做出反应，疏散车站乘客、提前封站，包括本站乘客疏散和接应列车上乘客疏散工作。

（3）行调做出行车调整。

（4）环调开启相应的风机进行排毒。

（5）参与现场救援工作人员应佩戴防毒用品。

三、处理程序

1. 列车司机

（1）得知车厢发生毒气袭击事件，打开驾驶室侧窗进行通风。

（2）保持空调处于紧急通风状态（有窗的列车，司机引导乘客打开车窗）。

（3）立即报告行车调度员。

（4）尽量将列车继续运行到前方车站停车并疏散乘客。

（5）立即用列车广播安抚乘客。

2. 行调

（1）立即向值班主任报告，并通知环调。

（2）列车在区间时，指示司机继续运行到前方站停车并疏散乘客。

（3）列车在车站时，命令车站立即封站，疏散乘客。

（4）命令列车将要达到的车站，提前封站、疏散乘客。

（5）命令列车将要达到车站的下行列车立即开车。

（6）拦停开往本站的上、下行列车；来不及拦停时，应呼叫列车立即停车退回后方站；若后方站有车占用时，命令列车不停车通过本站。

（7）扣停后续列车。

（8）向全线发布运营受阻信息，在具备运行条件的区段，组织列车小交路运行，调整列车运行秩序。

3. 环调

（1）立即向值班主任和环控工程师报告。

（2）线路值班主任和环控工程师审核处置方案，经总调批准同意后执行。

（3）在区间隧道内发生时，环控调度员应立即关闭相邻车站排风，保持车站处于正压状态，防止毒气向车站扩散。

（4）根据现场抢险指挥长的要求，开启相应的风机。

（5）若发生中央级控制无法操作时，及时向车站值班员下放“站控”。

(6) 检查、监视通风情况并随时报告线路值班主任和环控工程师。

4. 司机

(1) 维持列车自动驾驶模式,尽量将列车运行到前方站,到站后打开车门和站台门,疏散乘客。

(2) 乘客疏散完毕后,将车门和站台门保持常开状态。

(3) 若列车在隧道内不能继续运行,根据行车调度员命令启动区间乘客疏散救援预案。

5. 车站值班员

(1) 立即按压 AFC 紧急按钮,打开全部进、出站闸机。

(2) 报告值班站长,发生毒气袭击的列车将要到达本站,做好站台紧急疏散准备。

(3) 立即对车站所有区域(公共区、设备区等)进行广播,通知人员疏散。

(4) 通知车站员工、保安,按预案规定到各自岗位维持秩序、疏散乘客。

(5) 如果中央级无法操作,环控调度员下放站控后,由车站值班员在车站级操作,操作失败后在 IBP 盘上操作。

(6) 通过 CCTV 观察车站情况,保持与行车调度员和环控调度员联系,随时报告处理进度。

6. 车站值班站长

车站值班站长立即启动应急预案,指示工作人员戴好防毒面具,指挥封站和疏散,具体操作和各岗位人员职责同车站遭遇毒气袭击时一致。

7. 事后恢复

(1) 值班站长在消防人员处理好现场,确认可以恢复运营后向行调报告,请求恢复运营。

(2) 行调确认具备恢复运营条件后,下令恢复运营,恢复行车方案。

(3) 环调恢复正常环控工况模式。

(4) 各岗位人员回到各自岗位,恢复日常工作。

四、事故调查分析

通过车站 CCTV 监控视频、列车监控视频、现场目击证人证词、事发现场情况、乘客伤亡情况等对事故进行分析,配合公安部门做全面调查,并提出改进方案和措施。

五、事故预防

根据事故调查,提出事故预防方案和措施,并对车站员工进行演练培训,加强车站巡视,不断完善车站工作,减少乘客伤亡事故的发生。

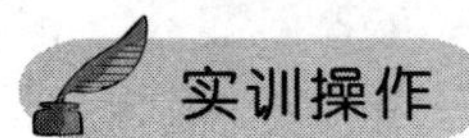

实训操作

实训目标

- 能按正确流程对列车遭遇毒气袭击事件进行应急处理
- 清楚各个岗位工作人员的职责及处理程序
- 能妥善处理各种细节，做到随机应变
- 能填写事故调查表，能做事故调查报告，能提出预防改进措施
- 能对情境模拟进行自评与总结，不断完善自己

实训要求

(1) 根据分配的列车遭遇毒气袭击的情境，模拟各岗位人员的处理程序。

(2) 各岗位人员分工明确，互相协同处理。

(3) 遵守规章制度，正确处理事件，同时灵活应对突发事件。

(4) 表格填写规范具体，原因分析有理有据，预防改进措施合情合理。

实训所需物资和人员

(1) 物资：对讲机、警戒绳、相机、急救箱、担架、防毒面具、各种表格、纸和笔等。

(2) 人员：车站人员(含安检、保安、保洁等)、车站值班员、值班站长、行车调度员、列车司机、环调。

实训流程

(1) 给各组分配情境任务。

(2) 组内讨论情境细节及人员物资。

(3) 情境模拟。

(4) 事故分析及预防。

(5) 自评与总结。

实训表格

(1) 事故事件台账(参看附表 5)。

(2) 岗位与职责表(参看附表 2)。

(3) 实训演练程序及步骤表(参看附表 3)。

(4) 实训演练评估表(参看附表 4)。

实训演练示例

列车遭遇毒气袭击的应急处理

1. 情境

2016年4月19日,014次列车运行在y站至x站上行区间时6号车厢发生毒气袭击事件,乘客向司机求救,司机打开通风系统,并报告行调,行调通知前方车站协助列车清客,并启动列车遭遇毒气袭击应急预案。线路、车站、在线列车情况见图2.8.1。

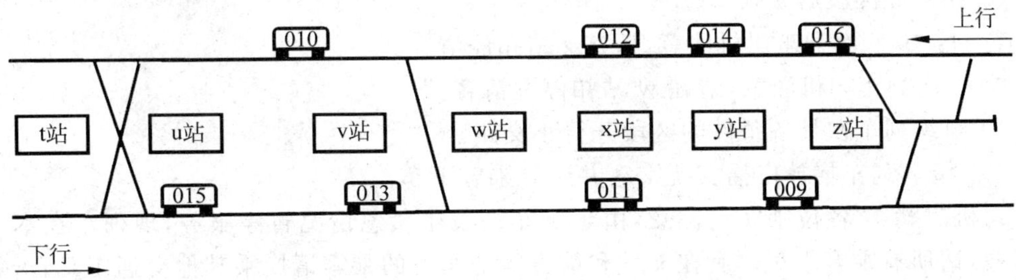

图2.8.1　线路、车站、在线列车情况

2. 处理流程

(1) 司机收到乘客的报告信息。

乘客:“有人吗?”

司机:“我是本车司机,请讲。”

乘客:“我们这节车厢有很浓的刺鼻味,很多人出现呕吐症状,怎么回事啊?”

(2) 司机安抚乘客。

司机:“这位乘客你的求救信息我已收到,请不要惊慌,我马上打开通风系统,请你通知乘客转移到其他车厢,请不要触碰车内设备设施。”

乘客:“好的。”

(3) 司机打开驾驶室侧窗,开启列车紧急通风并向行调报告。

司机:“014次列车呼叫行调,本次列车现在y站至x站上行200米处,6号车厢发现有刺鼻的味道,多名乘客出现呕吐现象,怀疑是毒气袭击,请求支援!”

行调:“014次列车在y站至x站上行200米处,6号车厢发现有刺鼻的味道,多名乘客出现呕吐现象,怀疑是毒气袭击,收到! 请司机打开列车通风系统,安抚乘客,保持正常运行到前方车站清客。”

司机:“列车保持正常运行到前方车站清客。收到!”

(4) 行调报告值班主任。

(5) 行调通知前方车站疏散乘客并封站。

行调:“呼叫x站值班员。”

值班员:“x站值班员有。”

行调:“014次列车6号车厢疑似遭遇毒气袭击,你站提前疏散站内乘客并封站,列车到站后协助列车清客。”

值班员：“014 次列车 6 号车厢疑似遭遇毒气袭击，我站提前疏散站内乘客并封站，列车到站后协助列车清客，收到。”

(6) 行调通知环调列车在 y 站至 x 站区间疑似遭遇毒气袭击。环调关闭隧道通风系统，并根据现场指挥开启相应的风机。

(7) 行调调整行车。

① 命令站上的列车立即开车。

行调：“011 次列车(x 站下行站台在站列车)司机请注意，立即关门开车。”

② 扣停此区段后方列车。

行调：“016 次列车司机注意，请在 z 站扣停清客。”

“013 次列车司机注意，请在 w 站扣停并清客。”

③ 组织列车在具备条件的区段开行小交路。

(8) 清客列车播放广播安抚乘客并引导乘客下车。

司机广播：“各位乘客请注意，由于 x 车站发生紧急情况暂停服务，现列车在本站终止服务，请所有乘客下车。有在 x 站和前方其他车站的乘客请换乘其他交通工具，给您带来的不便，敬请谅解。”

(9) 值班员报告值班站长。

值班员：“呼叫值班站长。”

值班站长：“收到请讲!”

值班员：“接到行调通知 014 次列车 6 号车厢疑似遭遇毒气袭击，我站提前疏散站内乘客并封站，列车到站后协助列车清客。”

值班站长：“014 次列车 6 号车厢疑似遭遇毒气袭击，我站提前疏散站内乘客并封站，列车到站后协助列车清客。收到！立即启动列车遭遇毒气袭击应急预案。”

(10) 值班站长启动车站遭遇毒气袭击应急预案。

值班站长：“各岗位请注意，014 次列车 6 号车厢疑似遭遇毒气袭击，我站立即启动列车遭遇毒气袭击应急预案，请各岗位戴上防毒面具，迅速疏散乘客。”

(11) 值班员按下 AFC 闸机紧急释放按钮，打开全部进出站闸机，并广播通知乘客疏散。

广播：“各位乘客请注意，由于车站发生紧急情况，请您听从工作人员的指引迅速离站，并照顾好您身边的老人和小孩，谢谢您的配合!”

(12) 值班员报 110、119、120，然后通过 CCTV 观察车站情况，随时与值班站长及行调保持联系。

值班员：“喂 110/119/120 吗，这里是轨道交通 1 号线 x 站，现有一列车怀疑是遭遇毒气袭击，即将到达本站，请求支援。我的联系方式是 12345678。”

(13) 值班站长启动预案后立即赶到达现场，指挥各岗位工作人员，疏散乘客。

值班站长：“厅巡、保安，请到出入口粘贴告示，阻止乘客进站，并引导 110、119、120 进站。”

(14) 厅巡、保安到出口迎接 110、119、120 并阻止乘客进站。

(15) 站台岗把站台乘客向站厅疏散,并关停扶梯。

站台岗:"各位乘客,由于车站发现紧急情况,请迅速离开车站,请用湿毛巾捂住口鼻。"

(16) 售票员停止售票,锁闭票亭,打开边门并疏散乘客。

售票员:"各位乘客请往这边出站,请用湿毛巾捂住口鼻。"

(17) 值班站长利用对讲机了解疏散过程中的人员伤亡情况,安排人员利用担架和急救箱救助乘客。

值班站长:"机动岗请携带急救箱赶往 3 号出口,救助受伤乘客。"

(18) 值班站长确认所有乘客已全部撤离车站,并通过广播通知各工作人员离开车站。

值班站长:"我是值班站长,请车站所有工作人员全部撤离车站。"

(19) 经专业人员确认车站可以投入运营后,值班站长向行调报告车站可以投入运营,请求恢复车站运营。

项目三

火灾类突发事件应急及安全管理

任务一　火灾应急公共基础

- 了解火灾的定义、分类
- 掌握基本的防火、灭火知识
- 能够认识并正确使用各种消防工具
- 发生火灾时能正确自救与互救

一、火灾概述

（一）相关定义

（1）火灾，是指在时间或空间上失去控制的燃烧所造成的灾害。

（2）燃点，是指可燃物开始持续燃烧所需要的最低温度。

（3）闪点，是指液体发生闪燃所需要的最低温度。

（4）自燃，是指可燃物在空气中没有外来火源的作用，靠自热或外热而发生燃烧的现象。

（二）火灾分类

火灾根据可燃物的类型和燃烧特性，分为A、B、C、D、E、F六大类。

（1）A类火灾，是指固体物质火灾。这种物质通常具有有机物质性质，一般在燃烧时能产生灼热的余烬。如木材、干草、煤炭、棉、毛、麻、纸张等火灾。

(2) B类火灾,是指液体或可熔化的固体物质火灾。如煤油、柴油、原油、甲醇、乙醇、沥青、石蜡、塑料等火灾。

(3) C类火灾,是指气体火灾。如煤气、天然气、甲烷、乙烷、丙烷、氢气等火灾。

(4) D类火灾,是指金属火灾。如钾、钠、镁、铝镁合金等火灾。

(5) E类火灾,是指带电火灾。物体带电燃烧的火灾。

(6) F类火灾,是指烹饪器具内的烹饪物(如动植物油脂)火灾。

(三) 火灾等级

根据2007年6月26日公安部下发的《关于调整火灾等级标准的通知》,新的火灾等级标准由原来的特大火灾、重大火灾、一般火灾三个等级调整为特别重大火灾、重大火灾、较大火灾和一般火灾四个等级。

(1) 特别重大火灾,是指造成30人以上死亡,或者100人以上重伤,或者1亿元以上直接财产损失的火灾。

(2) 重大火灾,是指造成10人以上30人以下死亡,或者50人以上100人以下重伤,或者5000万元以上1亿元以下直接财产损失的火灾。

(3) 较大火灾,是指造成3人以上10人以下死亡,或者10人以上50人以下重伤,或者1000万元以上5000万元以下直接财产损失的火灾。

(4) 一般火灾,是指造成3人以下死亡,或者10人以下重伤,或者1000万元以下直接财产损失的火灾。(注:"以上"包括本数,"以下"不包括本数。)

(四) 防火、灭火

防火、灭火要从燃烧的条件入手。

1. 燃烧的条件

(1) 可燃物,凡是能与空气中的氧气或其他氧化剂起化学反应的物质称为可燃物,可燃气体,如煤气、氢气等;可燃液体,如汽油、酒精等;可燃固体,如木材、纸张、棉花等。在一定意义上说,所有的物质都是可燃物,只是需要的燃烧条件有所区别。

(2) 助燃物,是指能帮助和支持可燃物燃烧的物质,通常我们所讲的氧化剂(助燃物)是指广泛存在于空气中的氧气(21%)。

(3) 着火源,是指具有一定能量,凡能够引起可燃烧的热能源。常见的有明火,如火柴、打火机等;高温物体,如白炽灯、烟囱、汽车排气管等;化学热能,如分解热、电流发热、电火花等。

以上三个条件必须同时满足才能发生燃烧。

2. 防火的主要原理

(1) 控制可燃物:用非燃或不燃材料代替易燃或可燃材料;采取局部通风或全部通风的方法,降低可燃气体、蒸气和粉尘的浓度;对能相互作用发生化学反应的物品分开存放。

(2) 隔绝助燃物：使可燃性气体、液体、固体不与空气、氧气或其他氧化剂等助燃物接触，即使有火源作用，也因为没有助燃物参与而不致发生燃烧。

(3) 消灭着火源：严格控制明火、电火及防止静电、雷击引起火灾。

(4) 阻止火势蔓延：防止火焰或火星等火源蹿入有燃烧、爆炸危险的设备、管道或空间，或阻止火焰在设备和管道中扩展，或者把燃烧限制在一定范围不致向外延烧。

3. 灭火的主要原理

(1) 隔离法：将可燃/易燃/助燃物质与火源分开。

(2) 冷却法：用水直接喷射到燃烧物体上，使温度降至燃点以下。

(3) 窒息法：用湿棉毯、温麻袋、温棉被、干沙等不燃物覆盖在燃烧物的表面，隔绝空气，使燃烧停止。

(4) 化学抑制法：用含氮的化学灭火器喷射到燃烧物上，使灭火剂参与到燃烧中，发生化学作用，覆盖火焰使燃烧的化学连锁反应中断，使火熄灭。

二、常见消防器材及其使用

常见消防器材有三种：报警器材、灭火器材、应急疏散器材。

（一）报警器材

1. 消防控制主机

消防控制主机(见图3.1.1)是火灾自动报警系统的中枢，具有下述功能。

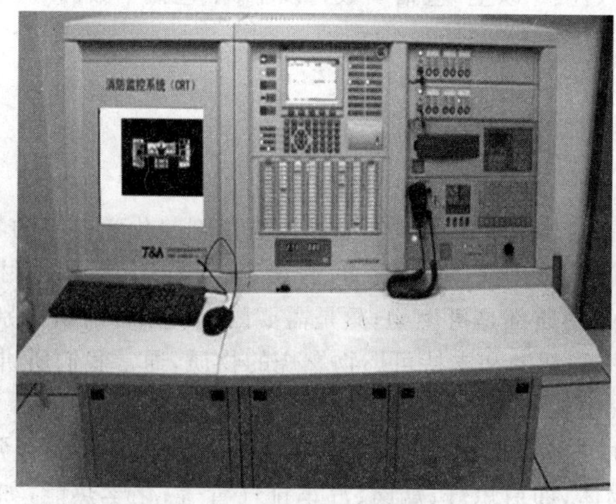

图 3.1.1 消防控制主机①

(1) 接收火灾信号，指示着火部位和记录有关信息，启动火灾报警装置。

(2) 通过火警发送装置启动火灾报警信号。

(3) 通过自动消防灭火控制装置启动自动灭火设备和消防联动控制设备。

① http://photocdn.sohu.com/20160408/Img443656974.jpg.

（4）自动监视系统的正确运行和对特定故障给出声、光报警。

2. 感烟探测器

当空气中烟的浓度达到一定浓度时，感烟探测会自动报警，指示发生火灾的位置（见图 3.1.2）。

3. 感温探测器

当空气中热量达到一定程度时，温感探测会自动报警，指示发生火灾的位置（见图 3.1.3）。

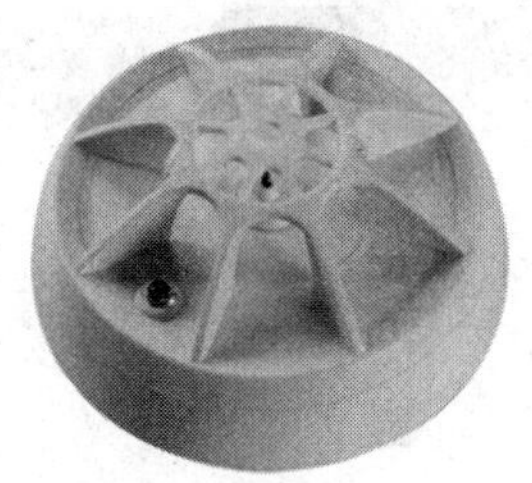

图 3.1.2　感烟探测器①

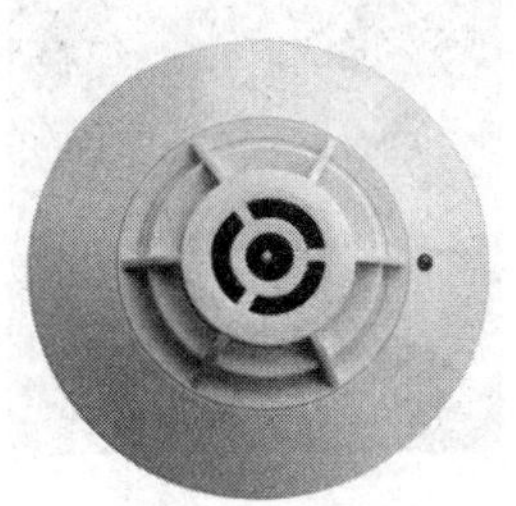

图 3.1.3　感温探测器②

4. 可燃气体感应探测器

可燃气体感应探测器是一种气体泄漏检测报警仪器。当环境中可燃或有毒气体泄漏，探测器检测到气体浓度达到爆炸或中毒报警器设置的临界点时，可燃气体报警器就会发出报警信号，并驱动排风、切断喷淋系统，防止发生爆炸、火灾、中毒等事故（见图 3.1.4）。

5. 手动报警按钮

当人员发现火灾时，在火灾探测器没有探测到火灾的时候，人员手动按下紧急按钮，报告火灾。按下手动报警按钮 3～5 秒钟，手动报警按钮上的火警确认灯会点亮，这个状态灯表示火灾报警控制器已经收到火警信号，并且确认了现场位置（见图 3.1.5）。

图 3.1.4　可燃气体感应探测器③

图 3.1.5　手动报警按钮

① http://www.cost168.com/upload/public/material/image/2012_3/6/2750.jpg_large.jpg.

② http://image.so.com/i? ie=utf-8&src=hao_360so&q=感温探测器.

③ http://img5.imgtn.bdimg.com/it/u=3348720916,3610085063&fm=21&gp=0.jpg.

6. 消火栓报警按钮

当发生火灾时按下报警按钮，报警系统会发出警报，同时它会启动消防栓水泵(见图 3.1.6)。

7. 水流指示器

水流指示器可用于自动喷水灭火系统，安装在主供水管或横干管上，给出某一分区域小区域水流动的电信号，此电信号可送到消防控制柜(见图 3.1.7)。

图 3.1.6 消火栓报警按钮①

图 3.1.7 水流指示器②

8. 声光报警器

发生火灾时，火灾报警控制器送来的控制信号启动声光报警电路，发出声和光报警信号，完成报警目的。

9. 消防湿式报警阀

消防湿式报警阀是湿式灭火系统中的供水控制阀。它只允许水单方向流入喷水灭火系统，并在规定的压力和流量下驱动配套部件报警。它与水流指示器、压力开关、洒水喷头等一起组成湿式自动喷水灭火系统。该系统管网内长年充满一定压力的清水，长期处于伺应工作状态，当保护区域内某处发生火灾时，区域内环境温度升高，洒水喷头的热敏感元件(玻璃球)中的有机溶液发生热膨胀而产生很大的内压力，直到玻璃球外壳发生破碎，从而开启喷头喷水，并且自动启动整个系统，发出声光报警信号，以达到火灾报警及控制火灾、扑灭火灾的目的。

10. 水力警铃

水力警铃是由水流驱动发出声响的报警装置，通常作为自动喷水灭火系统的报警阀配套装置。当自动喷水灭火系统的任一喷头动作或试验阀开启后，系统报警阀自动打开，则有一小股水流通过输水管，冲击水轮机转动，使击铃锤不断冲击警铃，发出连续不断的报警声响。

---

① http://img2.imgtn.bdimg.com/it/u=2053084119,2288248221&fm=21&gp=0.jpg.

② http://imgupload.youboy.com/imagestore20151103fef6eafa-88ae-4a2e-98b8-7876206f15c5.jpg? 900 * 900.

（二）灭火器材

1．灭火器

（1）分类

① 按其移动方式可分为推车式和手提式(见图 3.1.8)。

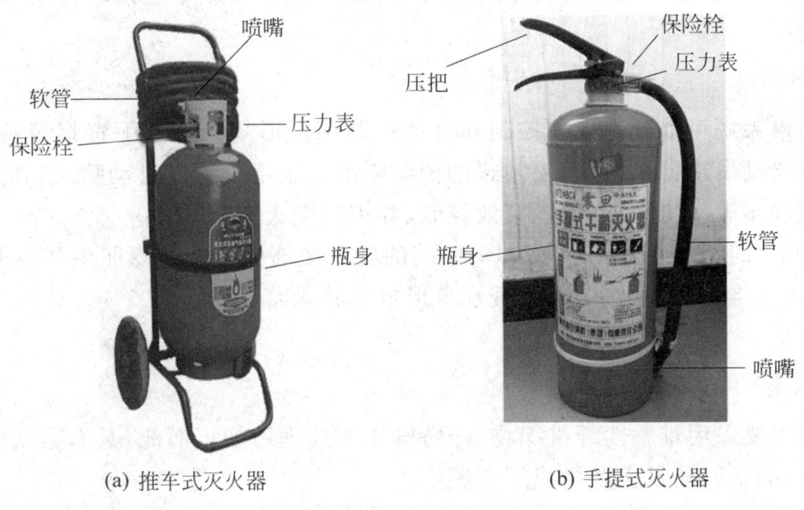

(a) 推车式灭火器　　(b) 手提式灭火器

图 3.1.8　灭火器①

② 按驱动灭火剂的动力来源可分为储气瓶式、储压式和化学反应式。

③ 按所充装的灭火剂则可分为泡沫、干粉、卤代烷、二氧化碳、清水等。

（2）灭火器的状态(见图 3.1.9)

红色：压力表指针指到红色部分，说明瓶内压力不够，灭火器不能正常使用。

黄色：压力表指针指到黄色部分，说明压力过大，容易发生危险。

绿色：压力表指针指到绿色部分时说明灭火器正常。

图 3.1.9　灭火器状态

（3）灭火器的通用使用方法

拔：拔下安全销。

瞄：瞄准火苗根部。

压：压下手柄，一压到底。

扫：左右扫射。

2．消火栓

（1）分类：分为室内消火栓和室外消火栓，室外消防栓又分为地上和地下两种，主要供消防队员灭火使用。

---

① http://www.hhxfqc.com/UpLoadFile/2015/1/4/640864V8FFD044B4XTLL.jpg.

（2）室内消火栓使用方法：打开消火栓；取出消防水带向着火点展开；接上水枪；手握水枪头及水管，打开水阀门，即可灭火。

（3）消火栓水带使用注意事项如下。

① 铺设水带时应避免骤然曲折，以防止降低耐水压能力，还应避免扭转，以防止充水后水带转动而使内扣式水带接口脱开。

② 充水后应避免在地面上强行拖拉，需要改变位置时要尽量抬起移动，以减少水带与地面的磨损。

3. 消防喷淋

消防喷淋系统可以分为人工控制和自动控制两种形式。系统配置报警装置，在发生火灾时可以自动发出警报，自动控制式的消防喷淋系统不仅可以自动喷水，并且可以和其他消防设施同步联动工作，因此能有效控制、扑灭初期火灾。

当温度上升到60～70℃时，喷淋头中间的红色玻璃柱内装的膨胀液体受热膨胀将玻璃柱撑破，从而将水释放出来，通过溅水盘形成伞状水幕对其下方 3～5m^2 范围内的物品进行有效防护。

4. 灭火毯

灭火毯主要采用难燃性纤维织物，经特殊工艺处理后加工而成，具有紧密的组织结构和耐高温性，能很好地阻止燃烧或隔离燃烧。

主要特点：难燃、耐高温、遇火不延燃、耐腐蚀、抗虫蛀，可有效减少火灾隐患，增加逃生机会，减小人员伤亡，维护人们的生命和财产安全。

灭火原理：覆盖火源、阻隔空气，以达到灭火的目的。

（三）应急疏散器材

1. 消防应急灯

当发生火灾或停电时，消防应急灯可以自动充电，自动工作为人们提供照明。

2. 应急疏散楼梯及安全出口

应急疏散楼梯及安全出口都用于紧急情况下的人员、物资疏散。

3. 应急指示标志

应急指示标志能无限次在亮处吸光、暗处发光，它可挂、可贴，火灾发生时在黑暗场所自动发光，指示安全疏散方向和安全出口位置。

4. 防毒面具/过滤式自救呼吸器

（1）作用：紧急情况下戴在头上，可以保护人的呼吸器官、眼睛及面部，防止毒气、粉尘、细菌、有毒有害气体或蒸汽等有毒物质带来的伤害。

（2）使用方法：打开盒盖，取出真空包装；撕开真空包装袋，拔掉前后两个罐盖；戴上头罩、拉紧头带；选择路径、果断逃生。

5. 救生绳及缓降器

救生绳是上端固定悬挂，供人们手握进行滑降的绳子，通常和缓降器配合使用。缓降器由吊环、吊带、绳索及速度控制等组成，是一种可使人沿（随）绳（带）缓慢下降的安全营救装置（见图 3.1.10）。

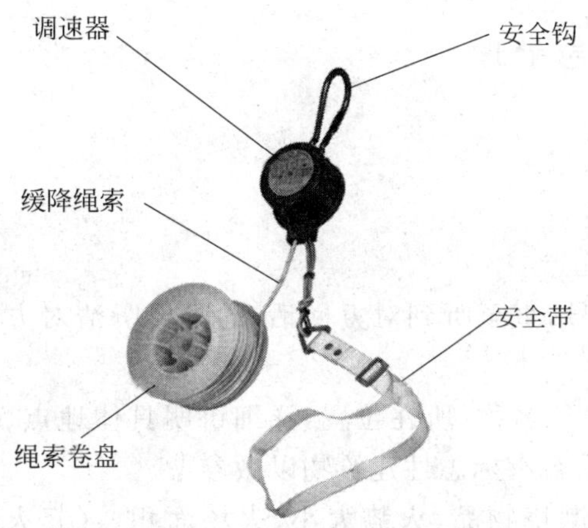

图 3.1.10　救生绳及缓降器①

（1）救生绳使用方法

① 将救生绳一端固定在牢固的物体上，并将救生绳顺着窗口抛向楼下。

② 双手握住救生绳，左脚面勾住窗台，右脚蹬外墙面，待人平稳后，左脚移出窗外。

③ 两腿微弯，两脚用力蹬墙面的同时，双臂伸直，双手微松，两眼注视下方，沿救生绳下滑。

④ 当快接近地面时，右臂向前弯曲，勒绳同时两腿微曲，两脚尖先着地。

（2）救生绳的使用注意事项

① 使用时不能使绳受到超负荷的冲击或载荷，否则，会断股，甚至断绳。

② 平时应存放在干燥通风处，以防霉变。

③ 使用后应该涮洗，并及时放在通风干燥处阴干或晒干，切忌长时间暴晒。

④ 勤检查，如发现绳索磨损较大或有 1/2 股以上磨断时，应立即停止使用。

⑤ 应定期做负重检查，如无断股或破损，方可继续使用。

⑥ 在保管时，避免使绳与尖利物品接触，如沾有酸、碱物质时，应立即冲洗干净并晾干。

6. 消防斧

消防斧是一种清理火源或易燃材料，切断火势蔓延的工具，还可以劈开被烧变形的门窗，解救被困的人。

7. 防排烟系统

防排烟系统由送排风管道、管井、防火阀、门开关设备、送排风机等设备组成，发生紧急情况时，可以进行排烟和通风。

① http://www.youboy.com/s25983410.html.

8. 防火卷帘、防火门

防火卷帘、防火门主要用于防火、隔火。

三、火灾时的应急处理

（一）火灾扑救原则

1. 早报警，损失少

正确报警牢记以下几点。

(1) 电话拨打“119”号，直至听到对方回话，同时要听清对方提出的问题并做出正确回答。

(2) 准确讲清起火单位名称、所在位置，详细讲明具体地点、门牌号码、街道巷名，不易寻找的地方说明周围是否有标志性建筑物以做参考。

(3) 讲清起火部位、燃烧物品、火势大小、火场面积。（起火部位：办公室、机房、仓库、住宅等；燃烧物质：油、化学物质、电气以及一般物质。）

(4) 讲清起火单位属于多层建筑还是高层建筑和有无被困人员、受伤人员。

(5) 讲清报警人的姓名、联系方式，以便随时联系。

(6) 如需要安排消防车要讲清接车地点，地点应在起火附近易找的地方或周围有标志性建筑物旁，同时安排人员疏通消防车道，清除障碍物，使得消防车到达火场后能立即进入最佳位置开展灭火救援措施。

(7) 如果着火地区发生新的变化，要及时报告消防队，以便他们及时改变灭火战术。

2. 边报警，边扑救

在报警同时，要及时扑救。在初起火阶段由于燃烧面积小，燃烧强度弱，放出的辐射热量少，是扑救的有利时机。

3. 先控制，后灭火

在扑救火灾时，应首先切断可燃物来源，然后争取灭火一次成功。例如，电气故障导致火灾时先切断电源；燃气导致火灾时先关掉燃气。

4. 先救人，后救物

在发生火灾时，人和物相比，人是主要的，应贯彻执行救人第一，救人与灭火同步进行的原则，先救人后疏散物资。

5. 防中毒，防窒息

在扑救有毒物品时要正确选用灭火器材，尽可能站在上风向，必要时要佩戴面具，以防中毒或窒息。

6. 听指挥，莫惊慌

平时加强防火灭火知识学习，积极参与消防训练，才能做到沉着应对火灾。

（二）火灾自救

1．所在房间内发生火灾时

（1）千万不要惊慌失措，可以用灭火器或者消火栓第一时间灭火。

（2）此时还要呼应周围的人出来参与灭火和报警。

（3）如果火势无法控制，应该立即疏散。

（4）离开时把房门关上，防止烟气进入走道。

（5）逃出火场时，不要再顾及遗留在室内的物品，切勿再返回去拿。

2．当起火点不是所在房间时

（1）逃生开门前应该用手触摸一下门的把手，如果门锁的温度已经很高，或者烟雾从门隙中往里钻，则说明外面的火已经很大，千万不要贸然地打开门。应先关闭房内所有门窗，防止空气对流，延迟火焰蔓延的速度，立即报警，并且用一些湿布条堵住门窗的缝隙，在有条件的情况下，可以用水浇在门窗上降低其温度，等待救援，同时可用水浇湿自己的衣物和头发，这样可以在火势蔓延至房间时，减慢身体或头发着火。如果楼层较高，也不能盲目地从窗户跳下去。要想向外发出呼救的信号，可以抛一些沙发垫、枕头等软的物体，夜间可以打开手电，使下面的人能够知道有人需要救助。楼层不高时，可以用缓降绳从窗户逃生，没有缓降绳时也可以用床单、被套等绑在一起代替。

（2）如果门锁温度正常或者门缝没有烟雾钻进来，则说明火离自己还有一段距离，这时可以打开一道门缝，观察外面情况，开门时应该用一只脚抵住门的下框，防止外面热浪将门冲开使火势蔓延。

（3）在确信大火并没有对自身造成威胁的情况下，应尽快逃离火场。

3．当离开房间发现起火部位就在本楼层时

（1）应尽快就近跑向已知的紧急疏散出口。

（2）遇有防火门应该及时关上。

（3）如果楼道被烟气封锁或者包围的时候应该降低身体尤其是头部的高度，用湿毛巾或者衣物堵住口鼻。

4．疏散时发现楼梯着火

（1）楼梯着火时，一定不要惊慌，应稳定自己的情绪，保持清醒的头脑，想办法就地灭火。看看楼道有没有灭火器，或用水浇、用湿棉被覆盖等。如果不能马上扑灭，火势就会越来越大，人就有被火围困的危险，这时应该设法脱险，冷静地想一想，是否还有别的楼梯可走，是否可以从屋顶或阳台上转移，是否可以借用水管、竹竿或绳子等滑下去。

（2）有时楼房内着火，楼梯未着火，但浓烟往往朝楼梯间灌，楼上的人容易产生错觉，认为楼梯已被阻断，没有退路了。其实大多数情况下，楼梯并未着火，完全可以设法夺路而出。如果被烟呛得透不过气来，可用湿毛巾捂住嘴鼻，贴近楼板或干脆跑走。即使楼梯被火焰封住了，在别无出路时，也可用湿棉被等物作掩护及早迅速冲出去。

（三）逃生方法

火灾逃生顺口溜如下[①]。

熟悉环境，暗记出口；通道出口，畅通无阻；
扑灭小火，惠及他人；保持镇静，明辨方向，迅速撤离；
不入险地，不贪财物；简易防护，蒙鼻匍匐；
善用通道，莫入电梯；缓降逃生，滑绳自救；
避难场所，固守待援；缓晃轻抛，寻求援助；
火已及身，切勿惊跑；跳楼有术，虽损求生；
身处险境，自救莫忘救他人。

（四）错误逃生

（1）冒险跳楼逃生。发生火灾时，当选择的逃生路线被大火封死，火势越来越大、烟雾越来越浓时，人们就很容易失去理智。此时，切记不要跳楼、跳窗，而应另谋生路。

（2）向光亮处逃生。在突遇火灾时，人们总是习惯向着有光、明亮的方向逃生。而这时的火场中，光亮之地正是火魔肆无忌惮地逞威之处。

（3）盲目跟着别人逃生。当人突然面临火灾威胁时，极易因惊慌失措而失去正常的判断思维能力，第一反应就是盲目跟着别人逃生。常见的盲目追随行为有跳窗、跳楼，逃（躲）进厕所、浴室、门角等。克服盲目追随的方法是平时要多了解与掌握一定的消防自救与逃生知识，避免事到临头没有主见。

（4）从进来的原路逃生。这是许多人在火灾中逃生易犯的错误。因为大多数建筑物内部的道路出口一般不为人们所熟悉，一旦发生火灾时，人们总是习惯沿着进来的出入口和楼道进行逃生，当发现此路被封死时，已失去最佳逃生时间。因此，当进入一幢新的大楼或宾馆等场所时，一定要对周围的环境和出入口进行必要的了解与熟悉，以防万一。

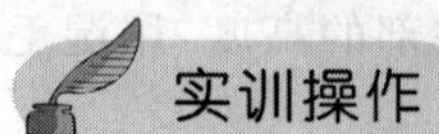

实训目标

- 能将防火知识用于实际生活中
- 能联系实际制定灭火方法
- 能认识各种消防器材
- 会使用消火栓和灭火器
- 能进行消防器材的配置分析
- 能在火灾发生时正确报警
- 能在火灾中自救逃生

---

① http://news.163.com/special/00011N8F/huozai.html.

实训任务

任务1　以寝室为单位，制订本寝室的防火、灭火方案

1. 实训要求

(1) 内容包括寝室物品的摆放、严禁的危险物品、常用电器的用电安全、热水器的使用安全以及寝室出现火情时如何扑灭初期火灾等。

(2) 制订防火、灭火方案，以PPT形式呈现，并做汇报。

2. 实训流程

(1) 寝室召开讨论会，讨论方案。

(2) 人员分工，搜集资料并做PPT。

(3) 成果汇报。

(4) 自评与总结。

任务2　灭火器、消火栓的使用练习

1. 实训要求

模拟真实火场，必须严肃认真对待，不能儿戏。

2. 实训流程

(1) 老师做示范。

(2) 学生成组练习。

(3) 现场考核。

任务3　调查学校消防设施的配置情况

1. 实训要求

以小组为单位，调查学校教学楼、寝室楼、食堂的消防器材配置和布置，分析学校的消防器材配置或布置是否存在问题，如果存在问题请列出改进建议。

2. 实训流程

(1) 小组讨论分工。

(2) 实地考察，对存在问题的地方进行拍照，收集资料。

(3) 对调查做总结，以Word形式上交。

任务4　模拟火场逃生

1. 实训要求

假定学校寝室楼、教学楼或食堂（或商场、酒店等）某处发生火灾，以小组为单位设定情境和细节，模拟演练火灾时的应急处理。

2. 实训所需物资和人员

(1) 物资：电话、水、灭火器、毛巾、棉被、布条、手电、缓降绳等。

(2) 人员：纵火者、受伤人员、带领疏散的人员等(物资和人员根据小组具体情境而定)。

3. 实训流程

(1) 给各小组分配情境任务。
(2) 组内讨论情境细节及人员物资。
(3) 情境模拟。
(4) 事故分析及预防。
(5) 自评与总结。

4. 图表

(1) 火灾逃生路径图(自制)。
(2) 火灾角色分工及任务表(自制)。
(3) 实训演练评估表(参看附表4)。

任务二 城市轨道交通高架站发生火灾的处理

- 掌握高架站火灾的特点
- 掌握高架站火灾疏散的方法
- 掌握高架站火灾应急处理的要点
- 能根据特定情境制订应急处理方案
- 火灾发生时能进高架站正确处理

一、事件描述

火灾是城市轨道交通灾害中最主要的一种。在城市轨道交通系统中，导致火灾发生的因素很多，有设备因素、人为因素(乘客吸烟、携带易燃易爆物品、人为纵火、恐怖袭击)、环境因素(漏水潮湿、高温、粉尘、鼠害、不通风、隧道洞体散热不良)、管理因素、建造材料因素等。需要特点注意的是，电能是城市轨道交通系统的主要动力源，车站、线路、列车上都有大量的各种各样电气设备，如变电站、供配电设备、轨道、机车、电缆、通风照明、调度指挥等电气设备、电梯、扶梯、供电、通风、广播等。一旦这些设备发生故障或线路短路，就极有可能引发火灾。另外，设备、环境、乘客携带物品等的不安全状态加上乘客的不安全行为是导致火灾事故发生的直接原因，是火灾事故隐患。作为城市轨道交通的员工，迅速发现事故隐患，对事故隐患做出正确处理，是避免事故发生的关键。

高架站火灾的特点如下：

(1) 车站除设备管理用房外，公共区(站厅和站台)、行车区、隧道区一般不设通风系统和空调水系统，而只有自然排烟设计。

(2) 站台层周围与大气相通，顶棚有自然排烟窗。站台层发生火灾时烟气自然排放效果较好，一般不会在站台沉降到会危及人员呼吸和疏散的高度。

(3) 站厅层的排烟主要是玻璃幕墙上不开启的窗户及几个出入口，站厅层发生火灾时，烟气有可能在站厅层沉降。站厅层少部分可燃材料或乘客携带的可燃物，燃烧时将产生一定的有毒气体。如果排烟与疏散控制不好，将严重威胁乘客的人身安全。

(4) 发生火灾时烟气的扩散方向是自下而上，人员的逃生方向是自上而下，人员疏散方向与火灾扩散方向相反，符合火灾疏散要求。但是如果排烟控制不好，人员的逃生通道将有可能就是排烟口。

因此，高架站发生火灾时，一定要想尽一切办法最大限度地利用自然排烟，迅速疏散人员。

二、处理要点

(1) 坚持“先救人，后救物”“集中领导，统一指挥”原则。

(2) 应急疏散与灭火救援应协调统一。

(3) 值班员立即向相关部门(119、120、控制中心等)报告。

(4) 值班站长组织车站人员按预案进行应急疏散与灭火救援。

(5) 行调组织列车运行，调整行车方案。

三、处理程序

(1) 车站员工发现火灾时，立即向车站值班员和值班站长报告。报告的内容包括火灾地点、火势情况、伤亡情况。

用语可以是：“值班员，站厅(或站台)××处发生火灾，火势很大，××名乘客受伤，请求支援。”

(2) 值班站长发布启动应急预案命令，通知客运值班员和售票员停止售票。携带喊话器等疏散救援工具，赶赴事发现场组织工作人员疏散乘客。

(3) 值班员：通过广播通知各岗位启动应急预案；同时按压 AFC 紧急按钮，打开所有进出站闸机；根据突发事件汇报程序依次上报(行调、119 和急救 120、运输部值日人员、中心站站长、轨道分局值班民警、安保部)，并通知车站义消队员到站支援；若联动切除非消防电源失败，得到环调命令后在 FAS 主机上手动操作切除非消防电源；通过广播向乘客通报火灾情况，引导乘客有序疏散，稳定乘客情绪；通过 CCTV 观察车站情况，并保持与控制中心联系。

广播内容：“各位乘客请注意，因车站发生险情，请听从工作人员指引，尽快离开车站，不要拥挤，照顾好身边的老人和小孩。我们会保证您的安全，谢谢合作。”(间歇性重复广播)

汇报用语如下。

对于行调：“报告行调，××站××处(站厅或站台)发生火灾，车站现已启动应急预案。”

对于119：“119，××轨道交通××线××车站发生火灾，请求救援。”

对于120：“120，××轨道交通××线××车站发生火灾，有人受伤，请求救援。”

对于值班领导：“报告×××，××车站(站厅或站台)发生火灾，车站现已启动应急预案。”

对于站长：“报告站长，××车站站厅发生火灾，车站现已启动应急预案。”

对于民警：“报告民警，××车站站厅发生火灾，车站现已启动应急预案，请求支援。”

对于安保部：“报告安保部，××车站站厅发生火灾，车站现已启动应急预案。”

(4) 行调接到通知后：命令在站的上、下行列车立即开车；拦停开往本站的上、下行列车；来不及拦停时，应呼叫列立即停车退回后方站；若后方站有车占用时，命令列车不停车通过本站；扣停后续列车。向全线发布运营受阻信息，在具备运行条件的区段，组织列车小交路运行，调整列车运行秩序。

(5) 本站列车司机接到行调通知后立即开车，用广播安抚乘客。

(6) 后方列车司机接到列车运行前方车站发生火灾的通知后，做如下操作。

① 如在车站则立即按行调指示扣车，并做好乘客广播。

② 如在区间则立即将自动开门开关置于手动位置，按行调指示立即停车，退回后方站，若后方站有车，则不停车通过该车站。

③ 若是进站时发现车站火灾，应立即将自动开门开关置于手动位置，不开客室门模式动车驶离车站，并在动车后报行调。

(7) 值班站长赶到事发现场，组织各岗位人员执行预案，疏散乘客后灭火救援。打开所有门窗，充分利用自然排烟。

(8) 各岗位人员戴好防毒面具，做好自我保护，执行预案(各岗位职责按照具体车站规定分配)。

① 站台岗：迅速将站台乘客向站厅疏散，关停扶梯或将扶梯调到往站厅方向运行。

② 客运值班员：停止工作，锁好门，打开特殊通道门，迅速赶到站厅疏散乘客。

现场喊话：“各位乘客请往这边出站，注意安全，听从工作人员指引。”

③ 售票员：立即停止售票，迅速锁好钱箱票款，锁闭票亭，在预定地点疏散乘客。

④ 厅巡员：将站厅扶梯关停或调到往站外方向运行。在预定地点疏散乘客。预定地点包括闸机处(引导乘客出付费区，阻止乘客进付费区)、票亭外、TVM处及扶梯处等。

⑤ 保安：一人到出口阻止乘客进站，迎候消防人员和急救人员并带到现场；另一人在站厅协助灭火(不一定是车站员工发现，可能是值班员通过CCTV发现，或者是接到火灾报警)。

⑥ 安检岗：听从值班站长指挥，疏散乘客，乘客受伤时携带担架和急救箱进行救援。

⑦ 机动岗：听从值班站长指挥，疏散乘客，乘客受伤时携带担架和急救箱进行救援。

(9) 值班站长利用对讲机了解疏散过程中的人员伤亡情况，安排人员利用担架和急救箱救助乘客。

现场喊话：“××岗，请携带担架和急救箱立即赶往×××救助受伤乘客。”

(10) 值班站长利用对讲机对站台、站厅工作人员进行询问，确认伤者及乘客已撤离完毕后，进入车控室进行人工广播："我是值班站长，请车站所有工作人员全部撤离车站。"(重复两遍)听到广播后，各岗位工作人员迅速撤离，客运值班员统计各出口人员后报值班站长。

(11) 值班站长留在车站协助消防队。

(12) 事故处理完后，立即对现场进行封锁，协助公安消防部门调查火灾原因。

(13) 恢复运营：事故救援完毕后，工作人员对现场进行全面检查清理，拆除、回收、移送救援设备设施，清除障碍物，确认无伤亡人员遗留危及行车安全。

① 维修人员检测所有受损设备及所有运营设备设施，确认可恢复运转时，且确认现场已清除完毕，通知运营控制中心。

② 运营控制中心确认具备开通条件后，立即通知有关人员按规定办理手续，由运营控制中心行车调度员发布调度命令开通线路，恢复正常运行。

③ 车站值班员得到恢复运营的通知后，按压 AFC 紧急按钮，恢复进出站闸机。确认车站烟已排尽后，退出火灾工况模式。

④ 车站其他人员回到自己的工作岗位，恢复日常工作。

四、事故调查分析

如前面所说，车站发生火灾的原因很多。车站除配合公安部门调查事故原因外，还应从设备、环境、人员等多方面仔细分析事故发生原因，分析车站存在的潜在危险，提出整改措施。填写事故调查报告。

五、事故预防

1. 防火排烟设备设施配置

(1) 按照国家消防规定，在事故易发场所配备防火、灭火消防设施设备。

(2) 在疏散通道口设置挡烟垂壁。在站厅两侧玻璃墙顶部设置排烟口。

(3) 在站台两侧和顶棚设置排烟窗。

2. 防火检查

(1) 应急疏散标志、应急照明检查。

(2) FAS 系统检查。

(3) 灭火器、消火栓等消防设备设施数量及状态检查。

(4) 车站用水用电有无违章情况检查。

(5) 加强乘客携带物品的安检(除安检岗要进行安检以外，厅巡和站台岗等所有工作人员都应随时留意乘客携带物品的安全性)。

(6) 加强巡视劝阻乘客的不安全行为(吸烟等行为)。

(7) 车站环境检查(有无漏水、潮湿、鼠害等情况)。

(8) 车站设备、线缆、电路的检查。

(9) 车站商铺用电、用水检查。

(10) 员工的消防知识与技能检查。

3. 安全教育与培训

(1) 员工消防设备使用培训。

(2) 员工用电用水安全培训。

(3) 员工危险物品识别培训。

(4) 员工火灾应急处理培训。

(5) 商铺消防安全知识培训。

(6) 制作海报、视频等对乘客进行安全宣传教育。

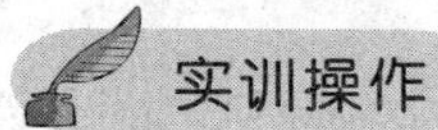

实训操作

实训目标

- 能使用车站消防设施
- 能进行 FAS 系统相关操作
- 能明确各岗位职责与处理流程
- 能在高架站发生火灾时进行正确处理
- 能在火灾发生时保持冷静与清醒的头脑，沉着应对
- 具备爱岗敬业的素质，在火灾发生时坚守岗位，完成应急救援使命

实训要求

(1) 根据所分配的情境，合理设置细节，符合常理，不能刻意简化情境。

(2) 人员岗位分工明确，各岗位人员清楚自身职责与处理程序。

(3) 物资准备齐全，运用合理。

(4) 遵守规章制度，正确处理事件，同时灵活应对乘客。

(5) 表格填写规范具体，原因分析有理有据，预防改进措施合情合理。

实训所需物资和人员

(1) 物资：急救箱(包括棉签、消毒水、医用纱布、绷带、创可贴、止痛药等)、担架、相机、隔离带、警戒绳、扎带、防毒面具、灭火器、喊话器、对讲机、消火栓、荧光衣、应急照明灯、各种设备模拟道具等。

(2) 人员：乘客若干，站务员 3～5 名，值班员 2 名，值班站长 1 名，安全员 1～2 名，安检人员 2 名，保安 2 名，行调 1 名，环调 1 名，司机 2 名，站长、副站长 1～2 名，地铁公安 1～2 名等(人员配备可根据各组场景需要自行安排)。

实训流程

(1) 给各组分配情境任务。

(2) 组内讨论情境细节、人员与职责、物资等。

(3) 情境模拟。

(4) 事故调查及预防。

(5) 自评与总结。

实训表格

(1) 乘客伤亡事件调查记录表(参看附表1)。

(2) 岗位与职责表(参看附表2)。

(3) 实训演练程序及步骤表(参看附表3)。

(4) 实训演练评估表(参看附表4)。

(5) 事故事件台账(参考附表5)。

任务三　城市轨道交通地下站发生火灾的处理

学习目标

- 掌握地下站火灾的特点
- 掌握地下站火灾疏散的方法
- 掌握地下站火灾应急处理要点
- 能根据特定情境制订处理方案

知识准备

一、事件描述

地下站是经过开挖修建而成的,周围是岩石和土层,无法开设窗户。由于修建成本与资金投入的关系,地下车站内部空间一般不大,与地面连接的通道数量少并且空间尺寸小。地下站的这种空间结构特点决定了其火灾特点,具体如下。

(1) 浓烟:相对密闭而狭小的空间,通风不良,不能自然排烟,且供氧不足,站内可燃物不能充分燃烧,阴燃时间长,产生大量含有有毒气体的烟气。烟气不能及时排出,在站内沉降,进入人的呼吸道,灼伤呼吸道系统且容易造成窒息。

(2) 温度上升快:站内烟气温度高同时得不到排出,加速内部空间的温度上升。隧道、车站一些设备设施或乘客携带的物品在高温的环境下容易膨胀爆裂。

(3) 能见度低:站内的浓烟不仅会遮挡人的视线,还会使人睁不开眼。另外,一旦车站发生火灾,必然会大面积停电,站内只有应急照明。在密闭的空间内没有自然光线,整个车站能见度会很低。

(4) 疏散困难:首先,火灾发生后,一切电梯、扶梯都会停用,人员通道比较单一,只有几个供乘客日常出入站用的楼扶梯通道。其次,闸机的阻碍会影响乘客的疏散速度并且可能造成乘客受伤,增加疏散难度。最后,在昏暗的环境之下,乘客容易产生恐惧心理,导致行为能力的暂时丧失或出现异常行为。大量乘客争先抢后地涌向疏散通道,拥挤和混乱的场面中容易发生踩踏事件，造成死伤，疏散十分困难。

(5) 疏散时间有限：火灾发生后，人员必须低头匍匐逃生，减慢逃生速度。人员一般的水平疏散速度为1.0～1.2米/秒，人上楼梯的速度为0.6米/秒，烟气水平流动的速度为0.5～1.5米/秒，而烟气向上流动的速度为水平方向速度的3～5倍[①]。针对地铁火灾事故，日本消防部门曾做过实验，日本地铁的车厢，虽被确认具有不易燃烧性，但起火后，快则1.5分钟，慢则8分钟之后就会出现对人体有害的气体。2～5分钟内，车厢内烟雾弥漫就无法看清楚逃生出口，相邻的车厢在5～10分钟内也会出现相同情形。实验表明，允许乘客逃生的时间只有5分钟左右。

(6) 扑救困难：由于地下车站深入地下，与地面只有几个出入口连接，因此，火灾发生后，地面无法直接判断起火位置，必须参看工程建筑设计图。另外，地下车站和隧道内发生火灾后，容易造成疏散路径和救援路径的交叉，外界救援途径有限，救援设施设备难以进入地下车站和隧道，不能及时有效地进行扑救。

典型案例

基辅奥萨科尔加地铁站火灾

2012年3月14日，基辅奥萨科尔加地铁站发生火灾，火灾是由于大厅枝形吊灯线路年久失修引起的，线路起火后很快导致塑料天花板燃烧。该次事故几乎让地铁站燃烧殆尽，造成大量人员伤亡。

案例来源：http://world.huanqiu.com/photo/2013-06/2695823_4.html.

二、处理要点

考虑到地下车站火灾发生的特点，火灾应急处理相应地可以从以下几个方面入手。

(1) 扑救报警。

(2) 人员疏散与伤员救护。

(3) 环控调度员执行相应的环控火灾工况模式站外警戒。

(4) 行车应急调整。

三、处理程序

(1) 车站员工发现火灾时，立即向车站值班员和值班站长报告。报告内容包括火灾地点、火势情况及伤亡情况。

用语："值班员，站厅(或站台)××处发生火灾，火势很大，××名乘客受伤，请求支援。"

(2) 值班站长发布启动应急预案命令，通知客运值班员和售票员停止售票。携带喊话器等疏散救援工具，赶赴事发现场组织工作人员疏散乘客。

(3) 值班员通过广播通知各岗位启动应急预案；同时按压AFC紧急按钮，打开所有

---

① 蒋晓晖.浅析地铁地下车站的火灾特点及防排烟、灭火方法[J].科技风，2011(6)：110.

进出站闸机；根据突发事件汇报程序依次上报(环调、行调、119和急救120、运输部值日人员、中心站站长、轨道分局值班民警、安保部)，并通知车站义消队员到站支援；通过广播向乘客通报火灾情况，引导乘客有序疏散，稳定乘客情绪；若联动切除非消防电源失败，得到环调命令后在FAS主机上手动操作切除非消防电源；通过CCTV观察车站情况，并保持与控制中心联系。

对于行调："报告行调，××站××处(站厅或站台)发生火灾，车站现已启动应急预案。"

对于环调："报告环调，××站××处(站厅或站台)发生火灾，车站现已启动应急预案。"

对于119："119，××轨道交通××线××车站发生火灾，请求救援。"

对于120："120，××轨道交通××线××车站发生火灾，有人受伤，请求救援。"

对于值班领导："报告×××，××车站(站厅或站台)发生火灾，车站现已启动应急预案。"

对于站长："报告站长，××车站站厅发生火灾，车站现已启动应急预案。"

对于民警："报告民警，××车站站厅发生火灾，车站现已启动应急预案，请求支援。"

对于安保部："报告安保部，××车站站厅发生火灾，车站现已启动应急预案。"

广播内容："各位乘客请注意，因车站发生险情，请听从工作人员指引，尽快离开车站，不要拥挤，照顾好身边的老人和小孩。我们会保证您的安全，谢谢合作。"(间歇性重复广播)

(4) 行调接到报告后，立即采取以下措施。

① 命令在站的上、下行列车立即开车。

② 拦停开往本站的上、下行列车；来不及拦停时，应呼叫列车立即停车退回后方站；若后方站有车占用时，命令列车不停车通过本站。

③ 扣停后续列车。向全线发布运营受阻信息，在具备运行条件的区段，组织列车小交路运行，调整列车运行秩序。

(5) 本站列车司机接到行调通知后立即开车，用广播安抚乘客。

(6) 后方列车司机接到列车运行前方车站发生火灾的通知后，立即采取以下措施。

① 若在车站则立即按行调指示扣车，并做好乘客广播。

② 若在区间则立即将自动开门开关置于手动位置，按行调指示立即停车，退回后方站，若后方站有车，则不停车通过该车站。

③ 若是进站时发现车站火灾，应立即将自动开门开关置于手动位置，不开客室门模式驶离车站，并在动车后报行调。

(7) 环调接到通知后，采取以下措施。

① 根据行车调度员提供的列车停车位置、着火位置、疏散乘客的方向等信息，确定送风方向及启动的火灾模式，确认火灾模式正确运行，随时与事故车站保持联系，及时掌握现场情况。

② 若发生中央级控制无法操作时，及时下放"站控"。

③ 检查、监视通风情况并随时报告环控工程师和线路值班主任。

(8) 值班站长赶到事发现场，组织各岗位人员执行预案，疏散乘客后参加灭火救援。

(9) 各岗位人员戴好防毒面具，做好自我保护，执行预案(各岗位职责按照具体车站规定分配)。

① 站台岗：迅速将站台乘客向站厅疏散，关停扶梯或将扶梯调到往站厅方向运行。

② 客运值班员：停止工作，锁好门，打开特殊通道门，迅速赶到站厅疏散乘客。

现场喊话："各位乘客请往这边出站，注意安全，听从工作人员指引。"

③ 售票员：立即停止售票，迅速锁好钱箱票款，锁闭票亭，在预定地点疏散乘客。

④ 厅巡员：将站厅扶梯关停或调到往站外方向运行。在预定地点疏散乘客。

⑤ 保安：一人到出口阻止乘客进站，迎候消防人员和急救人员并带到现场；另一人在站厅协助灭火。采用水枪出水灭火时，要注意保护未燃烧的设备，防止造成水渍损失；参加灭火救援的人员要做好安全防护工作，佩戴安全防护装备，防止因烟雾和毒气发生中毒事故。

⑥ 安检岗和机动岗：听从值班站长指挥，疏散乘客，乘客受伤时携带担架和急救箱进行救援。

(10) 值班站长利用对讲机了解疏散过程中的人员伤亡情况，安排人员利用担架和急救箱救助乘客。

现场喊话："××岗，请携带担架和急救箱立即赶往×××救助受伤乘客。"

(11) 确保车站所有电源瞬间掉电。

① 厅巡员、站台安全员发现站厅、站台照明熄灭，向值班站长报告。

用语："报告值班站长，车站站厅、站台照明突然熄灭，只有事故照明，报告完毕。"

② 值班站长答复并到车控室向值班员确认停电情况，命令值班员向行调报告。

答复用语："明白，各岗位人员坚守自己的岗位，不要慌乱。"

③ 车站值班员向相关人员和部门(行调、机电科调度员、值班人员、中心站站长)报告。

报行调用语："报告行车调度员，××车站所有电源瞬间断电告警，现采用事故照明供电，车站照明利用蓄电池供电。"

报机电科用语："报告机电科调度员，××车站所有电源瞬间断电告警，现采用事故照明供电。"

报值班人员用语："报告值班人员，××车站所有电源瞬间断电告警，现采用事故照明供电，已向行调报告。"

报站长用语："报告中心站站长，××车站所有电源瞬间断电告警，现采用事故照明供电，已向行调报告。"

报值班站长用语："报告值班站长，转达行调回复，车站加强列车监视，利用事故照明，立即组织乘客疏散。"

④ 值班站长用对讲机通知启动停电应急预案。

用语："请各岗位人员注意，现启动停电应急预案，马上组织乘客疏散。"

⑤ 车站值班员 A 打开备品柜准备照明工具，值班员 B 采用广播通知乘客疏散。

用语："各位乘客请注意，车站现已启动应急照明，请大家在工作人员的指挥下有序疏散，谢谢配合。"

⑥ 各岗位人员继续自己的灭火救援与应急疏散职责。

⑦ 值班站长利用对讲机对站台、站厅工作人员进行询问，确认伤者及乘客已撤离完毕后，进入车控室进行人工广播："我是值班站长，请车站所有工作人员全部撤离车站。"（重复两遍）

⑧ 听到广播后，各岗位工作人员迅速撤离，客运值班员统计各出口人员后报值班站长。

⑨ 消防人员在保安的带领下到达现场，进行灭火救援，火灾扑灭后，车站工作人员配合消防部门和公安部门调查火灾原因。

⑩ 车站值班员向相关部门和人员报告灭火救援与疏散情况。

对于环调："报告环调，××车站火灾已扑灭，所有乘客疏散完毕。"

对于部门值班人员："报告部值班人员，××车站火灾已扑灭，所有乘客疏散完毕。"

对于站长："报告中心站长，××车站火灾已扑灭，所有乘客疏散完毕。"

对于安保部："报告安保部，××车站火灾已扑灭，所有乘客疏散完毕。"

对于值班站长："报告值班站长，现已将车站情况向上级部门汇报完毕。"

（12）恢复运营。

① 事故救援完毕后，工作人员对现场进行全面检查清理，拆除、回收、移送救援设备设施，清除障碍物，确认无伤亡人员遗留危及行车安全。

② 维修人员检测所有受损设备及所有运营设备设施，确认可恢复运转时，且确认现场已清除完毕通知运营控制中心。

③ 运营控制中心确认具备开通条件后，立即通知有关人员按规定办理手续，由运营控制中心行车调度员发布调度命令开通线路，恢复正常运行。

④ 车站值班员得到恢复运营的通知后，按压 AFC 紧急按钮，恢复进出站闸机。确认车站烟已排尽后，退出火灾工况模式。

⑤ 车站其他人员回到自己的工作岗位，恢复日常工作。

四、事故调查分析

车站配合公安部门调查事故原因，并从设备、环境、人员等多方面仔细分析事故发生原因，分析车站存在的潜在危险，提出整改措施。填写事故调查报告。

五、事故预防

1. 防火排烟设备设施配置

（1）按照国家消防规定，在事故易发场所配备防火、灭火消防设施设备。

（2）在疏散通道口设置挡烟垂壁。在站厅两侧玻璃墙顶部设置排烟口。

（3）在站台两侧和顶棚设置排烟窗。

（4）在地下站配置 BAS 系统。

2. 防火检查

（1）应急疏散标志、应急照明检查。

(2) FAS、BAS 系统检查。

(3) 灭火器、消火栓等消防设备设施数量及状态检查。

(4) 车站用水用电有无违章情况检查。

(5) 加强乘客携带物品的安检。

(6) 加强巡视、劝阻乘客的不安全行为(吸烟等行为)。

(7) 车站环境检查(有无漏水、潮湿、鼠害等情况)。

(8) 车站设备、线缆、电路的检查。

(9) 车站商铺用电、用水检查。

(10) 员工的消防知识与技能检查。

3. 安全教育与培训

(1) 员工消防设备使用培训。

(2) 员工用电用水安全培训。

(3) 员工危险物品识别培训。

(4) 员工火灾应急处理培训。

(5) 商铺消防安全知识培训。

(6) 制作海报、视频等对乘客进行安全宣传教育。

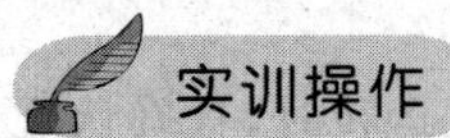

实训操作

实训目标

- 能使用车站消防设施
- 能进行 FAS 系统相关操作
- 能明确各岗位职责与处理流程
- 能在地下站发生火灾时进行正确处理
- 能在火灾发生时保持冷静与清醒的头脑,沉着应对
- 具备爱岗敬业的素质,在火灾发生时坚守岗位,完成应急救援使命

实训要求

(1) 根据所分配的情境,合理设置细节,符合常理,不能刻意简化情境。

(2) 人员岗位分工明确,各岗位人员清楚自身职责与处理程序。

(3) 物资准备齐全,运用合理。

(4) 遵守规章制度,正确处理事件,同时灵活应对乘客。

(5) 表格填写规范具体,原因分析有理有据,预防改进措施合情合理。

实训所需物资和人员

(1) 物资:急救箱(包括棉签、消毒水、医用纱布、绷带、创可贴、止痛药等)、担架、相机、隔离带、警戒绳、扎带、防毒面具、灭火器、喊话器、对讲机、消火栓、荧光衣、应急照明灯、各种设备模拟道具、各种表格等。

(2) 人员：乘客若干，站务员3～5名，值班员2名，值班站长1名，安全员1～2名，安检人员2名，保安2名，行调1名，环调1名，司机2名，站长、副站长1～2名，地铁公安1～2名等(人员配备可根据各组场景需要自行安排)。

实训流程

(1) 给各组分配情境任务。

(2) 组内讨论情境细节、人员与职责、所需物资等。

(3) 情境模拟。

(4) 事故调查及预防。

(5) 自评与总结。

实训表格

(1) 乘客伤亡事件调查记录表(参看附表1)。

(2) 岗位与职责表(参看附表2)。

(3) 实训演练程序及步骤表(参看附表3)。

(4) 实训演练评估表(参看附表4)。

(5) 事故事件台账(参考附表5)。

实训演练示例

地下站火灾应急处理

1. 情境

某日高峰期，轨道交通L线，i站(地下站)发生火灾，火灾原因是一名男子故意纵火，该男子在站厅层厕所处，趁人不注意时打开新买的油泼洒在地面，迅速用打火机点燃，然后逃走。火势迅速向公共区蔓延，烟雾弥漫整个站厅，约150名乘客在车站被困，厅巡发现火情后，立即报告车控室，车站立即启动应急预案疏散乘客，值班员向行调报告，控制中心立即采取应急措施。线路、车站、在线列车情况见图3.3.1。

2. 处理流程

(1) 厅巡发现火情，立即报告车控室。

厅巡：“车控室，站厅层厕所处发生火情，火势很大，请求支援。”

值班员：“站厅厕所处发生火情，火势很大，收到。立即疏散周围乘客，并用灭火器灭火。”

(2) 厅巡立即疏散乘客，取来灭火器灭火，但是火势太大，无法扑灭。

(3) 值班员收到火情消息后立即向行调报告。

值班员：“i站值班员呼叫行调。”

行调1：“行调有，请讲。”

值班员：“i站站厅发生火灾，有大量浓烟，车站下行线停有003次列车，车站约

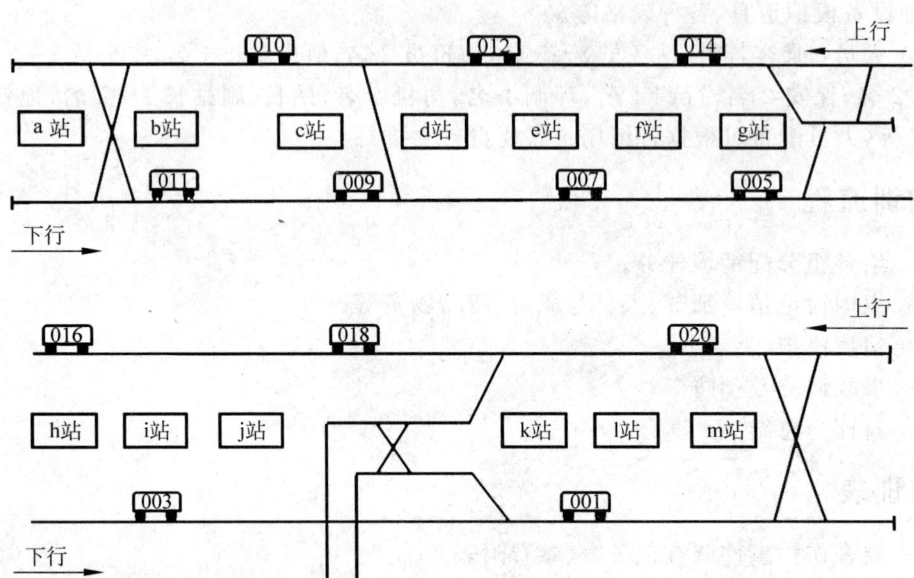

图 3.3.1 线路、车站、在线列车情况

150 人被困，情况危急！”

行调 1：“i 站站厅发生火灾，有大量浓烟，车站下行线停有 003 次列车，车站约 150 人被困，收到。你站疏散、救护乘客，拨打 119，做好灭火救援工作。”

(4) 行调 2 立即报告调度值班主任、环调、电调、设调。

行调 2：“值班主任/环调/电调/设调，i 站站厅发生火灾，有大量浓烟，车站下行线停有 003 次列车，车站约 150 人被困。”

(5) 值班主任向调度长报告，调度长启动车站发生火灾应急预案。

调度长：“全体调度员，i 站发生火灾，立即启动车站发生火灾应急预案，g 站下行 005 次列车清客准备折返，h 站至 j 站区段封锁。”

(6) 行调 1 向相关列车下达命令。

① 命令站上列车立即开车。

行调 1：“003 次列车司机，立即关门开车。”

② 扣停后续列车。

行调 1：“018 次列车 j 站上行扣车清客待命。005 次列车 g 站下行清客准备折返。”

③ 018/005 次列车司机按照行调指示清客，并播放广播做好乘客解释工作。

列车广播：“各位乘客请注意，由于 i 站发生紧急情况，现列车在本站终止服务，请所有乘客全部下车，给您带来的不便敬请谅解。”

④ 组织事故车站前方最后一次列车每站多停 30 秒，减小前方沿途车站滞留乘客压力。

行调 1：“016 次列车，各站多停 30 秒。”

⑤ 组织列车在具备条件的区段开行小交路。

a. 组织列车在 a～g 区段开行小交路。

b. 组织列车在 k～m 区段开行小交路。

(7) 行调 2 向相关车站下达命令。

① 行调 2:"i 站立即疏散乘客封站,并做好灭火救援工作。"

② l 站值班员:"立即疏散乘客封站,做好灭火救援工作,i 站收到。"

③ 行调 2:"h/j 站,疏散乘客封站,做好乘客解释工作。"

(8) i 站值班站长启动车站发生火灾应急预案,指挥车站工作人员疏散乘客,进行灭火救援工作。

① 值班站长:"车站所有工作人员,立即启动车站发生火灾应急预案,各岗位戴好防毒面具,疏散车站乘客,保安和安检立即用灭火器协助灭火,保洁到出口处张贴告示阻止乘客进站并负责引导 119 和 120 人员进站救援,其他岗位人员做好疏散引导工作。"

② 客运值班员(票务员):锁好票务室,到站厅疏散乘客,听从值班站长指挥。

③ 售票员:收好车票及票款,锁好票亭,打开边门,疏散车站乘客,听从值班站长指挥。

④ 厅巡:关停所有扶梯,引导乘客疏散,听从值班站长指挥。

⑤ 站台岗:疏散站台乘客,站台乘客疏散完毕后协助疏散站厅乘客,听从值班站长指挥。

(9) i 站值班员的操作如下。

① 立即报 119、110、120。

值班员:"119/110/120,这里是轨道交通 L 线 i 站,车站站厅发生火灾,火势很大,情况危急,请求支援,我的联系方式是 12345678。"

② 按压 IBP 盘上 AFC 闸机紧急释放按钮,打开全部进出闸机。

③ 利用广播引导乘客疏散。

广播员:"各位乘客请注意,因车站发生紧急情况,为确保安全,请您听从工作人员指引,有序离站,谢谢您的配合!"

④ 向有关领导和部门报告车站情况。

⑤ 与环调沟通车站 FAS、BAS 系统运作情况。

⑥ 通过 CCTV 观察车站情况,与值班站长、行调、环调、电调保持联系。

(10) 环调的操作如下。

① 立即报告线路值班主任。

② 启动"车站火灾"模式,根据现场情况开启车站的通风排烟系统。

③ 通过无线台派 FAS、BAS、环控、低压供电的机电人员立即到现场检查设备运作情况。

④ 把监控调到 i 站,确认车站火灾模式的运行情况,保持与 i 站值班员的联系。

(11) 集团×××领导到达现场,指挥现场应急处理工作。

(12) 消防人员到达现场进行灭火,值班员向环调报告。

(13) 电调与行调沟通,关停 i 站电源,开启 i 站的应急照明。

(14) 车站停电后,值班站长通知各岗位领取照明物资,并利用应急照明疏散乘客。

(15) h 站和 j 站疏散车站乘客,对受影响的乘客发放赠票,乘客要求退票或更新一卡通时，引导乘客可在7天之内到任意车站办理。

(16) 车站乘客疏散完毕后，客运值班员统计各出入口疏散人员数量并报给值班站长，值班站长确认乘客疏散完毕，进入车控室用广播通知工作人员离站，值班站长、保安、安检岗协助消防人员灭火。

值班站长广播："我是值班站长，请车站所有工作人员全部撤离车站。"

(17) i站值班站长协助消防人员的灭火救援工作，火被扑灭后清理车站现场，值班员报告环调。

i站值班员："报告环调，i站火灾已经扑灭。"

(18) 环调恢复i站FAS、BAS系统的正常状态，通知电调，恢复i站正常供电。

(19) 行调向环调确认车站设备环境情况后，向公司领导请求恢复正常运营，经公司领导同意后，行调向全线发布恢复正常运营命令。

任务四　城市轨道交通换乘站发生火灾的处理

- 掌握换乘站火灾的特点
- 掌握换乘站疏散的方法
- 掌握换乘站列车运行调整和人员疏散特点
- 掌握换乘站火灾应急处理要点
- 能根据特定情境制订应急处理方案

一、事件描述

换乘站是多条线路的汇集交叉点，它与普通单个车站相比，具有结构复杂、站台层多、埋地较深(地下换乘站)、疏散路径长、公共站厅人流交汇密集等特点。换乘站发生火灾时，应急处理工作难点如下。

(1) 人员混乱与滞留。换乘站线路多，人流交汇密集，当多条线路列车到达时，站内旅客更是骤增。旅客行为的特性(抄近路，对车站结构不熟悉，从众性)会导致疏散混乱，特别是在楼梯口、扶梯口和站厅出口处，乘客需要停下来确认方位与路径，造成混乱与滞留。另外，疏散路径长，容易造成踩踏伤亡，使疏散难度增加。

(2) 一条线路列车或车站发生火灾会影响多条线路的运营。换乘站一条线路的车站或站上的列车发生火灾，可能会蔓延到其他线路，影响其他线路的运营。即使火情和烟情不会蔓延到其他线路，其他线路需要到本站换乘的乘客也会受影响，所以其他线路的运营需要调整。另外，考虑到乘客的好奇心等，从保证乘客人身安全的角度出发，换乘站涉及的多条线路全部都要调整运营。

(3) 通风排烟模式的选择困难。换乘站内部结构复杂，烟气的扩散不易控制。不同地点发生火灾要采用不同的通风排烟模式，多条线路之间需要协调。

二、处理要点

根据换乘站火灾发生的特点，相应地，火灾应急处理可以从以下几个方面入手。

(1) 预案中确定清楚车站不同区域火灾时，各线站台乘客的疏散路径。

(2) 扑救报警。

(3) 人员疏散与伤员救护。

(4) 适时关闭防火卷帘门。

(5) 环控调度员执行相应的环控火灾工况模式。

(6) 站外警戒。

(7) 行车应急调整。

三、处理程序

(1) 车站员工发现火灾时，立即向车站值班员和值班站长报告。

(2) 值班站长发布启动应急预案命令，携带喊话器等疏散救援工具，赶赴事发现场组织工作人员疏散乘客。

(3) 车站值班员得到值班站长启动应急预案的命令后，采取以下措施。

① 立即报告相关部门和人员(行调、环调等)。

② 立即按压 AFC 紧急按钮，打开全部进、出站闸机。

③ 立即对车站所有区域(公共区、设备区等)进行广播，通知人员疏散。

④ 如果中央级无法操作，环控调度员下放站控后，由车站值班员在车站级操作，操作失败后在 IBP 盘上操作。

a. 若切除非消防电源失败，得到环控调度员命令后在 FAS 主机上手动操作切除非消防电源。

b. 通过 CCTV 观察车站情况，保持与行车调度员和环控调度员联系，随时报告处理进度。

c. 立即派车站人员到换乘通道的防火卷帘门处确认防火卷帘门状态或操作防火卷帘门。

d. 通过广播向乘客通报火灾情况，引导乘客有序疏散，稳定乘客情绪。

(4) 环控调度员接到报告后，采取以下措施。

① 立即通知邻线环调。

② 拟订处置方案交环控工程师审核，经总调同意后，开启相应的火灾工况模式。

③ 若发生中央级控制无法操作时，及时下放站控。

④ 确认火灾模式正确运行，随时与事故车站保持联系，及时掌握现场情况。

(5) 邻线环调操作如下，采取以下措施。

① 若邻线车站有烟气扩散到本线时，立即通知环控工程师，拟订处置方案交环控工程师审核，经总调同意后人工启动相应工况模式。

② 若邻线车站无烟扩散到本线，维持原有通风模式。

(6) 行调接到报告后，采取以下措施。

① 命令在站的上、下行列车立即开车。

② 拦停开往本站的上、下行列车；来不及拦停时，应呼叫列立即停车退回后方站；若后方站有车占用时，命令列车不停车通过本站。扣停后续列车。

③ 向全线发布运营受阻信息，在具备运行条件的区段，组织列车小交路运行，调整列车运行秩序。

(7) 本站列车司机接到行调通知后立即开车，用广播安抚乘客。

(8) 上下行开往本站的列车司机接到列车运行前方车站发生火灾的通知后，采取以下措施。

① 若在车站则立即按行调指示扣车，并做好乘客广播。

② 若在区间则立即将自动开门开关置于手动位置，按行调指示立即停车，退回后方站，若后方站有车，则不停车通过该车站。

③ 若是进站时发现车站火灾，应立即将自动开门开关置于手动位置，不开客室门模式动车驶离车站，并在动车后报行调。

(9) 值班站长赶到事发现场，组织各岗位人员执行预案，疏散乘客后参加灭火救援。

(10) 各岗位人员戴好防毒面具，做好自我保护，执行预案。岗位职责分配根据车站具体情况而定。

① 站台岗：迅速将站台乘客向站厅疏散，关停扶梯或将扶梯调到往站厅方向运行。

② 客运值班员：停止工作，锁好门，打开特殊通道门，迅速赶到站厅疏散乘客。

③ 售票员：立即停止售票，迅速锁好钱箱票款，锁闭票亭，在预定地点疏散乘客。

④ 厅巡员：将站厅扶梯关停或调到往站外方向运行。在预定地点疏散乘客。

⑤ 保安：一人到出口阻止乘客进站，迎候消防人员和急救人员并带到现场；另一人在站厅协助灭火。

⑥ 机动岗：到换乘通道确认防火卷帘门状态。当FAS系统不能联动防火卷帘门自动下降时，车站人员应手动操作降下防火卷帘门。若还有人员正在往相邻线逃生时，车站人员应手动操作防火卷帘门，使其保持半开状态，待逃生人员通过后，关闭卷帘门。

⑦ 安检岗：听从值班站长指挥，疏散乘客，乘客受伤时携带担架和急救箱进行救援。

(11) 值班站长利用对讲机了解疏散过程中的人员伤亡情况，安排人员利用担架和急救箱救助乘客。

(12) 车站全面停电后，按照停电应急处理预案进行处理。

(13) 值班站长利用对讲机对站台、站厅工作人员进行询问，确认伤者及乘客已撤离完毕后，进入车控室进行人工广播："我是值班站长，请车站所有工作人员全部撤离车站。"(重复两遍)听到广播后，各岗位工作人员迅速撤离，客运值班员统计各出口人员后报值班站长。

(14) 消防人员在保安的带领下到达现场，进行灭火救援，火灾扑灭后，车站工作人员配合消防部门和公安部门调查火灾原因。

(15) 车站值班员向相关部门和人员报告灭火救援与疏散情况。

(16) 恢复运营如下。

① 事故救援完毕后，工作人员对现场进行全面检查清理，拆除、回收、移送救援设备设施，清除障碍物，确认无伤亡人员遗留危及行车安全。

② 维修人员检测所有受损设备及所有运营设备设施，确认可恢复运转时，且确认现场已清除完毕，通知运营控制中心。

③ 运营控制中心确认具备开通条件后，立即通知有关人员按规定办理手续，由运营控制中心行车调度员发布调度命令开通线路，恢复正常运行。

④ 车站值班员得到恢复运营的通知后，按压 AFC 紧急按钮，恢复进出站闸机。确认车站烟已排尽后，退出火灾工况模式。

⑤ 车站其他人员回到自己的工作岗位，恢复日常工作。

四、事故调查分析

车站配合公安部门调查事故原因，并从设备、环境、人员等多方面仔细分析事故发生原因，分析车站存在的潜在危险，提出整改措施。填写事故调查报告。

五、事故预防

1. 防火排烟设备设施配置

(1) 按照国家消防规定，在事故易发场所配备防火、灭火消防设施设备。

(2) 在疏散通道口设置挡烟垂壁。在站厅两侧玻璃墙顶部设置排烟口。

(3) 在站台两侧和顶棚设置排烟窗。

(4) 在换乘通道配置防火卷帘门。

2. 防火检查

(1) 应急疏散标志、应急照明检查。

(2) FAS、BAS 系统检查。

(3) 灭火器、消火栓等消防设备设施数量及状态检查。

(4) 防火卷帘门状态检查。

(5) 车站用水用电有无违章情况检查。

(6) 加强乘客携带物品的安检(除安检岗要进行安检以外，厅巡和站台岗等所有工作人员都应随时留意乘客携带物品的安全性)。

(7) 加强巡视劝阻乘客的不安全行为(吸烟等行为)。

(8) 车站环境检查(有无漏水、潮湿、鼠害等情况)。

(9) 车站设备、线缆、电路的检查。

(10) 车站商铺用电、用水检查。

(11) 员工的消防知识与技能检查。

3. 安全教育与培训

(1) 员工消防设备使用培训。

(2) 员工用电用水安全培训。

(3) 员工危险物品识别培训。

(4) 员工火灾应急处理培训。

(5) 商铺消防安全知识培训。

(6) 制作海报、视频等对乘客进行安全宣传教育。

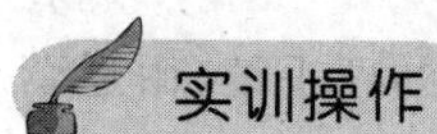

实训操作

实训目标

- 能使用车站消防设施
- 能进行 FAS 系统相关操作
- 能明确各岗位职责与处理流程
- 能在换乘站发生火灾时进行正确处理
- 能在火灾发生时保持冷静与清醒的头脑,沉着应对
- 具备爱岗敬业的素质,在火灾发生时坚守岗位,完成应急救援使命

实训要求

(1) 根据所分配的情境,合理设置细节,符合常理,不能刻意简化情境。

(2) 人员岗位分工明确,各岗位人员清楚自身职责与处理程序。

(3) 物资准备齐全,运用合理。

(4) 遵守规章制度,正确处理事件,同时灵活应对乘客。

(5) 表格填写规范具体,原因分析有理有据,预防改进措施合情合理。

实训所需物资和人员

(1) 物资:急救箱(包括棉签、消毒水、医用纱布、绷带、创可贴、止痛药等)、担架、相机、隔离带、警戒绳、扎带、防毒面具、灭火器、喊话器、对讲机、消火栓、荧光衣、应急照明灯及各种设备模拟道具。

(2) 人员:乘客若干,站务员 3～5 名,值班员 2 名,值班站长 1 名,安全员 1～2 名,安检人员 2 名,保安 2 名,行调 1 名,环调 1 名,司机 2 名,站长、副站长 1～2 名,地铁公安 1～2 名等(人员配备可根据各组场景需要自行安排)。

实训流程

(1) 给各组分配情境任务。

(2) 组内讨论情境细节、人员与职责、物资等。

(3) 情境模拟。

(4) 事故调查及预防。

(5) 自评与总结。

实训表格

(1) 乘客伤亡事件调查记录表(参看附表 1)。
(2) 岗位与职责表(参看附表 2)。
(3) 实训演练程序及步骤表(参看附表 3)。
(4) 实训演练评估表(参看附表 4)。
(5) 事故事件台账(参考附表 5)。

任务五　车站设备管理用房发生火灾的应急及安全管理

- 掌握设备管理用房火灾的特点
- 掌握设备管理用房火灾确认的方法
- 掌握设备管理用房火灾时启动气体灭火的方法
- 掌握设备管理用房火灾应急处理的要点
- 能根据特定情境制订处理方案

一、事件描述

车站设备管理用房有大量的电气设备，并且在非例行检查的时间段内常处于无人看管状态，一旦电气设备发生故障引发火灾，难以被发现，虽然有火灾报警系统，但是也会出现误报或者人为误判等情况。所以，车站人员应更加重视设备管理用房的消防问题。日常工作中应仔细检查设备管理用房的设备状态，当出现火灾报警时应严格按照程序确认火灾情况，做到早发现早处理。设备管理用房和车站公共区的不同在于房间内很少有人，房内有气体灭火系统，当确认火灾后应立即启动气体灭火，在火灾无法控制时及时向 119 请求救援。

典型案例

1987 年 11 月 21 日伦敦一地铁站发生严重火灾

1987 年 11 月 18 日，伦敦国王十字地铁站发生严重火灾，造成 32 人死亡，100 多人受伤。据报道这次火灾是由车站一自动扶梯下面的机房着火引起的，火势迅速蔓延，浓烟滚滚，乘客乱作一团。消防队员到场后，由于没有及时获得地铁通道分布图和氧气防护面罩，灭火工作一度受阻。部分消防队员不顾个人安危，迅速进入地铁车站抢救乘客，结果消防队员一人死亡，两人受伤。大火燃烧了 4 个小时之后才被扑灭。

案例来源：http://www.wst.net.cn/history/11.21/1987.htm.

二、处理要点

根据车站设备管理用房火灾发生的特点，其火灾应急处理要点如下。

(1) 接到火灾报警时立即到现场确认火灾情况。

(2) 确认火灾发生后立即启动气体灭火。

(3) 及时向行调报告，请求封站，行调做出行车调整。

(4) 及时向环调报告，确认灭火动作是否启动，环调开启相应的火灾工况模式。

(5) 车站组织好人员疏散和站外警戒，出现乘客伤亡时组织好急救工作。

(6) 火灾不能控制时立即向119请求救援，必要时向120请求救援。

三、处理程序

(1) 车站值班员接收到火警信息后，通知值班站长立即到现场确认。

(2) 值班站长接到车站值班员火警通知后，需做到：

① 立即携带相关房间钥匙、对讲机、探照灯等跑步到达现场确认。

② 到达现场后，先观察房门上的报警器是否报警，如果未报警，立即按压"紧急停止喷气"(以防系统误报导致喷气)，然后将气体灭火打到手动位，用手背轻贴门体金属部位探测房间温度，再用钥匙缓慢打开房间门，侧身观察房间内有无浓烟。

③ 确认发生火灾后，立即关闭房门，手动释放气体灭火，若气体灭火系统故障，立即到气瓶间进行机械操作，启动气体灭火。

④ 担任现场事故处理负责人，通知车站值班员启动车站设备房火灾应急处置程序。

(3) 车站值班员收到值班站长启动设备房火灾应急预案命令后，需做到：

① 立即报告行调和环调。

② 广播通知车站人员启动设备房火灾应急处置程序。

③ 按压IBP盘上AFC紧急释放按钮，打开全部进出站闸机。

④ 播放消防防灾广播，引导乘客疏散出站。

⑤ 与环调确认相应火灾模式是否已启动，若设备未动作，根据环调命令，站控操作执行相应的火灾工况模式，当综合监控站控操作模式执行失败时，操作车站IBP盘，按压BAS模块下对应模式按钮开启相关环控设备。

⑥ 按规定及时向相关部门报告。

⑦ 根据值班站长命令拨打120。

(4) 行调接到报告后，需做到：

① 命令在站的上、下行列车立即开车。

② 拦停开往本站的上、下行列车；来不及拦停时，应呼叫列车立即停车退回后方站；若后方站有车占用时，命令列车不停车通过本站。

③ 扣停后续列车。

④ 向全线发布运营受阻信息，在具备运行条件的区段，组织列车小交路运行，调整列车运行秩序。

(5) 环调接到报告后,需做到:

① 环控工程师审核处置方案,经总调批准同意后由环控调度员开启相应的火灾工况模式。

② 若中央级控制无法操作时,及时下放"站控"。

③ 通知车站值班员确认房间无人及关好门窗,启动气体灭火系统进行灭火,喷气完毕10分钟后,环控调度员先开启通风模式,再通知车站人员现场确认灭火情况。

④ 确认火灾模式正确运行。随时与事故车站保持联系,及时掌握现场情况。

⑤ 检查、监视通风情况并随时报告环控工程师和线路值班主任。

(6) 值班站长在火灾现场组织灭火救援与人员疏散。需拨打120时,通知车站值班员。火灾不可控时制时,通知车站值班员拨打119。车站其他人员的职责同车站其他公共区发生火灾时一致。

(7) 119消防队到达现场后,车站人员协助灭火。接到撤离通知后,车站人员撤离车站。

(8) 事后恢复操作如下。

① 事故救援完毕后,工作人员对现场进行全面检查清理,拆除、回收、移送救援设备设施,清除障碍物,确认无伤亡人员遗留危及行车安全。

② 维修人员检测所有受损设备及所有运营设备设施,确认可恢复运转时,且确认现场已清除完毕,通知运营控制中心。

③ 运营控制中心确认具备开通条件后,立即通知有关人员按规定办理手续,由运营控制中心行车调度员发布调度命令开通线路,恢复正常运行。

④ 车站值班员得到恢复运营的通知后,按压AFC紧急按钮,恢复进出站闸机。确认车站烟已排尽后,退出火灾工况模式。

⑤ 车站其他人员回到自己的工作岗位,恢复日常工作。

四、事故调查分析

车站配合公安部门调查事故原因,并从设备、环境、人员等多方面仔细分析事故发生原因,分析车站存在的潜在危险,提出整改措施。填写事故调查报告。

五、事故预防

1. 防火排烟设备设施配置

(1) 在设备房设置气体灭火系统。

(2) 在疏散通道口设置挡烟垂壁。在站厅两侧玻璃墙顶部设置排烟口。

(3) 在关键位置设置防火卷帘门。

2. 防火检查

(1) 应急疏散标志、应急照明检查。

(2) FAS、BAS系统检查。

(3) 灭火器、消火栓等消防设备设施数量及状态检查。

(4) 防火卷帘门状态检查。

(5) 防火门状态检查。

3. 其他检查

(1) 车站用水用电有无违章情况检查。

(2) 加强乘客携带物品的安检(除安检岗要进行安检以外,厅巡和站台岗等所有工作人员都应随时留意乘客携带物品的安全性)。

(3) 加强巡视劝阻乘客的不安全行为(吸烟等行为)。

(4) 车站环境检查(有无漏水、潮湿、鼠害等情况)。

(5) 车站设备、线缆、电路的检查。

(6) 车站商铺用电、用水检查。

(7) 员工的消防知识与技能检查。

4. 安全教育与培训

(1) 员工消防设备使用培训。

(2) 员工用电用水安全培训。

(3) 员工危险物品识别培训。

(4) 员工火灾应急处理培训。

(5) 商铺消防安全知识培训。

(6) 制作海报、视频等对乘客进行安全宣传教育。

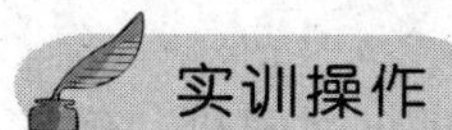

实训目标

- 能对火灾报警进行确认
- 确认火灾后能迅速开启气体灭火
- 能明确各岗位职责与处理流程
- 能在换乘站发生火灾时进行正确处理
- 能在火灾发生时保持冷静与清醒的头脑,沉着应对
- 具备爱岗敬业的素质,在火灾发生时坚守岗位,完成应急救援使命

实训要求

(1) 根据所分配的情境,合理设置细节,符合常理,不能刻意简化情境。

(2) 人员岗位分工明确,各岗位人员清楚自身职责与处理程序。

(3) 物资准备齐全,运用合理。

(4) 遵守规章制度,正确处理事件,同时灵活应对乘客。

(5) 表格填写规范具体,原因分析有理有据,预防改进措施合情合理。

实训所需物资和人员

(1) 物资：急救箱(包括棉签、消毒水、医用纱布、绷带、创可贴、止痛药等)、担架、相机、隔离带、警戒绳、扎带、防毒面具、灭火器、喊话器、对讲机、消火栓、荧光衣、应急照明灯及各种设备模拟道具等。

(2) 人员：乘客若干，站务员 3～5 名，值班员 2 名，值班站长 1 名，安全员 1～2 名，安检人员 2 名，保安 2 名，行调 1 名，环调 1 名，司机 2 名，站长、副站长 1～2 名，地铁公安 1～2 名等(人员配备可根据各组场景需要自行安排)。

实训流程

(1) 给各组分配情境任务。

(2) 组内讨论情境细节、人员与职责、物资等。

(3) 情境模拟。

(4) 事故调查及预防。

(5) 自评与总结。

实训表格

(1) 乘客伤亡事件调查记录表(参看附表 1)。

(2) 岗位与职责表(参看附表 2)。

(3) 实训演练程序及步骤表(参看附表 3)。

(4) 实训演练评估表(参看附表 4)。

(5) 事故事件台账(参考附表 5)。

实训演练示例

车站设备管理用房火灾应急处理

1. 情境

在客流高峰期，轨道交通 L 线 i 站发生火灾。车站上行线停有 003 次列车，大量乘客正准备上车，此时××房因电气故障引发火灾，并迅速向公共区蔓延，烟雾弥漫整个站厅，约 200 名乘客在车站被困。此时车控室 FAS 发出火灾报警，值班站长立即前去确认火灾情况，值班员向行调报告火情，车站启动应急预案。L 线线路、车站及在线列车情况见图 3.5.1。

2. 实训任务

请以小组为单位，根据此情境编制应急处理方案，明确各岗位职责与处理流程，落实所需物资，进行情境模拟演练并总结。

3. 处理流程

(1) 车控室 FAS 发出报警信号后，值班员通知值班站长去××房查看火灾情况。

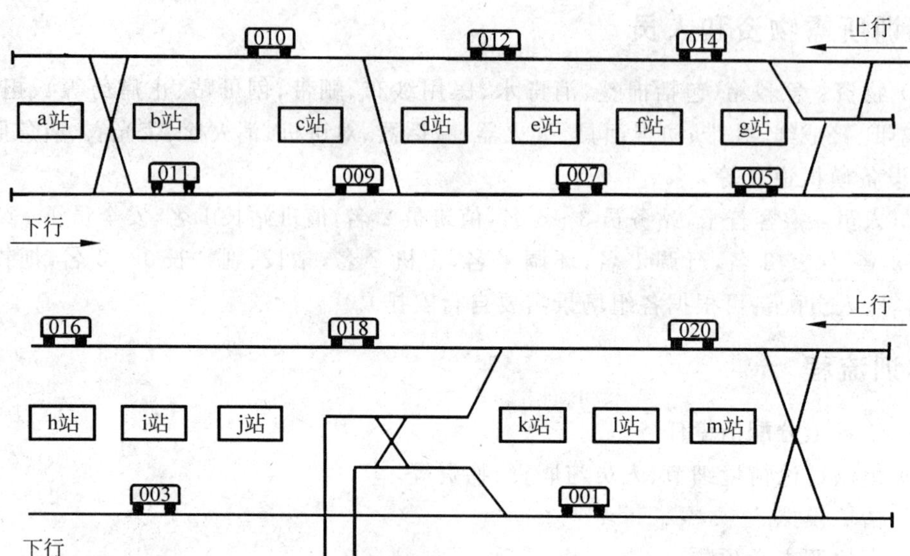

图 3.5.1 L 线线路、车站及在线列车情况

值班员："值班站长，××房发出火灾报警信号，请速去查看。"

(2) 值班站长携带房间钥匙、对讲机、探照灯等跑步到达现场确认。先用手臂轻贴门体金属部位，确认室内温度情况，再用钥匙缓慢打开房间门，用探照灯照射，侧身观察房间内有浓烟并且没有人员，于是立即手动释放气体灭火，并通知值班员。

值班站长："车控室，我是值班站长，××房发生火灾，火势很大，立即启动设备管理用房火灾应急预案。"

值班员："收到。"

(3) 值班员收到火情消息后立即向行调报告。

值班员："i 站值班员呼叫行调。"

行调 1："行调有，请讲。"

值班员："i 站××房发生火灾，有大量浓烟，车站下行线停有 003 次列车，车站约 200 人被困，情况危急！"

行调 1："i 站××房发生火灾，有大量浓烟，车站下行线停有 003 次列车，车站约 200 人被困，收到。你站疏散、救护乘客，拨打 119，做好灭火救援工作。"

(4) 行调 2 立即报告调度值班主任、环调、电调、设调。

行调 2："值班主任/环调/电调/设调，i 站××房发生火灾，有大量浓烟，车站下行线停有 003 次列车，车站约 200 人被困。"

(5) 值班主任向调度长报告，调度长启动火灾应急预案。

调度长："全体调度员，i 站发生火灾，立即启动车站发生火灾应急预案，g 站下行 005 次列车清客准备折返，h 站至 j 站区段封锁。"

(6) 行调 1 向相关列车下达命令。

① 命令站上列车立即开车。

行调1："003次列车司机，立即关门开车。"

② 扣停后续列车。

行调1："018次列车j站上行扣车清客待命。005次列车g站下行清客准备折返。"

③ 018/005次列车司机按照行调指示清客，并播放广播做好乘客解释工作。

列车广播："各位乘客请注意，由于i站发生紧急情况，现列车在本站终止服务，请所有乘客全部下车，给您带来的不便敬请谅解。"

④ 组织事故车站前方最后一次列车每站多停30秒，减小前方沿途车站滞留乘客压力。

行调1："016次列车，各站多停30秒。"

⑤ 组织列车在具备条件的区段开行小交路：组织列车在a～g区段开行小交路；组织列车在k～m区段开行小交路。

(7) 行调2向相关车站下达命令。

行调2："i站立即疏散乘客封站，并做好灭火救援工作。"

i站值班员："立即疏散乘客封站，做好灭火救援工作，i站收到。"

行调2："h/j站，疏散乘客封站，做好乘客解释工作。"

(8) i站值班站长启动"车站设备管理用房发生火灾应急预案"，指挥车站工作人员疏散乘客，进行灭火救援工作。

① 值班站长："车站所有工作人员，××房发生火灾，立即启动车站设备管理用房发生火灾应急预案，各岗位戴好防毒面具，疏散车站乘客，保安到出口处张贴告示阻止乘客进站并负责引导119和120人员进站救援，其他岗位人员做好疏散引导工作。"

② 客运值班员(票务员)：锁好票务室，到站厅疏散乘客，听从值班站长指挥。

③ 售票员：停止售票，收好车票及票款，锁好票亭，打开边门，疏散车站乘客，听从值班站长指挥。

④ 厅巡：关停所有扶梯，引导乘客疏散，听从值班站长指挥。

⑤ 站台岗：疏散站台乘客，站台乘客疏散完毕后协助疏散站厅乘客，听从值班站长指挥。

⑥ 安检岗：停止安检，疏散乘客，听从值班站长指挥。

(9) i站值班员的操作如下。

① 立即报119、110、120。

值班员："119/110/120，这里是轨道交通L线i站，车站发生火灾，火势很大，情况危急，请求支援，我的联系方式是12345678。"

② 按压IBP盘上AFC闸机紧急释放按钮，打开全部进出闸机。

③ 利用广播引导乘客疏散。

广播员："各位乘客请注意，因车站发生紧急情况，为确保安全，请您听从工作人员指引，有序离站，谢谢您的配合！"

④ 向有关领导和部门报告车站情况。

⑤ 与环调沟通车站FAS、BAS系统运作情况。

⑥ 通过CCTV观察车站情况，与值班站长、行调、环调、电调保持联系。

(10) 集团×××领导到达现场,指挥现场应急处理工作。

(11) 消防人员到达现场进行灭火,值班员向环调报告,值班站长协助消防人员灭火。

(12) 电调与行调沟通,关闭i站电源,开启i站的应急照明。

(13) 车站停电后,值班站长通知各岗位领取照明物资,并利用应急照明疏散乘客。

(14) 环调的操作。

① 立即报告线路值班主任。

② 启动"车站火灾"模式,根据现场情况开启车站的通风排烟系统。

③ 通知车站确认相应房间无人且门窗关好后,开启气体灭火。

环调:"i站值班员,确认××房无人且门窗关好后,开启气体灭火。"

值班员:"i站已确认××房无人且门窗关好,已开启气体灭火。"

④ 开启气体灭火10分钟后,开启通风模式,通知车站人员确认现场火灾情况。

环调:"i站值班员,××房已开启通风,请派人前往现场确认火情。"

i站值班员:"收到。"

⑤ 把监控调到i站,确认车站火灾模式的运行情况,保持与i站值班员的联系。

(15) 值班员通知值班站长前往××房再次确认火情。

值班员:"值班站长,环调已开启××房通风,请再次确认××房火情。"

(16) 值班站长同消防人员一起,再次小心打开××房门,经消防人员检查确认,××房火灾已被扑灭,即通知值班员报告环调。

值班站长:"车控室,经消防人员确认,××房火灾已被扑灭,立即报告环调。"

(17) 值班员报告环调火灾扑灭后,环调用无线台通知维修人员前往现场确认设备情况,维修人员对××房设备进行维修,然后检查车站所有设备,确认设备状态正常后报告环调,环调恢复i站FAS、BAS系统的正常状态,并通知电调恢复i站正常供电。

(18) 客运值班员统计各出入口疏散人员数量及人员伤亡情况并报给值班站长。

(19) i站清理好现场后,行车值班员报告行调,向行调请求恢复正常运营。

i站值班员:"报告环调,i站火灾已经扑灭,现场已清理完毕,各设备状态正常,请求恢复正常运营。"

(20) 行调向环调确认车站设备环境情况后,向公司领导请求恢复正常运营,经公司领导同意后,行调向全线发布恢复正常运营命令。

任务六　城市轨道交通列车在车站发生火灾的处理

- 掌握列车在车站发生火灾的特点
- 掌握列车在车站发生火灾疏散的方法
- 掌握列车在车站发生火灾时列车运行调整和人员疏散的特点
- 掌握列车在车站发生火灾时的应急处理要点

● 能根据特定情境制订处理方案

一、事件描述

列车是城市轨道交通系统中最容易发生火灾的场所。城市轨道交通列车是靠电来提供动力的。为此,轨道旁要配置接触网或接触轨等高压电设施,列车的车体和车底部也有很多的电路线缆。如果这些电气设施、设备发生故障,或是车上乘客留有未熄灭的烟头,都非常容易导致列车发生火灾。

列车可能在任何时候任何地点发生火灾,在不同的系统、不同的地点发生火灾时其处理方式也不同。列车发生火灾我们应分以下几种情况来进行处理。

(1) 地铁(单轨)列车在车站发生火灾。

(2) 地铁(单轨)列车在高架区间发生火灾。

① 列车在高架区间发生火灾,尚未全部出站。

② 列车在高架区间发生火灾,全列车已经出站,能继续运行。

③ 列车在高架区间发生火灾,全列车已经出站,不能继续运行。

(3) 地铁(单轨)列车在隧道区间发生火灾。

本节内容主要讲列车在车站发生火灾的处理,车站的处理工作同车站发生火灾时的处理基本一致,差别只在于司机和行调的处理稍有不同。

典型案例

2003 年 2 月 18 日韩国大邱地铁火灾

2003 年 2 月 18 日,韩国大邱市地铁中央路站发生一起重大火灾,造成 135 人死亡,137 人受伤,318 人失踪。火灾是由一个精神病人人为纵火引起的。

事发当时已经过了上班高峰期,1079 次地铁列车在市中心的中央路车站停住,该列车是一列 6 节编组的列车,载有大约 400 名乘客。第三节车厢里一名男子突然从黑色的手提包里取出一个装满易燃物的绿色塑料罐,并拿出打火机试图点燃。车内的几名乘客立即上前阻止却没成功,该男子把塑料罐内的易燃物洒到座椅上,点着火并跑出了车站。

火灾发生后,车站的电力系统立刻自动断电,站内一片漆黑,列车门因断电无法打开。车内没有自动灭火装置。大火正在燃烧时,对向驶来一趟 6 节编组的列车,也因停电而无法运行被蔓延的烈火包围,两列车的 12 节车厢全被燃烧起来。

慌乱中,许多乘客因浓烟窒息而死。浓烟不仅从地铁出口向地面上的街道扩散,而且顺着通风管道蔓延至地下商场。200 多家商店纷纷关门。当地警方、消防部门在两分钟内接到了火警警报,迅速调集 1500 多名人员和数十辆消防车前往救援。军队也加入救援队伍。一时间,大邱市中心区警笛声响成一片,警察封锁了通往现场的所有路口。许多市民闻讯后赶到现场,寻找自己亲属。事故现场周围哭声不断,交通陷入瘫痪。

案例来源:http://baike.baidu.com/link?url=jY_ng2rx-KwP5oeplLUdmBZcdHwtQLzcg_oLj7z0mmIIcDrscygg1_QznbWBrV6y-jPmn6xfABwNrrOmHH-Xa.

广州地铁5号线火灾

2011年1月10日地铁5号线列车车厢起火。地铁五号线开往滘口方向的一趟列车行驶至广州火车站时，列车中部出现火情，当时车上乘客迅速报警。列车司机当时立即停车紧急处理，地铁公司派人上车救火并迅速疏散乘客。9分钟后，列车上的火被扑灭，乘客也已安全疏散。与此同时，起火的列车车厢清理完毕，5号线恢复营运。

案例来源：http://news.sohu.com/20110111/n278794159.shtml.

二、处理要点

列车在车站发生火灾的处理要点如下。

(1) 司机向行调报告，立即打开车门，降下受电弓，利用广播组织乘客疏散。如果车门无法自动打开时，司机手动打开。

(2) 值班员向行调、环调、119、120、110等报告，如果屏蔽门无法自动打开时，值班员在IBP盘上操作打开。

(3) 值班站长组织车站人员进行灭火救援和疏散封站工作。

(4) 行调组织行车调整。

(5) 环调启动相应的火灾工况模式。

三、处理程序

(1) 司机发现列车在车站发生火灾，立即向行车调度员报告。

(2) 车站值班员发现列车在车站发生火灾，采取以下措施。

① 立即向行车调度员和环控调度员报告。

② 立即报告值班站长，做好站台紧急疏散和灭火准备。

③ 立即按压AFC紧急按钮，打开全部进、出站闸机。

④ 立即对车站所有区域(公共区、设备区等)进行广播，通知人员疏散。

⑤ 如果中央级无法操作，环控调度员下放站控后，由车站值班员在车站级操作，操作失败后在IBP盘上操作。

⑥ 若联动切除非消防电源失败，得到环控调度员命令后在FAS主机上手动操作切除非消防电源。

⑦ 通过CCTV观察车站情况，保持与行车调度员和环控调度员联系，随时报告处理进度。

⑧ 列车发生爆炸或火势较大，造成列车门无法打开，由司机手动打开列车门疏散乘客。车站值班员通过IBP盘打开站台门进行乘客疏散。

(3) 行车调度员接报告后，采取以下措施。

① 向上级报告。

② 命令列车将要到达的车站，提前封站、疏散乘客。

③ 命令在站的另一方向列车立即开车。

④ 拦停开往本站的上、下行列车；来不及拦停时，应呼叫列车立即停车退回后方站；若后方站有车占用时，命令列车不停车通过本站。

⑤ 扣停后续列车。

⑥ 向全线发布运营受阻信息，在具备运行条件的区段，组织列车小交路运行，调整列车运行秩序。

(4) 火灾列车司机的操作。

① 立即打开车门和站台门紧急疏散乘客并降下受电弓。

② 用列车广播组织乘客疏散。

③ 列车发生爆炸或火势较大造成列车门无法自动打开，由司机手动打开列车门疏散乘客。

(5) 上下行开往本站的列车司机接到列车运行前方车站发生火灾的通知后，采取以下措施。

① 若在车站则立即按行调指示扣车，并做好乘客广播。

② 若在区间则立即将自动开门开关置于手动位置，按行调指示立即停车，退回后方站，若后方站有车，则不停车通过该车站(火灾列车另一方向列车)。

③ 若是进站时发现车站火灾，应立即将自动开门开关置于手动位置，不开客室门模式动车驶离车站，并在动车后报行调(火灾列车另一方向列车)。

(6) 环调的操作。

① 向行车调度员了解确定列车停靠站及上、下行线。

② 环控工程师审核处置方案，经总调批准同意后由环控调度员开启相应的火灾工况模式。

③ 若发生中央级控制无法操作时，及时向下放“站控”。

④ 确认火灾模式正确运行。随时与事故车站保持联系，及时掌握现场情况。

⑤ 检查、监视通风情况并随时报告环控工程师和线路值班主任。

(7) 值班站长立即组织车站人员组织灭火救援与人员疏散，具体操作同车站发生火灾时的操作。

四、事故调查分析

通知机电维修部门检查列车等设备，查找设备故障原因；从监控视频了解火灾发生的现场情况，车站人员也应拍照留证。从设备和人员等各方面逐一排查事故发生的原因，配合公安部门的调查，填写事故调查报告。

五、事故预防

(1) 加强列车上路前的检查。

(2) 制作海报和视频等加强乘客消防安全宣传教育。

(3) 加大员工应急处理培训和演练力度。

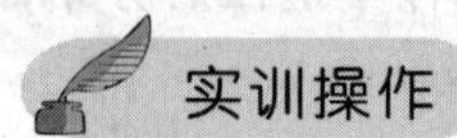

实训操作

实训目标

- 能进行司机岗位和值班员岗位的事故报告
- 能进行 FAS 系统相关操作
- 能进行列车的开/关门、播放广播、列车通风排烟操作
- 能在列车发生火灾时进行正确处理
- 能在火灾发生时保持冷静与清醒的头脑，沉着应对
- 具备爱岗敬业的素质，在火灾发生时坚守岗位，完成应急救援使命

实训要求

(1) 根据所分配的情境，合理设置细节，符合常理，不能刻意简化情境。

(2) 人员岗位分工明确，各岗位人员清楚自身职责与处理程序。

(3) 物资准备齐全，运用合理。

(4) 遵守规章制度，正确处理事件，同时灵活应对乘客。

(5) 表格填写规范具体，原因分析有理有据，预防改进措施合情合理。

实训所需物资和人员

(1) 物资：急救箱(包括棉签、消毒水、医用纱布、绷带、创可贴、止痛药等)、担架、相机、隔离带、警戒绳、扎带、防毒面具、灭火器、喊话器、对讲机、消火栓、荧光衣、应急照明灯、各种设备模拟道具等。

(2) 人员：乘客若干，站务员 3～5 名，值班员 2 名，值班站长 1 名，安全员 1～2 名，安检人员 2 名，保安 2 名，行调 1 名，环调 1 名，司机 2 名，站长、副站长 1～2 名，地铁公安 1～2 名等(人员配备可根据各组场景需要自行安排)。

实训流程

(1) 给各组分配情境任务。

(2) 组内讨论情境细节、人员与职责、物资等。

(3) 情境模拟。

(4) 事故调查及预防。

(5) 自评与总结。

实训表格

(1) 乘客伤亡事件调查记录表(参看附表 1)。

(2) 岗位与职责表(参看附表 2)。

(3) 实训演练程序及步骤表(参看附表 3)。

(4) 实训演练评估表(参看附表 4)。

(5) 事故事件台账(参考附表 5)。

任务七　列车在高架区间发生火灾的应急及安全管理

学习目标

- 掌握列车在高架区间发生火灾的特点
- 掌握列车在高架区间发生火灾疏散的方法
- 掌握列车在高架区间发生火灾时列车运行调整和人员疏散的特点
- 掌握列车在高架区间发生火灾时的应急处理要点
- 能根据特定的情境制订处理方案

知识准备

一、事件描述

列车在高架区间发生火灾时的处理相对于在站上发生火灾时的处理主要有两个难点：一是高架区间乘客疏散难度大，在慌乱的情境中，乘客由于恐惧心理的作用容易发生坠落身亡的危险；二是区间灭火救援难度大，区间的灭火设施不如车站完善，消防救援也不易到达事发现场。所以，列车在高架区间发生火灾时，应尽量转移到车站，在车站进行乘客疏散与灭火救援。

典型案例

重庆轨道 3 号线列车一车厢内发生爆炸引起小面积起火

2014 年 2 月 18 日傍晚 18 时许，重庆轨道 3 号线一列车在牛角沱开往两路口区间发生爆炸引起小面积起火，爆炸原因是一名乘客携带的充电宝爆炸，该乘客受到惊吓立即将装有充电宝的包丢出，包燃烧起来，车厢内 3 名男乘客迅速用车厢内的灭火器将火扑灭，此次事故没有造成人员伤亡或其他损失，事后重庆轨道给灭火救援的 3 名乘客颁发了荣誉证书，授予 3 名乘客免费乘车一年的奖励。

二、处理要点

列车在高架区间发生火灾的处理要点如下。

(1) 列车尚未全部出站时，列车退回车站，按列车在站台发生火灾的情况处理。

(2) 列车全部出站能继续运行时，运行至前方站，按列车在站台发生火灾的情况处理。

(3) 列车全部出站不能继续运行时，针对不同系统的列车，进行不同的操作。

① 地铁系统列车：司机立即停车，打开列车紧急通风，组织乘客利用车内灭火器灭火。报告行调情况，区间断电后打开车门，组织乘客往就近车站方向疏散。就近车站值班站长组织人员提前到站台手动打开安全门，准备好灭火和人员疏散。

② 单轨系统列车：司机把列车停在离地面较近的地方，打开紧急通风，打开楣窗排烟，引导乘客利用车内灭火器灭火。行调组织其他列车进行横向或纵向救援。如果接触网断电不能进行横向或纵向救援时，组织乘客等待消防救援或就近车站人员赶往现场搭建梯子疏散救援。如果火势蔓延危及乘客安全时，司机向行调报告火情，得到行调同意后，打开车门利用缓降绳将乘客疏散到检修通道，或打开司机室紧急疏散门，将乘客疏散到轨道梁上逃生。前方站应组织人员提前到站台手动打开安全门，做好乘客疏散与封站工作。

三、处理程序

列车在高架区间发生火灾的处理程序。

(1) 列车尚未全部出站时，列车退回车站，按列车在站台发生火灾的情况处理。

(2) 列车全部出站能继续运行时，运行至前方站，按列车在站台发生火灾的情况处理(继续运行时司机注意用广播安抚乘客，引导乘客用车内灭火器灭火，做好车内通风和排烟。行调注意通知前方车站提前组织乘客疏散与封站，车站人员提前到站台打开安全门，准备好灭火工具以便列车进站进行灭火)。

(3) 列车全部出站不能继续运行时的处理程序(地铁系统)。

① 司机发现列车发生火灾后，不能继续运行。

a. 报告行车调度员列车停车位置，请求救援。

b. 若火势蔓延，严重危及乘客安全，得到行车调度员疏散乘客的通知后，打开列车全部车门快速疏散乘客。

c. 根据行车调度员命令降弓，且主控钥匙处于激活状态。

② 行调接到报告后，进行以下操作。

a. 立即报告线路值班主任、环控调度员，通知相关专业部生产调度室。

b. 向两端车站发布封锁区间的调度命令，防止列车进入该区间，已经进入的后续列车应退行至区间外。

c. 与着火列车司机共同确定乘客疏散方向后，命令司机就地疏散乘客。

d. 对列车所在供电区段的上、下行线接触网紧急停电。

e. 通知就近车站立即封站，疏散车站乘客，派出救援人员，携带工具到区间接应下车乘客。

f. 向全线发布运营受阻信息，在具备运行条件的区段，组织列车小交路运行，调整列车运行秩序。

③ 对于电调，应根据行车调度员的口头命令，对列车所在供电区段的上、下行线接触网紧急停电。

④ 对于环调，应进行以下操作。

a. 立即向上级报告列车发生火灾。

b. 通知客运公司机电部生产调度室安排人员到乘客疏散方向的车站。

c. 根据线路值班主任确认的乘客疏散方向，启动相应的排烟送风模式。

d. 监视通风情况。

e. 若中央控制失败或显示异常情况时，及时向车站值班员下放车站控制。

f. 若“站控”、IBP 盘操作失败，通知客运公司机电部现场人员开启环控相应排烟模式。

⑤ 值班站长启动应急预案，组织人员到区间火灾位置疏散乘客和灭火，车站其他人员的职责同车站发生火灾时的相应人员职责。

⑥ 事后恢复后，行调做以下工作。

a. 根据公司应急处理领导小组的通知，做恢复运营的准备工作，通知各相关专业部门检查设备状况。

b. 具备行车条件后通知全线恢复列车运营，调整列车运行秩序。

c. 向电力调度员下达恢复列车所在供电区段上、下行接触网送电的书面命令。

d. 组织救援列车到区间实施纵向连挂救援，将故障列车救援运行到就近的故障车停留线。

(4) 列车全部出站不能继续运行时的处理程序(单轨系统)。

① 司机发现列车发生火灾后，不能继续运行，要进行以下操作。

a. 将列车停在距离地面较近的平直线路，报告行车调度员列车停车位置，请求救援。

b. 安抚乘客，组织乘客利用车内灭火器扑灭火灾，引导乘客疏散到没有着火的车厢，打开车厢楣窗排烟，保持空调处于紧急通风状态。

c. 若接触网失电，不能采用其他列车横向或纵向疏散救援时，等待消防地面救援或车站救援人员赶赴现场搭建梯子疏散救援。

d. 若火势不能控制且有蔓延趋势，已经危及乘客的生命安全时，司机向行车调度员报告火势情况，在接触网停电后，根据行车调度员命令打开车门利用缓降绳将乘客疏散至检修通道，或打开司机室紧急疏散门，将乘客疏散到轨道梁上逃生。

② 对于行调，要根据不同情况进行以下操作。

a. 立即报告线路值班主任、环控调度员，通知相关专业部门生产调度室。

b. 组织其他列车进行横向或纵向疏散救援。

c. 若接触网失电，不能采用其他列车横向或纵向疏散救援时，指示司机等待消防地面救援或车站救援人员搭建梯子疏散救援。

d. 列车不能继续运行时，且火势蔓延，已经危及乘客生命安全，得到司机就地疏散的请求，报经集团公司分管领导批准后，对列车所在供电区段的上、下行线接触网紧急停电，指示司机打开车门利用缓降绳将乘客疏散至检修通道，或打开司机室紧急疏散门，将乘客疏散到轨道梁上逃生。

e. 通知就近车站立即封站，疏散车站乘客，派出救援人员，携带工具到区间疏散乘客。

f. 向全线发布运营受阻信息，在具备运行条件的区段，组织列车小交路运行，调整列车运行秩序。

③ 对于电调,要做到以下两点。

a. 列车横向或纵向疏散救援时,尽可能维持接触网供电。

b. 实施垂直救援和打开头、尾部列车司机室紧急疏散门,将乘客疏散到轨道梁上逃生时,按照行车调度员的口头命令对接触网紧急停电。

④ 对于环调,要采取以下措施。

a. 立即向上级报告列车发生火灾。

b. 通知客运公司机电部生产调度室安排人员到乘客疏散方向的车站。

c. 根据线路值班主任确认的乘客疏散方向,启动相应的排烟送风模式。

d. 监视通风情况。

e. 若中央控制失败或显示异常情况时,及时向车站值班员下放车站控制。

f. 若"站控"、IBP 盘操作失败,通知客运公司机电部现场人员开启环控相应排烟模式。

⑤ 车站值班站长启动应急预案,组织乘客疏散与封站工作。带领员工和工具到事故现场灭火,必要时安排人员搭建梯子疏散乘客。车站其他人员职责同车站发生火灾时的相应人员职责。

⑥ 事后恢复后,行调做以下工作。

a. 根据公司应急处理领导小组的通知,做恢复运营的准备工作,通知各相关专业部检查设备状况。具备行车条件后通知全线恢复列车运营,调整列车运行秩序。

b. 向电力调度员下达恢复列车所在供电区段上、下行接触网送电的书面命令。

c. 组织救援列车到区间实施纵向连挂救援,将故障列车救援运行到就近的故障车停留线。

四、事故调查分析

通知机电维修部门检查列车等设备,查找设备故障原因;从监控视频了解火灾发生的现场情况,车站人员也应拍照留证。从设备和人员等各方面逐一排查事故发生的原因,配合公安部门的调查,填写事故调查报告。

五、事故预防

(1) 加强列车上路前的检查。

(2) 制作海报和视频等加强乘客消防安全宣传教育。

(3) 加大员工应急处理培训和演练力度。

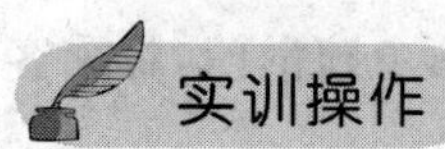

实训操作

实训目标

- 能进行司机岗位和值班员岗位的事故报告
- 能进行列车的开/关门操作,播放广播操作,列车通风排烟操作

- 能在列车发生火灾时进行正确处理
- 能在火灾发生时保持冷静与清醒的头脑，沉着应对
- 具备爱岗敬业的素质，在火灾发生时坚守岗位，完成应急救援使命

实训要求

(1) 根据所分配的情境，合理设置细节，符合常理，不能刻意简化情境。
(2) 人员岗位分工明确，各岗位人员清楚自身职责与处理程序。
(3) 物资准备齐全，运用合理。
(4) 遵守规章制度，正确处理事件，同时灵活应对乘客。
(5) 表格填写规范具体，原因分析有理有据，预防改进措施合情合理。

实训所需物资和人员

(1) 物资：急救箱(包括棉签、消毒水、医用纱布、绷带、创可贴、止痛药等)、担架、相机、隔离带、警戒绳、扎带、防毒面具、灭火器、喊话器、对讲机、消火栓、荧光衣、应急照明灯、各种设备模拟道具等。

(2) 人员：乘客若干，站务员 3～5 名，值班员 2 名，值班站长 1 名，安全员 1～2 名，安检人员 2 名，保安 2 名，行调 1 名，环调 1 名，电调 1 名，司机 2 名，站长、副站长 1～2 名，地铁公安 1～2 名等(人员配备可根据各组场景需要自行安排)。

实训流程

(1) 给各组分配情境任务。
(2) 组内讨论情境细节、人员与职责、物资等。
(3) 情境模拟。
(4) 事故调查及预防。
(5) 自评与总结。

实训表格

(1) 乘客伤亡事件调查记录表(参看附表 1)。
(2) 岗位与职责表(参看附表 2)。
(3) 实训演练程序及步骤表(参看附表 3)。
(4) 实训演练评估表(参看附表 4)。
(5) 事故事件台账(参考附表 5)。

实训任务

以小组为单位，根据此实训操作示例资料编制应急处理方案，明确各岗位职责与处理流程，落实所需物资，进行情境模拟演练并总结。

实训操作示例

单轨系统列车在高架区间发生火灾的应急处理

1. 情境

某日平峰期，轨道交通 P 线，018 次列车在 k 站往 j 站上行区间开出 200 米处发生火灾，火灾原因是一名男子故意纵火。该男子本是一水泥厂工人，因为长期在恶劣环境中工作患上尘肺，找单位申报职业病不成，对社会产生了愤恨决定报复社会，考虑到地铁安检不检身体，于是在身上偷偷藏了两瓶汽油，在列车上纵火。起火车厢为第六节车厢，乘客向司机报警，司机通过 CCTV 确认 6 号车厢情况，先安抚乘客然后向行调报告。由于火势很大，引起列车电路故障，列车失去动力被迫停在高架区间。P 线线路、车站及在线列车情况见图 3.7.1，短线表示分段绝缘节。

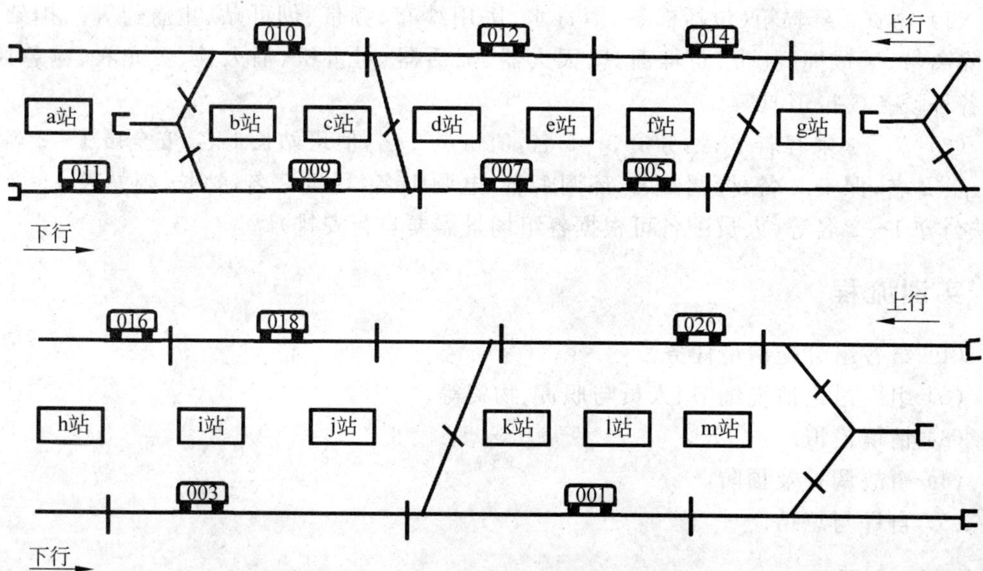

图 3.7.1 P 线线路、车站及在线列车情况

2. 处理流程

(1) 司机收到乘客报警并安抚乘客。

乘客："您好，有人吗。"

司机："乘客，您好，我是本次列车司机，请讲。"

乘客："我们车厢发生火灾了，有个人把汽油泼在列车上并点燃了，好大的火，怎么办?"

司机："乘客，请您用车厢连接处的灭火器灭火，列车即将到达前方站，会有工作人员前来处理。"

司机打开列车紧急通风，然后通过广播安抚乘客："各位乘客请注意，6 号车厢发生险情，请您打开车厢楣窗排烟并转移到其他车厢，请您切勿跳窗，列车即将到达前方车站，会有工作人员前来处理,请相信我们会保证大家的安全,谢谢您的配合。”

(2) 司机向行调汇报火情,行调指示司机维持列车运行到前方车站(j站)清客。

司机:“018次列车司机呼叫行调。”

行调:“行调有,请讲。”

司机:“018次列车运行车在k站往j站上行区间开出200米处发生火灾,6号车厢一男子人为纵火,火势很大,情况危急,请求支援。”

行调:“018次列车运行车在k站往j站上行区间开出200米处发生火灾,6号车厢一男子人为纵火,火势很大,收到,请维持列车运行到j站清客,立即开启列车紧急通风,引导乘客用灭火器灭火并打开楣窗,做好乘客安抚工作。”

(3) 行调1向线路值班主任、环调、电调、设调、119报告火情。

行调1:“值班主任/环调/电调/设调,018次列车在k站往j站上行区间开出200米处发生火灾,6号车厢一男子人为纵火,火势很大。”

环调回复:“通知司机,引导乘客用灭火器灭火。”

行调1:“119,轨道交通P线,018次列车在k站往j站方向运行中发生火灾,6号车厢一男子人为纵火,火势很大,情况紧急,请求救援。我的联系方式是12345678。”

(4) 值班主任向调度长报告,调度长启动列车在区间发生火灾应急预案。

调度长:“全体调度员,018次列车在区间发生火灾,立即启动列车在区间发生火灾应急预案,003次列车i站下行扣停清客,020次列车k站上行扣停清客准备折返,016次列车在g站以后各站多停30秒,h～j区段封锁。”

(5) 行调2扣停后续列车,命令018上行前次列车各站多停30秒,减缓车站滞留乘客压力。

行调2:“k站上行扣车,003次列车i站扣停清客待命,020次列车k站扣停清客准备折返,016次列车在g站以后各站多停30秒。”

(6) 行调1通知j站提前疏散车站乘客封站,列车到站后做好列车乘客疏散和灭火救援工作;通知h站和i站疏散乘客封站。

行调1:“j站值班员。”

j站值班员:“j站值班员有,行调请讲。”

行调1:“018次列车6号车厢一名男子纵火,火势很大,你站立即疏散车站乘客,拨打119、110和120请求救援,列车到站后疏散列车乘客,做好灭火救援工作。”

j站值班员:“018次列车6号车厢一男子纵火,我站疏散乘客,拨打救援电话,列车到站后疏散列车乘客,做好灭火救援工作,明白。”

行调1:“h/i站,018次列车在k～j上行区间发生火灾,现封锁h～j区段,你站疏散车站乘客并封站,做好乘客解释工作。”

(7) j站值班站长启动应急预案,安排工作人员疏散车站乘客并封站,带领车站保安和轨警前往站台,做好救援准备,其他工作人员按照值班站长指示,暂停日常工作,迅速疏散车站乘客。

(8) j站值班员打开IBP盘上按压AFC闸机紧急释放按钮,打开全部进出站闸机,广播引导乘客疏散,立即拨打110、119、120求助,密切监视车站情况。

(9) 发生火灾的018次列车，在距j站300米处，由于火灾引起电路故障，突然失去动力，被迫停在区间。司机立即报告行调。

司机："呼叫行调，018次列车失去动力，被迫停在k～j上行区间，距j站300米。"

行调："立即降下受电弓，现在列车火势如何？有没有危及乘客安全？能否采取横向救援？是否需要对区段断电后将乘客缓降至检修通道？"

司机："降下受电弓，明白。火势已经蔓延至5号车厢，很快将会蔓延至4号车厢，现在区间有横风，横向救援可能导致火势蔓延至邻线列车，现在乘客惊恐万分，可能会做出不理智行为，我认为有必要对区段断电，将乘客缓降至检修通道疏散。"

行调："行调收到，018次列车司机维护好现场秩序，做好缓降乘客准备，等待命令。"

司机："做好缓降乘客准备，等待命令，明白。"

(10) 司机降下受电弓，将列车置于制动位，携带对讲机到事发现场维持秩序。

(11) 行调向线路值班主任、环调、电调、维调/集团领导报告情况。

行调："值班主任/环调/电调/维调/××领导，018次列车在k～j上行区间，距j站300米处失去动力，被迫停区间，经与现场司机确认，火势已蔓延至5号车厢，很快会蔓延至4号车厢，乘客很惊恐，且区间有横风，不宜采取横向救援，司机建议对区段断电，将乘客缓降至检修通道进行疏散，现请求对h～j区段断电。"

(12) 集团领导同意对h～j区段断电，缓降乘客至检修通道疏散。

(13) 电调对h～j区段断电，确认断电成功后通知行调。

(14) 环调命令维修人员赶往现场进行处理。

(15) 行调1得到电调断电成功通知后，立即命令018次列车司机打开车门，利用缓降绳将乘客缓降至检修通道疏散。

行调1："018次列车司机，现在h～j区段成功断电，请打开车门，立即利用缓降绳将乘客缓降至检修通道疏散，注意疏散安全。"

(16) 行调2通知j站值班员，请j站值班站长立即带领工作人员和梯子等工具赶往现场疏散乘客，通知j站和k站注意站台是否有乘客从区间疏散到达。

行调2："j站值班员，上行018次列车在距你站300米处进行紧急疏散，请你站值班站长立即带领人员，携带梯子等工具，前往现场疏散列车上的乘客，你站注意站台是否有乘客到达。"

行调2："k站值班员，上行018次列车在区间采取紧急疏散，你站注意站台是否有乘客到达。"

(17) 行调1组织具备条件的区段开行小交路。

① 组织列出在a～g站开行小交路。

② 组织列车在k～m站开行小交路。

(18) j站值班站长命令j站客运值班员（票务员）组织车站乘客疏散工作，安排人员到站台迎接并指引乘客疏散，安排人员到出入口迎接并指引119、110、120救护人员前往现场，然后带领轨警/保安/安检岗携带梯子和灭火器等到现场，疏散乘客并协助灭火。值班站长："客值（票务员），你组织好车站乘客疏散工作；保洁，请到出入口处粘贴告示，劝阻乘客进站；站台岗，请在站台迎接并指引区间过来的乘客疏散；车站轨警/保安/安检岗，请携带灭火器及梯子随我前往现场疏散乘客和灭火救援。”

(19) 集团领导赶往现场指挥工作，安排好 g 站至 k 站的公交接驳。

(20) 消防人员到达现场对列车进行灭火救援。经过 10 分钟的灭火救援，列车火灾被扑灭。

(21) 司机向行调报告列车火灾已扑灭。

司机：“018 次列车司机呼叫行调，018 次列车火灾已扑灭，现场无人员及异物滞留。”

行调：“火灾扑灭，现场无人员或异物滞留，收到，请在原地待命。”

(22) 值班站长在事故列车现场确认最后一名乘客已经往 j 站方向疏散后，命令前来救援的车站人员返回车站，自己在返回车站的途中，检查区间是否有人员或异物滞留，到达车站确认所有乘客疏散完毕，区间无人员或异物滞留后，通知值班员报告行调。

值班员：“j 站值班员呼叫行调，接值班站长通知，事故列车及 j 站乘客全部疏散完毕，区间已无滞留乘客或异物。”

行调：“区间已出清，收到。”

(23) 维修人员在现场检查线路情况，确认恢复正常状态后离开，并报告行调线路已出清，接触网具备恢复送电条件。

(24) 行调确认接触网具备恢复送电条件后，通知电调停电区送电。

(25) 电调恢复送电后，行调解除封锁命令。调度长通知行调用后续列车将 018 次列车推往 h 站存车线，h、i、j 三站准备开车，恢复正常运营。

任务八　城市轨道交通列车在隧道区间发生火灾的处理

学习目标

- 掌握列车在隧道区间发生火灾的特点
- 掌握列车在隧道区间发生火灾疏散的方法
- 掌握列车在隧道区间发生火灾时列车运行调整和人员疏散的特点
- 掌握列车在隧道区间发生火灾的应急处理要点
- 能根据特定的情境制订处理方案

知识准备

一、事件描述

列车在隧道区间发生火灾相对于在高架区间发生火灾的危险主要有以下几个方面。

(1) 隧道区间无法自然排烟，容易形成浓烟。

(2) 隧道区间照明条件不好，加上浓烟的影响，区间内能见度很低，容易发生客伤。

(3) 隧道内散热不良，温度上升快，容易发生爆裂。

(4) 外部无法直接判断列车火灾位置，救援路线与疏散路线重叠，救援难以到达事发现场。

所以,列车在隧道区间发生火灾时也应尽量转移到车站进行处理。不得不在隧道处理时,要做好通风排烟措施,做好应急照明,做好相关区域的停、供电工作,利用疏散平台和疏散廊道等迅速疏散乘客。

典型案例

阿塞拜疆巴库地铁列车在隧道发生火灾

1995 年 10 月 28 日,阿塞拜疆巴库一组地铁因机车电路故障,诱发火灾,由于司机缺乏经验,紧急刹车把列车停在了隧道里,给乘客逃生和救援工作带来不便。火灾造成 558 人死亡,269 人受伤。

案例来源:http://agzy.youth.cn/qsnag/lsjt/201311/t20131106_4155395.htm.

奥地利地铁列车在隧道发生火灾

2000 年 11 月 11 日,奥地利萨尔茨堡州基茨施坦霍恩山,一组满载旅客的高山地铁列车在隧道内运行中发生火灾,155 人死亡,18 人受伤。

案例来源:http://baike.baidu.com/link?url=tq5Pd6W7d97CEQILHzDjGN5bGpwOY-OG87X9yyzVdIf3atAo2S9WFDm3Tg3gRbQ5oTgboWpXw1dM2JB2Qqq2Qa.

二、处理要点

列车在隧道区间发生火灾的处理要点如下。

(1) 列车能继续运行时,应运行到前方站,按列车在站台发生火灾处理。前方站应组织人员提前手动打开屏蔽门,准备好灭火救援和疏散封站工作。

(2) 地铁系统:列车在隧道区间发生火灾,不能继续运行时,在得到行车调度员准许疏散乘客的命令后,才能打开车门利用疏散平台或疏散廊道将乘客疏散到车站或隧道口外。车站员工提前打开站台屏蔽门,并到列车处做好乘客疏散工作,组织乘客自救、互救。

(3) 单轨系统:列车在隧道区间发生火灾,不能继续运行时,列车司机立刻报告行车调度员,将列车停在距离地面较近的平直线路,组织疏散乘客到没有着火的车厢,并打开车厢楣窗排烟,同时组织乘客利用车内灭火器灭火。行车调度员立即组织其他列车进行疏散救援。若接触网失电,不能采用其他列车横向或纵向疏散救援时,等待消防救援或车站救援人员赶赴现场疏散救援。如果火势不能控制且有蔓延趋势,已危及乘客生命安全时,司机向行车调度员报告火势情况,行调下令后,打开车门利用缓降绳将乘客疏散至隧道地面。

三、处理程序

(1) 列车能继续运行时,运行至前方站,按列车在站台发生火灾处理(继续运行时司机注意用广播安抚乘客,引导乘客用车内灭火器灭火,做好车内通风和排烟。行调注意通知前方车站提前组织乘客疏散与封站,车站人员提前到站台打开屏蔽门,准备好灭火工具以便列车进站进行灭火)。

(2) 列车不能继续运行时的处理程序(地铁系统)。

① 司机发现列车发生火灾后,不能继续运行。

a. 列车发生火灾后,停止继续运行,报告行车调度员列车停车位置,请求救援。

b. 若火势蔓延,严重危及乘客安全,得到行车调度员疏散乘客的通知后,打开车门利用疏散平台或疏散廊道快速疏散乘客。并广播引导乘客利用隧道内的疏散平台按确定方向疏散到就近车站或通过联络通道进入邻线隧道按确定方向疏散至就近车站。

c. 根据行车调度员命令降弓,且主控钥匙处于激活状态。

② 对于行调,应做到以下几点。

a. 立即报告线路值班主任、环控调度员,通知相关专业部生产调度室。

b. 向两端车站发布封锁区间的调度命令,防止列车进入该区间,已经进入隧道的后续列车应退行至隧道外。

c. 与司机协商确定乘客疏散方向,确定送风方向,通知着火列车降弓。

d. 向列车司机和疏散方向的车站发布步行疏散救援的命令。

e. 对列车所在供电区段的上、下行线接触网紧急停电。

f. 通知就近车站立即封站,疏散车站乘客,派出救援人员,携带工具到隧道接应下车乘客。

g. 向全线发布运营受阻信息,在具备运行条件的区段,组织列车小交路运行,调整列车运行秩序。

③ 电调:根据行车调度员的口头命令,对列车所在的供电区段上、下行接触网紧急停电。

④ 对于环调,要做到以下几点。

a. 立即向环控工程师、线路值班主任报告列车在隧道区间发生火灾。

b. 通知客运公司机电部生产调度室。

c. 根据值班主任确认的停车位置、着火位置、疏散乘客的方向,确定送风方向及相应的火灾工况模式。

d. 环控工程师审核处置方案,经总调批准同意后由环控调度员启动相应的火灾工况模式。

e. 若中央级控制无法操作时,及时向车站值班员下放"站控"。

f. 确认火灾模式正确运行。及时掌握现场情况,并随时报告环控调度员工程师和线路值班主任。

⑤ 对于值班站长,立即启动应急预案,组织人员到隧道事发现场疏散乘客和灭火救援。其他车站人员职责同车站发生火灾一致。

⑥ 事后恢复后,行调做以下工作。

a. 根据公司应急处理领导小组的通知,做恢复运营的准备工作,通知各相关专业部检查设备状况。具备行车条件后通知全线恢复列车运营,调整列车运行秩序。

b. 向电力调度员下达恢复列车所在供电区段上、下行接触网送电的书面命令。

c. 组织救援列车到区间实施纵向连挂救援,将故障列车救援运行到就近的故障车停留线。

(3) 列车不能继续运行时的处理程序(单轨系统)。

① 对于司机,要做到:

a. 列车发生火灾后,不能继续运行,报告行车调度员列车停车位置,请求救援。

b. 安抚乘客,组织乘客利用车内灭火器扑灭火灾,引导乘客疏散到没有着火的车厢,打开车厢楣窗排烟,保持空调处于紧急通风状态。

c. 若接触网失电,不能采用其他列车横向或纵向疏散救援时,等待消防救援或车站救援人员到现场疏散救援。

d. 如果火势不能控制且有蔓延趋势,已经危及乘客的生命安全时,司机向行车调度员报告火势情况,在接触网停电后,根据行车调度员命令打开车门利用缓降绳将乘客疏散至地面。并用广播引导乘客利用疏散平台按确定方向疏散到就近车站,或通过联络通道进入相邻隧道按确定方向疏散到就近车站。

② 对于行调,应做到:

a. 立即报告线路值班主任、环控调度员,通知相关专业部生产调度室。

b. 组织其他列车进行横向或纵向疏散救援。

c. 若接触网失电,不能采用其他列车横向或纵向疏散救援时,指示司机等待消防救援或车站救援人员到现场疏散救援。

d. 列车不能继续运行,火势蔓延,已经危及乘客生命安全,得到司机就地疏散的请求时,报经集团公司分管领导批准后,对列车所在供电区段的上、下行线接触网紧急停电,命令司机打开车门利用缓降绳将乘客疏散至地面。通过疏散平台按确定方向把乘客疏散到就近车站,或通过联络通道让乘客进入相邻隧道按确定方向疏散到就近车站。

e. 与司机协商确定乘客疏散方向,确定送风方向。通知着火列车降弓。

f. 通知就近车站立即封站,疏散车站乘客,派出救援人员,携带工具到隧道疏散乘客。

③ 对于电调,应做到:

a. 列车横向或纵向疏散救援时,尽可能维持接触网供电。

b. 实施垂直救援和打开头、尾部列车司机室紧急疏散门,将乘客疏散隧道地面时,按照行车调度员的口头命令对接触网紧急停电。

c. 利用相邻隧道疏散乘客时,按照行车调度员的口头命令对相邻隧道接触网紧急停电。

④ 对于环调,应做到:

a. 立即向环控工程师、线路值班主任报告列车在隧道区间发生火灾。

b. 通知客运公司机电部生产调度室。

c. 根据值班主任确认的停车位置、着火位置、疏散乘客的方向,确定送风方向及相应的火灾工况模式。

d. 环控工程师审核处置方案,经总调批准同意后由环控调度员启动相应的火灾工况模式。

e. 若中央级控制无法操作时,及时下放“站控”。

f. 确认火灾模式正确运行,及时掌握现场情况,并随时报告环控工程师和线路值班主任。

g. 当列车中部发生火灾时，按多数人撤离方向的一端送风，另一端排烟。

⑤ 车站值班站长立即启动应急预案，带领人员和工具到隧道事发地点疏散乘客和灭火救援。车站其他人员的职责同车站发生火灾。

⑥ 事后恢复后，行调做以下工作。

a. 根据公司应急处理领导小组的通知，做恢复运营的准备工作，通知各相关专业部检查设备状况。具备行车条件后通知全线恢复列车运营，调整列车运行秩序。

b. 向电力调度员下达恢复列车所在供电区段上、下行接触网送电的书面命令。

c. 组织救援列车到区间实施纵向连挂救援，将故障列车救援运行到就近的故障车停留线。

四、事故调查分析

通知机电维修部门检查列车等设备，查找设备故障原因；从监控视频了解火灾发生的现场情况，车站人员也应拍照留证。从设备和人员等各方面逐一排查事故发生的原因，配合公安部门的调查，填写事故调查报告。

五、事故预防

(1) 加强列车上路前的检查。

(2) 制作海报和视频等加强乘客消防安全宣传教育。

(3) 加大员工应急处理培训和演练力度。

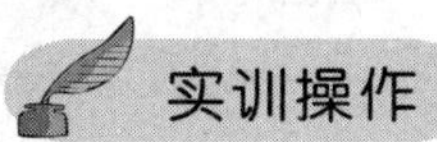

实训操作

实训目标

- 能进行司机岗位和值班员岗位的事故报告
- 能进行列车的开关门操作、播放广播操作、列车通风排烟操作
- 能在列车发生火灾时进行正确处理
- 能在火灾发生时保持冷静与清醒的头脑，沉着应对
- 具备爱岗敬业的素质，在火灾发生时坚守岗位，完成应急救援使命

实训要求

(1) 根据所分配的情境，合理设置细节，符合常理，不能刻意简化情境。

(2) 人员岗位分工明确，各岗位人员清楚自身职责与处理程序。

(3) 物资准备齐全，运用合理。

(4) 遵守规章制度，正确处理事件，同时灵活应对乘客。

(5) 表格填写规范具体，原因分析有理有据，预防改进措施合情合理。

实训所需物资和人员

（1）物资：急救箱（包括棉签、消毒水、医用纱布、绷带、创可贴、止痛药等）、担架、相机、隔离带、警戒绳、扎带、防毒面具、灭火器、喊话器、对讲机、消火栓、荧光衣、应急照明灯、各种设备模拟道具等。

（2）人员：乘客若干，站务员3～5名，值班员2名，值班站长1名，安全员1～2名，安检人员2名，保安2名，行调1名，环调1名，电调1名，司机2名，站长、副站长1～2名，地铁公安1～2名等（人员配备可根据各组场景需要自行安排）。

实训流程

（1）给各组分配情境任务。

（2）组内讨论情境细节、人员与职责、物资等。

（3）情境模拟。

（4）事故调查及预防。

（5）自评与总结。

实训表格

（1）乘客伤亡事件调查记录表（参看附表1）。

（2）岗位与职责表（参看附表2）。

（3）实训演练程序及步骤表（参看附表3）。

（4）实训演练评估表（参看附表4）。

（5）事故事件台账（参考附表5）。

实训演练示例

地铁1号线列车火灾及乘客疏散演练方案

1. 情境

2011年7月1日14时30分，101列车在大坪站下行开车后，在出站100米处，101列车第一节车厢突然发生火灾，火势迅速蔓延。列车失去牵引，迫停在大坪至石油路区间。司机立即将现场情况报告行调，行调接报后立即报上级领导（按照预案主管安全的副总），并立即启动应急预案，命令101列车司机按照应急疏散预案要求进行先期处置，101列车司机得到行调命令批准后，按照应急预案要求打开应急门将乘客紧急疏散到地面；命令大坪站按预案封站和组织救援人员到区间引导疏散乘客。行调立即向公安轨道交通支队值班室、119、110、120报警请求支援。

2. 演练流程

（1）人员集结。

① 13:40　群众演员在下行侧站台分6组集结完毕，各小组点名完毕后向总控部经理报告情况。

② 13:45　车站所有人员全部就位(站长、值班站长、车站值班员、各处控制员以及救援小分队),站长向执行指挥报告人员到位情况。

③ 13:50　控制中心安排101列车运行到大坪下行站台停好,发烟组人员到位,组长向执行指挥报告。

④ 13:55　列车打开车门屏蔽门,各小组组长带领群众演员进入车厢坐好,总控部经理向执行指挥报告群众演员到位情况。

(2) 对讲机测试。

① 14:00　站长组织正线调试频道对讲机测试,测试顺序为:站长→值班站长→车站值班员→站厅安全员→站台安全员→站厅控制员→站台控制员→4#出口控制员1→B出口控制员2(用语:"现在测试对讲机,×××。"答:"清楚。")。测试完毕后,站长向演练执行指挥汇报测试情况。

② 14:05　控制中心总调度长组织正线调试频道对讲机的测试,测试顺序为:控制中心总调→线路值班主任→行调→电调→环调→车站值班员→101列车司机→101车上放烟组长(用语:"现在测试对讲机,×××。"答:"清楚。")。测试完毕后,总调度长向演练执行指挥汇报测试情况。

③ 14:10　公安消防支队长组织正线调试频道的对讲机测试,测试顺序为:消防支队负责人→消防车1指挥员→消防车2指挥员→救援车1指挥员→救护车1指挥员→公安民警1→公安民警2→公安民警3→公安民警4(用语:"现在测试对讲机,×××。"答:"清楚。")。测试完毕后,消防支队负责人向演练执行指挥汇报测试情况。

(3) 执行指挥点名。

① 执行指挥。

执行指挥点名(14:20):"各参演单位请注意,我是演练指挥部,现在开始最后一次点名。"

② 控制中心。

控制中心总调度长回答:"控制中心准备就绪。"

③ 101列车。

101列车司机回答:"101列车在大坪下行准备就绪,随时可以发车。"

④ 发烟组。

发烟组组长回答:"发烟组准备就绪。"

⑤ 大坪站。

大坪站站长回答:"大坪站准备就绪。"

⑥ 消防支队。

消防支队负责人回答:"消防支队准备就绪。"

⑦ 总队医院。

总队医院回答:"医院准备就绪。"

⑧ 点名完毕后执行指挥向总指挥报告:"报告总指挥,地铁1号线列车火灾及区间疏散救援演练准备就绪,请指示。"

(4) 总指挥听到报告后宣布:"我宣布地铁1号线列车火灾及区间疏散救援演练现在

开始。”

(5) 列车出站并施放烟雾。

① 行调听到演练开始后，命令101列车司机动车：“101列车司机，请确认前方进路后发车。”101列车司机回答：“明白。”

② 执行指挥命令发烟组：“施放烟雾。”发烟组长(待定)回答：“施放烟雾，明白。”放烟组长通过对讲机(2频道)命令发烟员(待定)开始施放烟雾。

(6) 报警。

① 车辆公司1组组长模拟乘客按下紧急通话按钮，向司机报告情况：“第一节车厢内发生火灾，火势在蔓延，有人受伤。”

② 101列车司机收到乘客报警后，立即将情况向行调报告：“101列车在大坪出站100米处，车厢内发生火灾，火势在蔓延，有人受伤，列车因火灾失去牵引停车，请求救援。”行调回答：“行调明白，按预案做好乘客安抚工作，我马上通知大坪车站支援。”

③ 行调甲将该突发事件报告值班主任后通知大坪站值班员：“101列车在大坪出站100米处，车厢内发生火灾，火势在蔓延，有人受伤，列车因火灾失去牵引无法运行，立即启动区间列车火灾预案，立即封站和向区间派出应急救援小组。”车站值班员回答：“大坪站明白。”

④ 行调乙立即在两端站拦停将要到达本站的上下行列车，来不及拦停时，应呼叫列车停车退回后方站，扣停后续列车。

⑤ 行调甲通知环调开启隧道风机相应工况模式，并通知电调准备对相应区段紧急停电。

⑥ 线路值班主任得到报告后立即向公安轨道交通支队、轨道消防支队报警，报警内容：“轨道消防支队(公安轨道交通支队)吗？我是地铁1号线值班主任，现在有列车在大坪站至石油路区间发生火灾，已经有人受伤，请速来救援。”轨道消防支队负责人：“是，请不要慌乱，组织好初期火灾的扑救和被困乘客的疏散，我们立即调消防队到场救援。”

⑦ 总调度长发布相关信息，并随时向集团主管领导报告突发事件情况。

(7) 力量调集：轨道支队报告总队协调救援中队。

(8) 组织乘客疏散。

① 大坪车站：启动区间列车火灾预案。

② 车站值班员：报告值班站长后，对全站进行广播。

广播员：“车站工作人员请注意了，现在出现紧急情况需要临时封站，请各岗位人员根据预案，到规定地点引导乘客出站。”

“各位乘客，现在出现紧急情况需要临时封站，请大家根据工作人员的引导立即向站外疏散，不要慌张、不要拥挤、保持镇定，请帮助身边的老人和小孩。”

③ 值班站长在得到救援命令、带领车站救援小组做好自身防护后，进入区间引导乘客从列车有序疏散到大坪车站。

(9) 消防中队到达后：“报告总指挥，十三中队已到现场，请指示。”

总指挥：“你队到场后，立即组成1个疏散救人小组疏散乘客，1个排烟组利用移动排烟机进行排烟，并按预案实施灭火。”

消防中队回答："是。"

(10) 总调向指挥部报告火场基本情况。

总调："报告指挥部，101 列车起火位置在第一节车厢并迅速向其他车厢蔓延，有乘客受伤，受伤乘客人数不详，车站已经封站，隧道通风排烟设施已经启动。"

执行指挥："明白，请立即对相关区域接触网停电，配合消防队灭火。"总调度长回答："明白。"

(11) 车站救援结束，除车辆公司 3 人等待配合消防队的救援外，其余人员均疏散至大坪站厅(包括 1 名上担架的"重伤员"和两名"轻伤员")。

(12) 总调向执行指挥报告："大坪至石油路区间上、下行接触网已停电完成。"执行指挥向消防支队负责人确认："灭火区域接触网已停电完成。"消防中队负责灭火的队员开始灭火，疏散救护组则上车展开搜救工作，在列车最后一个车厢发现并救出了 3 个被烟熏昏倒的"乘客"。

(13) 演练结束。疏散救护组报告："报告总指挥，经过疏散营救和仔细搜索，列车被困乘客全部疏散、营救完毕，除 3 人被烟熏昏倒外，无其他人员伤亡。"消防队灭火组报告："报告总指挥，列车火灾已完全扑灭，正在清理现场。"2 分钟后，消防队灭火组报告："现场清理完毕，准备收队。"

执行指挥："请各公司相关专业人员确行车条件，控制中心准备恢复运营，演练到此结束，参演人员集合讲评。"

项目四

自然灾害类突发事件应急及安全管理

任务一　地震灾害公共应急

- 了解地震的相关概念
- 了解地震的类型及分布
- 了解地震规模的衡量标准以及不同规模地震的影响
- 了解地震的前兆
- 掌握地震的逃生法则
- 掌握地震时的自救、互救方法

一、地震相关概念

地震：英文名为 earthquake，又称地动、地振动，是地壳快速释放能量过程中造成振动，其间会产生地震波的一种自然现象(见图 4.1.1)。

震源：地球内部发生地震的地方叫震源，也称震源区。它是一个区域，但研究地震时，常把它看成一个点。

震源深度：如果把震源看成一个点，那么这个点到地面的垂直距离就称为震源深度。

震中：地面上正对着震源的那一点称为震中，实际上也是一个区域，称为震中区。

震中距：在地面上，从震中到任一点的距离叫作震中距。

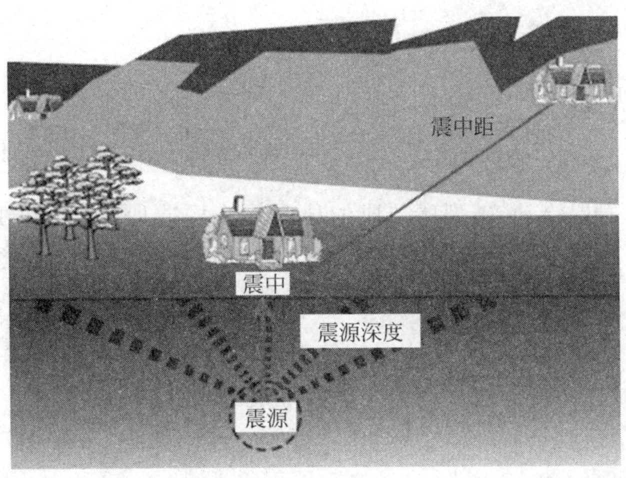

图 4.1.1 地震[①]

二、地震产生的原因

地球可分为三层(见图 4.1.2)。中心层是地核,中间是地幔,外层是地壳。关于地震的成因有很多种说法,目前世界普遍认同的说法是板块构造学说。

板块构造学说认为,地球的岩石圈不是完整的一块,而是由大小不等的板块彼此镶嵌而成的。其中最大的七大板块分别是南极板块、欧亚板块、北美板块、南美板块、太平洋板块、印度澳洲板块和非洲板块(见图 4.1.3)。这些板块在地幔上面每年以几厘米到十几厘米的速度漂移运动,相互挤压和碰撞,由此形成了地震。

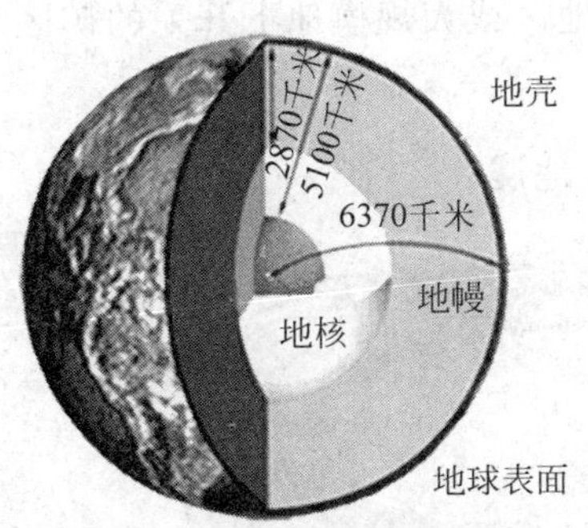

图 4.1.2 地球表面[②]

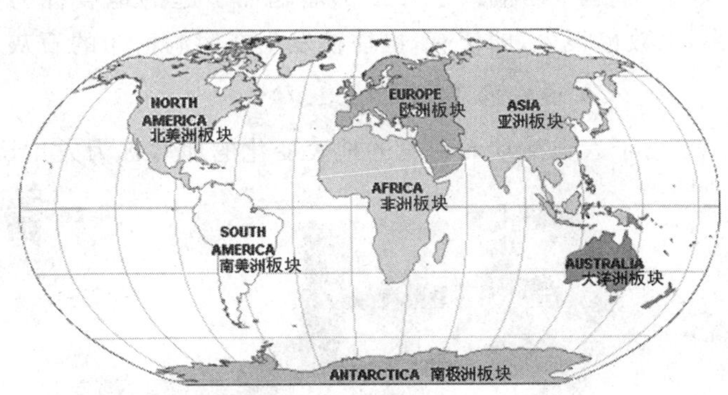

图 4.1.3 地球七大板块[③]

① http://www.cibeicn.com/a/201108/20110806234618.html.

② http://news.dzwww.com/shehuixinwen/201512/t20151222_13540928.html.

③ http://www.confucianism.com.cn/html/keji/6633545.html.

三、地震的类型及分布

（一）地震的类型

1. 构造地震（见图 4.1.4）

由于地下深处岩层错动、破裂所造成的地震称为构造地震。这类地震发生的次数最多，破坏力也最大，约占全世界地震的 90％以上。汶川地震就属于此类地震。

2. 火山地震（见图 4.1.5）

由于火山作用，如岩浆活动、气体爆炸等引起的地震称为火山地震。只有在火山活动区才可能发生火山地震，这类地震只占全世界地震的 7％左右。

图 4.1.4 构造地震①

图 4.1.5 火山地震②

3. 陷落地震（见图 4.1.6）

由于地下岩洞或矿井顶部塌陷而引起的地震称为陷落地震。这类地震的规模比较小，次数也很少，即使有，也往往发生在溶洞密布的石灰岩地区或大规模地下开采的矿区。

4. 人工诱发地震（见图 4.1.7）

由于人类活动而引发的地表变化的地震称为人工诱发地震。

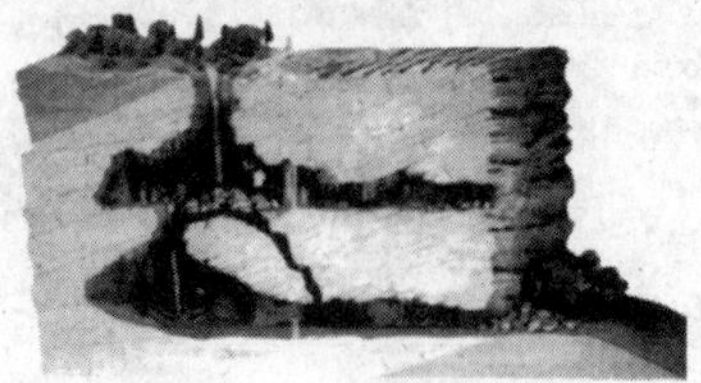

图 4.1.6 陷落地震②

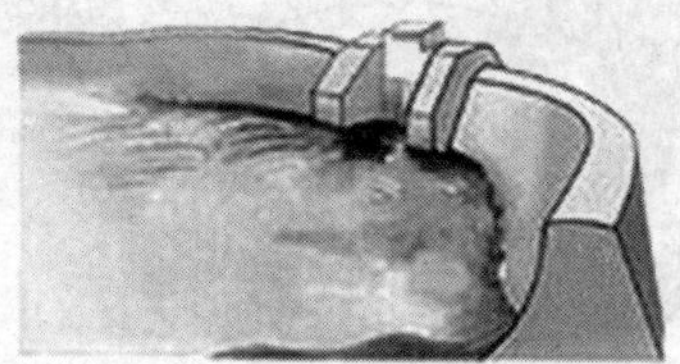

图 4.1.7 人工诱发地震②

① http://roll.sohu.com/20130421/n373414362.shtml.

② http://www.abazhou.gov.cn/yjgl/kpxc/tptb/201012/t20101221_213506.html.

（二）地震的分布

1. 时间分布

地震活动在时间上具有一定的周期性。在某个时间段内地震活动频繁、强度大，这个时间段称为地震活跃期；另一时间段内地震活动相对来讲频率少、强度小，这个时间段称为地震平静期。

2. 地理分布——地震带

地震的地理分布受一定的地质条件控制，具有一定的规律。板块之间的消亡边界，形成地震活动活跃的地震带。

（1）全世界地震带。全世界主要有三个地震带(见图 4.1.8)。

图 4.1.8 全球地震带分布①

① 环太平洋地震带，环绕地球中的太平洋板块，包括南北美洲太平洋沿岸、阿留申群岛、堪察加半岛、千岛群岛、日本列岛，经中国台湾再到菲律宾转向东南直至新西兰，是地球上地震最活跃的地区，集中了全世界 80%以上的地震。这一带是在太平洋板块和美洲板块、亚欧板块、印度洋板块的消亡边界上，以及南极洲板块和美洲板块的消亡边界上。

② 欧亚地震带，大致从印度尼西亚西部，经中国横断山脉、喜马拉雅山脉，越过帕米尔高原，经中亚细亚到达地中海及其沿岸。这一带是在亚欧板块和非洲板块、印度洋板块的消亡边界上。

③ 中洋脊地震带，包含延绵世界三大洋(即太平洋、大西洋和印度洋)和北极海的中洋脊。中洋脊地震带仅含全球约 5%的地震，此地震带的地震几乎都是浅层地震。

（2）中国地震带。中国地震带主要分布在五个区域：台湾地区、西南地区、西北地

① http://wzed.66wz.com/html/2011-03/26/content_893594.html.

区、华北地区、东南沿海地区。

四、地震的规模

目前,对地震规模的衡量主要有两个标准:震级和烈度。

(一)震级

震级是根据地震释放能量的多少来划分的,以震中距 100 千米处“标准地震仪”(或称“安德生地震仪”)所记录的水平向最大振幅的常用对数为该地震的震级。按震级的大小又可划分为超微震、微震、弱震(或称小震)、强震(或称中震)和大地震等。

目前国际上一般采用美国地震学家查尔斯·弗朗西斯·芮希特和宾诺·古腾堡共同提出的震级划分法,即现在通常所说的里氏震级(见表 4.1.1),它是由观测点处地震仪所记录到的地震波最大振幅的常用对数演算而来的。里氏地震等级与影响、发生频率之间的关系见里氏地震等级表(见表 4.1.1)。

表 4.1.1 里氏地震等级

程　度	里氏规模	地 震 影 响	大约发生频率(全球)
极微	2.0 以下	很小,没感觉	每天 8000 次
甚微	2.0～2.9	人一般没感觉,设备可以记录	每天 1000 次
微小	3.0～3.9	经常有感觉,但是很少会造成损失	估计每年 49000 次
弱	4.0～4.9	室内东西摇晃出声,不太可能有大量损失。当地震强度超过 4.5 级时,已足够让全球的地震仪监测得到	估计每年 6200 次
中	5.0～5.9	可在小区域内对设计/建造不佳或偷工减料的建筑物造成大量破坏,但对设计/建造优良的建筑物则只会有少量的损害	每年 800 次
强	6.0～6.9	可摧毁方圆 100 英里以内的居住区	每年 120 次
甚强	7.0～7.9	可对更大的区域造成严重破坏	每年 18 次
极强	8.0～8.9	可摧毁方圆数百英里的区域	每年 1 次
超强	9.0～9.9	摧毁方圆数千英里的区域	每 20 年 1 次
超强＋	10＋	从来没有记载	极其罕见(未知)

(二)烈度

地震烈度是指地震对地表及工程建筑物影响的强弱程度,是在没有仪器记录的情况下,凭地震时人们的感觉或地震发生后器物反应的程度、工程建筑物被破坏的程度、地表的变化状况而定的一种宏观尺度。一般情况下仅就烈度和震源、震级间的关系来说,震级越大震源越浅、烈度也越大。一般来讲,一次地震发生后,震中区的破坏最重,烈度最高;这个烈度称为震中烈度。从震中向四周扩展,地震烈度逐渐减小。我国对地震烈度的判断如下。

1 度:无感,仅仪器能记录到。

2 度：微有感，特别敏感的人在完全静止中有感。

3 度：少有感，室内少数人在静止中有感，悬挂物轻微摆动。

4 度：多有感，室内大多数人、室外少数人有感，悬挂物摆动，不稳器皿作响。

5 度：惊醒，室外大多数人有感，家畜不宁，门窗作响，墙壁表面出现裂纹。

6 度：惊慌，人站立不稳，家畜外逃，器皿翻落，简陋棚舍损坏，陡坎滑坡。

7 度：房屋损坏，房屋轻微损坏，牌坊、烟囱损坏，地表出现裂缝及喷沙冒水。

8 度：建筑物破坏，房屋多有损坏，少数破坏路基塌方，地下管道破裂。

9 度：建筑物普遍破坏，房屋大多数破坏，少数倾倒，牌坊、烟囱等崩塌，铁轨弯曲。

10 度：建筑物普遍摧毁，房屋倾倒，道路毁坏，山石大量崩塌，水面大浪扑岸。

11 度：毁灭，房屋大量倒塌，路基堤岸大段崩毁，地表产生很大变化。

12 度：山川易景，一切建筑物普遍毁坏，地形剧烈变化，动植物遭毁灭。

五、地震的前兆

（一）地下水异常

地下岩层变动，使地下水位下降或上升。井水、泉水等会出现发浑、冒泡、翻花、升温、变色、变味、突升、突降的异常现象，甚至出现井孔变形、泉源突然枯竭或涌出等异常现象。

（二）动物异常

地震前，动物会变得非常狂躁不安，不进食，不按平时作息，出现和平时相差很大的反应。有几句关于动物反常的顺口溜如下。

地震预兆顺口溜[①]

震前动物有预兆，密切监视最重要。牛羊骡马不进厩，猪不吃食狗乱咬。
鸭不下水岸上闹，鸡飞上树高声叫。冰天雪地蛇出洞，大鼠叼着小鼠跑。
兔子竖耳蹦又撞，鱼跃水面惶惶跳。蜜蜂群迁闹哄哄，鸽子惊飞不回巢。
家家户户都观察，发现异常快报告。

（三）气象异常

地震前一般会比较闷热，人焦灼烦躁，也可能久旱不雨或阴雨绵绵，黄雾四起，日光晦暗，怪风狂起，六月飞雪等。天空可能会出现射线云或地震云（见图 4.1.9）。

六、地震的逃生法则

(1) 在发生地震、火灾时，不能使用电梯。万一在搭乘电梯时遇到地震，将操作盘上各楼层的按钮全部按下，一旦停下，迅速离开电梯，确认安全后避难。高层大厦以及较新的建筑物的电梯，都装有震动感应装置，地震发生时会自动运作，停在最近的楼层。万一被关在电梯中的话，请通过电梯中的专用电话与管理室联系、求助。

---

① http://baike.haosou.com/doc/2321858-2455932.html.

图 4.1.9　地震云①

(2) 躲在桌子等坚固家具的下面。若地震晃动时间在 1 分钟以上，这时首先应顾及的是自身与家人的人身安全。首先，在重心较低且结实牢固的桌子下面躲避，并紧紧抓牢桌子腿。在没有桌子等可供藏身的场合，无论如何也要用坐垫等物保护好头部。

(3) 摇晃时立即关火，失火时立即灭火。地震的时候，关火的机会有三次：第一次机会在大的晃动来临之前的小的晃动之时；第二次机会在大的晃动停息的时候；第三次机会在着火之后。

(4) 不要慌张地向户外跑。地震发生后，慌慌张张地向外跑，碎玻璃、屋顶上的砖瓦、广告牌等掉下来砸在身上，是很危险的。

(5) 将门打开，确保出口。钢筋水泥结构的房屋等，由于地震的晃动会造成门窗错位，打不开门，平时要事先想好万一被关在屋子里，如何逃脱的方法，准备好梯子、绳索等。

(6) 不要贪恋财物。

(7) 户外的场合，要保护好头部，避开危险之处。务必不要靠近水泥预制板墙、门柱等躲避。在繁华街、楼区，最危险的是玻璃窗、广告牌等物掉落下来砸伤人，要注意用手或手提包等物保护好头部。

(8) 在公共场所时依照工作人员的指示行动。在百货商场、地下街等人员较多的地方，最可怕的是发生混乱。请依照商店职员、警卫人员的指示来行动。

(9) 汽车靠路边停车，管制区域禁止行驶。发生大地震时，汽车会像轮胎泄了气似的，无法把握方向盘，难以驾驶。必须充分注意，避开十字路口将车子靠路边停下。为了不妨碍避难疏散的人和紧急车辆的通行，要让出道路的中间部分。

(10) 务必注意山崩、断崖落石或海啸。

(11) 避难时要徒步，应最少量携带物品。

① http://tupian.baike.com/a3_63_88_01300000089105121350886054460_jpg.html.

七、地震自救与互救

（一）自救

（1）用湿手巾、衣服或其他布料等捂住口鼻和头部，避免灰尘呛闷发生窒息的危险。

（2）清除压在身上的物品：被压时，要沉着冷静，观察周围环境，思考脱险方法，利用周围可搬动的物品支撑身体上的重物，尽量清除压在身上的物品，同时避免脱落导致二次伤害。

（3）维持生命，适时求救：无力脱险时尽量节省力气，要静卧，保持体力，寻找食品和饮用水，并计划使用，以延长时间。更重要的是要有信心，要乐观，等待时机。在周围安静时或能听到附近有人说话时，应敲击出声，向外界传递求救信息。

（4）保证安全，救助他人：脱险后在身体力行的情况下可以救助他人，不能救助时要立即寻找安全的地方，尽快与家人或单位取得联系。

（二）互救

（1）救助者要先救近，再救远，先救医务人员和强壮人员，以便增加帮手。

（2）挖掘时，要分清哪些是支撑物，哪些是压埋阻挡物，保护支撑物，清除阻挡物，保护被压埋者赖以生存的空间不遭覆压。

（3）要确定被压埋者的情况，要用最快的速度使伤者头部充分暴露，并清除口、鼻腔内的异物，保持呼吸通畅，然后再暴露胸腹部。

（4）被压埋者不能自行出来时，不要生拉硬扯，防止进一步造成损伤。对于脊椎损伤者，挖掘时，要避免再次加重脊椎损伤。

（5）急救者要针对不同情况，如窒息、出血、骨折等，予以适当处置。救出受伤者作简单处置后，转移到更安全的地方。

（6）从废墟中救出后，在转送搬运时，应使用硬担架或门板，绝对禁止脊椎弯曲或扭转；不能一人抬肩，一人抬腿，以免造成伤者瘫痪。

（7）对于在黑暗、窒息、饥渴状态下埋压过久的人，救出后应给予必要的护理；蒙上眼睛，使其避免强光的刺激；不可突然接受大量新鲜空气，不可一下进食过多；要避免被救人情绪过于激动；对受伤者，要就地作相应的紧急处理。

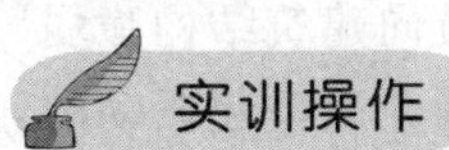

实训目标

- 能进行地震之前的物质准备
- 能正确运用地震的逃生法则
- 能进行地震时的自救与互救

实训要求

(1) 各组自行设计一个地震发生时的情境(如高楼逃生等,每一个情境包括感应到地震时、逃生时及注意事项、被困等待救援时等)。

(2) 根据所分配的情境,合理设置细节,符合常理,不能刻意简化情境。

实训所需物资和人员

根据各组场景需要自行安排。

实训流程

(1) 组内讨论情境细节、人员与职责、物资、方案等。

(2) 进行情境演练。

(3) 自评与总结。

任务二　城市轨道交通发生地震灾害的处理

- 了解城市轨道交通地震灾害的特点
- 掌握城市轨道交通发生地震灾害的处理要点
- 明确各部门、各岗位人员的职责
- 能根据特定情境,制订应急处理方案

一、事件描述

地震发生时,城市轨道交通工作的关键点就是人员的疏散。在疏散过程中我们需要了解地震发生时城市轨道交通建筑结构受影响的特点,尽量避免将人员向建筑结构脆弱、易被破坏的地方疏散。一般情况下地震发生时,地下建筑结构是随周围介质一起振动的,周围土层越厚,建筑结构受破坏程度越低,且地下建筑结构比地面建筑结构受破坏的程度低。本节把城市轨道交通的建筑分两种进行阐述,一种是车站;另一种是区间。车站和区间在地震灾害中,其结构受破坏的特点如下。

1. 车站结构受影响的特点

(1) 高架车站和地面车站结构比地下车站结构受破坏的程度高。

(2) 不对称结构比对称结构受破坏程度高。

(3) 上层结构比下层结构受破坏程度高。

(4) 车站结构中,中柱结构最容易被破坏。

(5) 顶板和侧墙的破坏受中柱被破坏程度的影响。中柱破坏越严重,顶板和侧墙的破坏也越严重。

(6) 横墙、纵墙常在刚性角点处被破坏。

2. 区间受影响的特点

(1) 高架区间比地下区间结构受破坏程度高。

(2) 区间结构破坏多发生在地质变化、区间断面结构变化(如隧道口)、结构刚度变化区。

(3) 区间结构破坏形式主要是裂缝、混凝土脱落、钢筋结构外露等。

典型案例

日本 7.2 级地震,地铁车站坍塌

1995 年 1 月 17 日,日本阪神发生 7.2 级地震,造成车站及区间隧道发生严重损害,有的车站近一半坍塌。

案例来源:http://www.qb5200.com/content/2015-12-13/71111.html.

二、处理要点

(1) 车站立即封站,组织乘客疏散。

(2) 区间列车根据行调命令限速运行到车站疏散乘客。

(3) 车站提前打开站台屏蔽门或安全门,列车到达后迅速疏散。

(4) 震后恢复要做好设备及建筑结构的检查。

三、处理程序

(1) 行调接到市地震台发布地震通报时,应做好以下工作。

① 立即向全线列车发布限速运行至前方站停车清客的命令。

行调用语:“全线列车司机注意,接市地震台发生地震通报,全线列车限速运行至前方站停车清客。”

② 如果地震强度在 5 度以下时,以 15 千米/小时以下的速度对全线线路进行空车压道试运行,确认对列车运行安全没有影响,报经集团公司分管领导批准后,才能恢复列车载客运行。

③ 如果地震强度在 5 度及其以上时,必须经各设备部门对全线线路、信号、供电设备、建筑物进行检查,确认对列车运行没有影响,报经集团公司分管领导批准后,才能恢复列车载客运行。

④ 立即报告线路值班主任。

⑤ 通知各相关专业部生产调度室,对全线线路、信号、供电设备、建筑设施进行检查。

(2) 列车司机接到行车调度员发生地震的通知时,应做好以下工作。

① 应根据行车调度员命令减速运行到前方车站停车疏散乘客。

② 用车内广播安抚乘客。

③ 到站后组织乘客迅速疏散。如出现人员伤亡时，应组织乘客进行自救、互救工作。

④ 如不能继续运行时，应选择安全的地方停车，并采取防溜措施。向行车调度员报告停车地点、状况等，并接收下一步指示。

(3) 环调应做好以下工作。

① 密切监视环控系统运作情况，发现异常及时报告环控工程师和线路值班主任。

② 通知客运公司机电部生产调度室安排人员对所管辖设备进行巡视、检查，并报告设备损坏情况。

③ 及时组织未受影响的设备保持运行工况，确保车站及区间通风良好。

(4) 车站值班站长启动地震应急预案，安排车站工作人员封站、疏散乘客。各岗位人员职责如下。

① 站台岗：迅速将站台乘客向站厅疏散，列车到站后协助疏散列车上的乘客。

② 客运值班员：停止工作，锁好门后，迅速赶到站厅疏散乘客。

③ 售票员立即停止售票，迅速锁好车票及票款，关好门窗，在站厅疏散乘客。

④ 厅巡员听从值班站长安排，在站厅疏散乘客，或救援受伤乘客。

⑤ 保安：到各出口阻止乘客进站。

⑥ 如果发生停电，按照车站大面积停电应急预案处理。

(5) 车站值班员，应做好以下工作。

① 车站值班员按压 AFC 紧急按钮，打开所有进、出站闸机。

② 利用站内广播组织乘客迅速撤离车站。

③ 立即拨打 119、120 电话寻求救援。

④ 留守岗位，通过 CCTV 观察车站情况，与值班站长、行调、环调保持联系。

(6) 维保抢修人员应做好以下工作。

① 工建部立即对全线线路设施、建筑物进行巡查，发现隧道、桥梁、线路受损或建筑物侵限等问题，立即报告行车调度员并组织抢修。

② 电气部立即对全线供电设备进行巡查，发现损坏立即报告行车调度员并组织抢修。

③ 通信信号抢修人员：立即对全线信号、联锁和闭塞设备进行巡查，发现损坏立即报告行车调度员并组织抢修。

④ 机电抢修人员：立即对全线机电设备进行巡查，发现损坏立即报告行车调度员、环控调度员并组织抢修。

(7) 事后恢复措施。

① 得到市地震台地震平息的通报后，行调通知各部门做好恢复运营的准备工作。

② 各维修部门对线路、设备、信号通信系统等做全面检查，确认具备恢复运营条件后报告行调。

③ 车站人员清理现场，具备运营条件后报告行调。

④ 行调下令恢复运营，各部门各岗位工作人员回到自己岗位，恢复日常工作。

四、事故调查分析

事故处理完后，车站做好人员伤亡统计，维修部门做好线路、设备的损坏统计。各部门对应急救援工作做总结分析，总结成功经验或是存在的不足，不断完善工作，提高应急处理效率和能力。

五、事故预防

地震的预防主要从建筑设计、信息获取、应急处理方案几方面着手。在线路、车站的设计建造时，要考虑工程的抗震能力；城市轨道交通系统要与地震台保持信息畅通，获得地震信息后提前停运，震期要密切关注余震信息，以免造成二次灾害；应急处理方案是应急处理的灵魂，技术科应反复研讨并完善应急预案，各部门也应结合部门特点将应急预案具体化，各部门之间还应加强协作，加大应急演练力度，加强员工应急处理能力培训，常备应急处理物资。由此从震前、震期的各个方面来预防事故，将人员伤亡和损失降到最低。

实训操作

实训目标

- 能按正确流程对地震灾害进行应急处理
- 清楚各个岗位工作人员的职责及处理程序
- 能妥善处理各种细节，做到随机应变
- 能对情境模拟进行自评与总结，不断完善自己
- 能填写事故调查表，能做事故调查报告，能提出预防改进措施
- 具备爱岗敬业、坚守岗位的职业素质

实训要求

(1) 根据所分配的情境，合理设置细节，符合常理，不能刻意简化情境。

(2) 人员岗位分工明确，各岗位人员清楚自身职责与处理程序。

(3) 物资准备齐全，运用合理。

(4) 遵守规章制度，正确处理事件，同时灵活应对乘客。

(5) 表格填写规范具体，原因分析有理有据，预防改进措施合情合理。

实训所需物资和人员

(1) 物资：急救箱、担架、警戒绳、应急照明、对讲机、电话、安全帽、扩音器、广播等。

(2) 人员：乘客若干，司机、行调、环调、维修人员、值班站长、值班员、站务员若干，消防人员、急救人员等。

实训流程

(1) 给各组分配情境任务。

(2) 组内讨论情境细节、人员与职责、物资等。

(3) 情境模拟。

(4) 事故调查及预防。

(5) 自评与总结。

实训表格

(1) 乘客伤亡统计表(参看附表 6)。

(2) 岗位与职责表(参看附表 2)。

(3) 实训演练程序及步骤表(参看附表 3)。

(4) 实训演练评估表(参看附表 4)。

(5) 事故事件台账(参考附表 5)。

实训演练示例

城市轨道交通遭遇地震

1. 情境

本市地震台发布地震通报,行调向全线列车发布限速运行至前方站停车清客命令,车站立即封站,组织乘客疏散。

2. 处理流程

(1) 行调通知全线列车清客,司机做好广播工作并安抚乘客。

行调:“全线列车司机注意,接市地震台发生地震通报,全线列车限速运行至前方站停车清客。”

司机:“某某次列车司机有,接市地震台发生地震通报,全线列车限速运行至前方站停车清客。明白。”

列车广播:“各位乘客请注意,由于发生紧急情况,列车即将在前方站终止服务,请勿触碰车内设施,列车到站后请所有乘客下车,给您带来不便非常抱歉。”

(2) 行调通知全线车站疏散乘客并封站。

行调:“全线车站请注意,接市地震台发生地震通报,全线车站立即疏散乘客并封站。”

(3) 车站接到通知后,值班站长启动地震应急预案,安排车站工作人员封站,疏散乘客。

车站值班站长:“车站所有工作人员请注意,由于发生地震,现在启动地震应急预案,所有工作人员做好乘客疏散与封站工作。”

(4) 车站工作人员根据值班站长的指示,做好相应工作。

① 站台岗:迅速将站台乘客向站厅疏散,列车到站后协助疏散列车上的乘客。

② 售票员:停止售票,锁好车票、票款和票亭,打开边门疏散乘客。

③ 保安:到出入口粘贴告示,阻止乘客进站。

④ 厅巡:关停车站所有扶梯,疏散乘客。

⑤ 票务员：锁好票务室(点钞室),到站厅疏散乘客。

⑥ 其他所有工作人员：协助疏散乘客,若有乘客受伤,做好乘客的救护工作。

(5) 车站值班员按压 AFC 闸机紧急释放按钮,打开所有进出站闸机,并广播引导乘客疏散。

车站广播："各位乘客请注意,由于车站发生险情,请所有乘客按照工作人员指引,迅速离开车站,请照顾好身边的老人和小孩,注意自身安全,谢谢您的配合。"

(6) 车站值班员立即拨打 119、120 电话寻求支援,留守岗位,通过 CCTV 观察车站情况,与值班站长、行调、环调保持联系。

(7) 事后恢复：得到市地震台地震平息的通报后,行调通知各部门做好恢复运营的准备工作。

① 各维修部门对线路、设备、信号通信系统等做全面检查,确认具备恢复运营条件后报告行调。

② 车站人员清理现场,具备运营条件后报告行调。

③ 行调报集团公司分管领导批准后,下令恢复运营,各部门各岗位工作人员回到自己岗位,恢复日常工作。

任务三　暴雨公共应急

学习目标

- 了解国家关于暴雨的规定
- 了解不同暴雨预警信号所表示的意思
- 掌握暴雨天气的防护措施

知识准备

一、暴雨的定义

中国气象上规定，24 小时内降水量为 50 毫米及以上的雨称为"暴雨"。按降水强度大小可分为三个等级：24 小时降水量为 50～99.9 毫米称"暴雨";100～250 毫米称"大暴雨";250 毫米以上称"特大暴雨"。有关降雨级别与降雨量之间的关系如表 4.3.1 所示。

表 4.3.1　降雨级别与降雨量之间的关系

降雨等级用语	12 小时降水总量/毫米	24 小时降水总量/毫米
毛毛雨、小雨、阵雨	0.1～4.9	0.1～9.9
小雨到中雨	3.0～9.9	5.0～16.9
中雨	5.0～14.9	10.0～24.9
中雨到大雨	10.0～22.9	17.0～37.9

续表

降雨等级用语	12 小时降水总量/毫米	24 小时降水总量/毫米
大雨	15.0～29.9	25.0～49.9
大雨到暴雨	23.0～49.9	38.0～74.9
暴雨	30.0～69.9	50.0～99.9
暴雨到大暴雨	50.0～104.9	75.0～174.9
大暴雨	70.0～139.9	100.0～249.9
大暴雨到特大暴雨	105～169.9	175～299.9
特大暴雨	140 以上	200 以上

二、暴雨预警信号

暴雨预警信号分四级，分别以蓝色、黄色、橙色、红色表示。

1. 暴雨蓝色预警

标准：12 小时内降雨量将达 50 毫米以上，或者已达 50 毫米以上且降雨可能持续。

2. 暴雨黄色预警

标准：6 小时内降雨量将达 50 毫米以上，或者已达 50 毫米以上且降雨可能持续。

3. 暴雨橙色预警

标准：3 小时内降雨量将达 50 毫米以上，或者已达 50 毫米以上且降雨可能持续。

4. 暴雨红色预警

标准：3 小时内降雨量将达 100 毫米以上，或者已达 100 毫米以上且降雨可能持续。

三、防护措施

(1) 检查电路、炉火等设施是否安全，关闭电源总开关。

(2) 暂停田间劳动，户外人员应立即到地势高的地方或山洞暂避。

(3) 预防居民住房发生小内涝，可因地制宜，在家门口放置挡水板、堆置沙袋或堆砌土坎。

(4) 危旧房屋或在低洼地势住宅的人员及时转移到安全地方。

(5) 注意夜间的暴雨，提防旧房屋倒塌伤人。

四、户外遇暴雨天气的处理及自救互救

(1) 在户外积水中行走时，要注意观察，外出时应尽可能绕过积水严重的地段，贴近建筑物行走，防止跌入窨井、地坑等。

(2) 不要在下大雨时骑自行车。在积水中行走要注意观察。防止跌入窨井或坑、洞中。

(3) 驾驶员遇到路面或立交桥下积水过深时，应尽量绕行，避免强行通过，雨天汽车

在低洼处熄火，千万不要在车上等候，下车到高处等待救援。

（4）河道是城市中重要的排水通道，不要将垃圾、杂物丢入马路下水道，以防堵塞，积水成灾。

（5）在山区旅游时，注意防范山洪。上游来水突然混浊、水位上涨较快时，须特别注意。

五、野外遇暴雨天气注意事项

（1）处在危房里、危墙下及危桥上时，都必须及时转移。

（2）不可在河堤及水库坝上久留，以免洪水冲垮堤坝。

（3）山脚下或山坡上不能久留，暴雨易引发山洪及泥石流、山体滑坡。

（4）暴雨容易引起岩洞坍塌，因此不要在岩洞里避雨。

（5）千万不要攀登电线杆，避免发生触电事故。

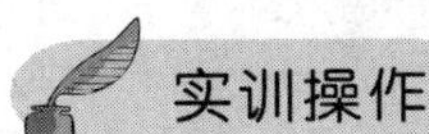

实训操作

实训目标

- 具备自我学习总结能力
- 能对自己的调查结果做总结汇报
- 具备良好的演讲与表达能力

实训任务及要求

（1）网上查阅资料了解自己所在城市百年来的特大暴雨情况。

（2）预测自己所在城市未来最近一次特大暴雨将发生在什么时候、什么地区。

（3）预测在自己所在城市未来最近一次特大暴雨发生时，轨道交通哪些线路或车站会受影响，如何防护。

（4）对自己的调查和预测结果以PPT形式做总结汇报。

（5）以小组为单位完成实训任务，每个成员要有明确分工。

实训流程

（1）以小组为单位执行实训任务，进行各人员分工。

（2）各人员查阅资料，执行任务。

（3）小组讨论调查结果，预测未来情况。

（4）总结调查和预测结果，制作PPT。

（5）汇报总结与自评。

任务四　城市轨道交通遇暴雨天气应急处理

- 能认识到暴雨天气对城市轨道交通运营的影响
- 正确把握轨道交通发生暴雨天气应急处理的要点
- 掌握暴雨天气下关闭出入口的条件
- 能根据特定情境制订应急处理方案

一、事件描述

暴雨天气对城市轨道交通运营的影响主要有以下几方面。

(1) 影响行车视距。

(2) 影响信号设备,导致设备故障。

(3) 引发洪水或山体滑坡,损害线路,影响行车。

(4) 水流灌入车站,带来乘客伤亡。

所以,在暴雨天气影响下,城市轨道交通要做好以下工作:各部门维修人员应提前巡视,检查线路、设备运作情况;乘务和控制中心要共同保证列车安全运行;车站要保证好乘客安全乘降,避免因地滑导致乘客伤亡事件,出入口出现险情时及时关闭出入口,做好乘客引导。

典型案例

北京暴雨致地铁 6 号线路面塌陷

2012 年 7 月 22 日大暴雨袭击了北京全市。强降雨除对市内交通和人们出行造成影响外,还在北京多个地区引发了地质灾害。北京地铁 6 号线金台路工地发生路面塌陷。

案例来源:http://news.qq.com/a/20120722/000244.html.

二、处理要点

(1) 司机发现暴雨险情报告行车调度员,限速行驶,注意瞭望。

(2) 行车调度员根据行车速度调整列车运行图。

(3) 维保公司提前巡查线路等情况,防止暴雨导致山体滑坡、洪水等灾害,发现险情报告行调并采取紧急处理措施。

(4) 通号公司提前检查信号设备运行状况,发现险情报告行调并采用紧急处理措施。

(5) 车站做好乘客安全乘降工作,加强安全巡视与广播。

(6) 根据情况及时关闭出现险情的出入口。

三、处理程序

(1) 司机发现暴雨来临时,应做好以下工作。

① 立即报告行车调度员。

报告用语:“行调,我是××次列车司机,现在××站至××站上(下)行区间,现出现暴雨情况。”

② 注意瞭望,控制速度,并开启列车前照灯。

③ 车在高架站进站前应鸣笛。

(2) 行车调度员接到暴雨天气、能见度较低等异常情况的报告后,应做好以下工作。

① 立即报告线路值班主任。

② 令司机注意瞭望,控制速度,随时与司机保持联系。

③ 通知相关专业部生产调度室。

④ 加强对列车运行情况的监视,时刻关注在线列车的运行状况。

⑤ 通知各车站做好站台乘客的安全组织工作。

⑥ 根据暴雨对列车运行速度的影响,及时调整列车运行图。

(3) 维保抢险人员应做好以下工作。

① 暴雨来临前出发,进行雨前巡视。

② 做好防治暴雨可能引起的洪涝、山体滑坡、树木倒塌等灾害的准备工作。

③ 应急抢险队做好应急抢险准备(如人员、防水电筒、雨衣、工兵锹等)。

④ 提前检查供电设备的运行状况。

⑤ 发现异常情况立即报告行调,并采取措施紧急处理。

(4) 通号抢险人员应做好以下工作。

① 暴雨发生前出发,检查信号、通信、AFC设备的运行状况。

② 应急抢险队做好应急抢险准备。

③ 发现异常情况立即报告行调,并采取措施紧急处理。

(5) 车站值班站长发现暴雨天气后应做好以下工作。

① 通知各岗位人员做好乘降组织工作,维持好站台秩序,加强站厅、站台、扶梯口、出入口的巡查。

② 通知保洁及时清除站内积水,摆放“小心地滑”提示牌。

③ 车站人手不够时,向中心站请求支援。

(6) 车站值班员应做好以下工作。

① 打开车站所有照明。

② 加强车站广播,提醒乘客注意安全。

③ 加强CCTV监视,密切关注车站情况。

(7) 站台岗应做好以下工作。

① 做好乘降工作组织,提醒乘客注意安全。

② 加强站台及站台通往站厅扶梯口的巡视，发现积水及时通知保洁清除，摆放“小心地滑”提示牌。

③ 高架站测试站台安全门受雨水影响容易发生故障，站台岗应做好安全门故障应急处理。当处理不过来人手不够时，报告值班站长请求增加支援。

(8) 厅巡岗应做好以下工作。

① 加强站厅、出入口的巡视，发现积水时通知保洁清除，并放置“小心地滑”提示牌。

② 加强扶梯口处的安全提示广播。

③ 若出入口处出现险情，立即报告值班站长。

(9) 值班站长接到出入口险情报告后，立即前往确认。

① 险情达到可以关闭出入口的条件后，命令值班员将现场情况依次上报相关部门(行调、生产调度及中心站站长)。

汇报用语：“报告行调，车站××出入口因积水无法正常通行，请求关闭该出入口。”

② 相关部门同意后，值班站长组织指挥关闭出入口工作。

③ 特殊情况(如：特大洪水)下，值班站长可直接决定关闭出入口，事后再将信息逐级上报。

④ 出入口关闭后做好现场隔离措施，对关闭的出入口进行全面检查，确保封闭区域无乘客滞留。

⑤ 安排守职人员做好解释工作，同时引导乘客从其他出入口进入车站。

⑥ 机动人员按值班站长指示到车控室领取服务告示粘贴于出入口，领取需要关闭的出入口卷帘门钥匙，关闭卷帘门，恢复运营后，撤除告示，归还钥匙。

(10) 车站关闭某出入口后，值班员对站内乘客做好广播引导。(间歇性重复)

广播用语：“各位乘客请注意，因车站×号出入口积水导致无法正常通过，请从其他出入口进出车站，谢谢合作。”

(11) 保安根据值班站长指示到关闭的出入口引导乘客从其他出入口进出车站，并做好解释工作。

(12) 其他岗位人员坚守岗位，做好乘客解释工作。

(13) 事后恢复措施。

① 险情排除后，车站人员清理现场，车站值班员向行调报告车站险情排除，现场清理好，具备恢复运营条件，请求恢复运营。

② 工建部、机电部抢险救援人员检查线路、设备，确认具备恢复运营条件后报告行调。

③ 行调确认具备恢复运营条件后，下令恢复运营。

④ 各岗位人员回到岗位中，恢复正常工作。

【补充】

关闭车站出入口的条件

(1) 因暴雨天气、水灾，车站部分出入口因地势或其他原因导致水流倒灌入车站内部，而车站排水能力不足，在采取堵封措施后仍不能缓解，但车站依靠其余出口仍能正常运营的。

(2) 因暴雨天气、水灾，车站部分出入口通道内部结构发生多处漏水且滴水成线，导致乘客不能从该出口正常出入车站，但车站依靠其余出口仍能正常运营的。

四、事故调查分析

事故处理完后，调查事故发生的原因，各部门在了解事故信息方面有无不足，如何改善；调查事故处理过程中，有无不当或不足，是否应该追究责任，各岗位人员在哪些方面还需要提高，如何进行培训；调查事故处理结果，是否已将人员伤亡和损失程度降到最低。

五、事故预防

1. 维保公司的预防

(1) 保证日常巡查工作落实到位。

(2) 暴雨来临前进行雨前巡视。

(3) 做好防治暴雨可能引起的洪涝、山体滑坡、树木倒塌等灾害的准备工作。

(4) 提前检查供电设备的运行状况。

(5) 时刻做好应急准备，做好员工培训工作。

2. 通号公司的预防

(1) 保证日常检查工作落实到位。

(2) 暴雨发生前出发，检查信号、通信、AFC设备的运行状况。

(3) 时刻做好应急准备，做好员工培训工作。

3. 车站的预防

(1) 加强站台、站厅、楼扶梯口、出入口的巡视。

(2) 检查车站相关物资("小心地滑"提示牌、告示、安全提醒广播)是否够用。

(3) 特殊车站设置防淹门，配置防水沙袋等。

(4) 出入口增加排水通道。

(5) 制订和完善应急处理方案，做好员工培训与演练工作。

4. 控制中心的预防

(1) 关注气象信息，提前做好防灾准备。

(2) 做好应急预案的培训和演练工作。

5. 乘务部门的预防

(1) 乘务人员上岗要保证良好的工作状态。

(2) 做好乘务人员应急预案的培训和演练工作。

实训目标

- 能按正确流程对暴雨天气进行应急处理
- 清楚各个岗位工作人员的职责及处理程序
- 能妥善处理各种细节,做到随机应变
- 能对情境模拟进行自评与总结,不断完善自己
- 能填写事故调查表,能做事故调查报告,能提出预防改进措施

实训要求

(1) 根据所分配的情境,合理设置细节,符合常理,不能刻意简化情境。

(2) 人员岗位分工明确,各岗位人员清楚自身职责与处理程序。

(3) 物资准备齐全,运用合理。

(4) 遵守规章制度,正确处理事件,同时灵活应对乘客。

(5) 表格填写规范具体,原因分析有理有据,预防改进措施合情合理。

实训所需物资和人员

(1) 物资:急救箱、担架、警戒绳、照明、对讲机、电话、扩音器、广播、告示、"小心地滑"提示牌、防淹门、拦水沙包等。

(2) 人员:乘客若干,司机、行调、环调、维修人员、值班站长、值班员、站务员若干等。

实训流程

(1) 给各组分配情境任务。

(2) 组内讨论情境细节、人员与职责、物资等。

(3) 情境模拟。

(4) 事故调查及预防。

(5) 自评与总结。

实训表格

(1) 乘客伤亡事件调查记录表(参看附表 1)。

(2) 岗位与职责表(参看附表 2)。

(3) 实训演练程序及步骤表(参看附表 3)。

(4) 实训演练评估表(参看附表 4)。

(5) 事故事件台账(参看附表 5)。

实训演练示例

城市轨道交通遭遇暴雨情况

1. 情境

010178次列车，运行到A站至B站上行区间时，突遇暴雨情况，能见度较低，车站出入口积水严重。

2. 处理流程

(1) 司机立即报告行调。

司机："呼叫行调，我是010178次列车司机，010178次列车到A站至B站上行区间时，突遇暴雨情况，能见度较低，请指示。"

行调："行调有，010178次列车运行到A站至B站上行区间，突遇暴雨情况，能见度较低，收到。请打开前照灯，注意瞭望，控制车速。"

司机："打开前照灯，注意瞭望，控制车速，明白。"

(2) 行调报告值班主任，通知车站做好乘客安全乘降工作，密切监视列车运行，并根据暴雨情况适时调整列车运行。

(3) 车站值班站长发现暴雨情况后，通知各岗位人员做好乘客乘降组织工作，维持好站台秩序，加强站台、站厅、扶梯口、出入口的巡查，摆放"小心地滑"提示牌。

车站值班站长："车站值班员注意，现出现暴雨情况，立即启动应急预案，打开车站所有照明，加强车站广播和CCTV监视。"

车站值班员："立即启动暴雨应急预案，打开车站所有照明，加强车站广播和CCTV监视。值班员收到。"

值班站长："站台岗。"

站台岗："站台岗有。"

值班站长："请做好乘降组织工作，加强站台及站台通往站厅扶梯口的监视。"

站台岗："做好乘降组织工作，加强站台及站台通往站厅扶梯口监视，明白。"

值班站长："厅巡岗。"

厅巡岗："厅巡岗有。"

值班站长："加强站厅、出入口巡视，加强扶梯口处的安全提示广播。并在湿滑地面处摆放'小心地滑'提示牌。"

厅巡岗："加强站厅、出入口巡视，加强扶梯口处的安全提示广播。并在湿滑地面处摆放'小心地滑'提示牌，明白。"

(4) 值班员通过广播通知保洁及时清理站内积水。

值班员："车站保洁请注意，由于暴雨天气影响，各出入口积水严重，请车站保洁及时清理站内积水。"

(5) 车站积水严重，保洁清理不及，向值班站长报告。

保洁："报告值班站长，出入口积水严重，清理不及。"

值班站长："收到，我立即加派人员前来协助处理。"

(6) 值班站长通知厅巡携带工具前往出入口处理。

值班站长："厅巡请注意，出入口积水严重，请你携带工具前往协助保洁清理积水。"

(7) 积水仍然清理不及，厅巡向值班站长报告。

厅巡："呼叫值班站长。"

值班站长："值班站长有。"

厅巡："出入口积水太过严重，根本清理不及，请指示。"

值班站长："我立即赶往现场查看。"

(8) 值班站长立即前往现场，确认险情达到可以关闭出入口的条件后，命令值班员将现场情况上报行调。

车站值班员："报告行调，A 车站 1 号出入口因积水无法正常通行，请求关闭该出口。"

行调："行调有，A 车站 1 号出入口因积水无法正常通行，可以关闭该出口。"

(9) 值班站长下令关闭 1 号出入口，并安排人员引导乘客从其他出入口通行。

值班站长："各岗位注意，1 号出入口因积水无法正常通行，现将关闭该出入口，请及时引导乘客从其他出入口进出，并做好解释工作。"

各岗位："收到。"

(10) 值班员播放广播引导乘客从其他出入口通行。

车站广播："各位乘客请注意，因车站 1 号出入口积水导致无法正常通行，请从其他出入口进出车站，给您带来的不便敬请谅解。"

(11) 维修人员赶往现场，查看信号、通信、车站 AFC 设备的运行情况。

(12) 暴雨停止，站内积水得到缓解，值班站长安排人员清除站内积水，恢复该出入口。

值班站长："厅巡和保洁，请清理站内积水，恢复 1 号出入口的通行。"

(13) 经维修人员检查确认所有设备运作正常，可以恢复正常运行时，值班员向行调汇报，请求恢复正常运营。

值班员："A 站值班员呼叫行调，暴雨停止，A 站设备运作正常，请求恢复正常运营。"

行调："收到，可以恢复正常运营。"

(14) 值班站长下令恢复正常运营，各岗位回到日常岗位中。

任务五　水灾公共应急

- 了解水灾相关常识
- 掌握水灾来临前的准备措施
- 掌握水灾来临时的应急措施

一、认识水灾

1. 水灾的定义

水灾泛指洪水泛滥、暴雨积水和土壤水分过多对人类社会造成的灾害。多是由暴雨、飓风和堤坝坍塌等引起。

2. 水灾危险地带

(1) 危房里及危房周围。

(2) 危墙及高墙旁。

(3) 洪水淹没的下水道。

(4) 马路两边的下水井通及窨井。

(5) 电线杆及高压线塔周围。

(6) 化工厂及贮藏危险品的仓库。

二、洪水来临前的准备

1. 洪水将要来临时的物资准备

(1) 准备通信设备,了解洪水信息,及时转移。

(2) 准备饮用水、果汁、食物及治疗感冒、痢疾、皮肤感染的药品。

(3) 准备保暖的颜色鲜艳的衣物。

(4) 准备电筒、蜡烛、打火机、旗帜、哨子等以备需要时当作信号。

(5) 汽车加满油,保证随时可以开动。

2. 自制漂浮筏

(1) 搜集木盆、木制家具、木块、漂浮材料并用绳子捆绑在一起,加工成救生设备以备急需。

(2) 没有现成的绳索,可将床单、窗帘、衣物等撕成条。地瓜蔓及藤条都可以用来做成绳索。

(3) 泡沫板、木板等面积较小的漂浮筏,可采用打背包的方法捆扎起来,以增加漂浮力。

(4) 散开的秸秆、树枝、竹竿、木杆等可采用编席的方法串联起来,制成排筏。

3. 采取措施防止洪水涌入室内

(1) 房屋的门槛、窗户是进水部位。用沙袋、土袋在门槛和窗户处筑起防线。

(2) 用胶带纸密封所有的门窗缝隙,可以多封几层。

(3) 老鼠洞穴、排水洞等一切可能进水的地方都要堵死。真正被密闭的建筑物就不会进水了。

三、洪水来临时的应急

1. 洪水袭来时,来不及转移怎么办?

(1) 向高处逃生。

(2) 身处危房时,要迅速撤离,寻找安全坚固处所,避免落入水中。

(3) 除非在水可能冲垮建筑物或水面没过屋顶时被迫撤离,否则待着别动,等水停止上涨再逃离。

(4) 扎制木排等逃生用品。利用通信设施联系救援。可利用眼镜片、镜子在阳光的照射下反光发出求救信号。

(5) 夜晚,利用手电筒及火光发出求救信号。

(6) 当发现救援人员时,应及时挥动鲜艳的衣物、红领巾等物品,发出求救信号。

2. 人落入水中应怎么做?

(1) 万一掉进水里,要屏气并捏住鼻子,避免呛水,试试能否站起来。

(2) 如水太深,站不起来,又不能迅速游到岸上,就踩水助游。抓住身边漂浮的任何物体。

(3) 如会游泳,就游向最近而且容易登陆的岸边。如不会游泳,千万不要慌乱,可按以下两种办法行动:一是面朝上,头向后仰,双脚交替向下踩水,手掌拍击水面,让嘴露出水面,呼出气后立刻使劲吸气;二是迅速观察四周,是否有露出水面的固定物体,并向其靠拢。

3. 在洪水中徒身漂流怎么办?

(1) 许多人同时落水,可以手拉手,用牵制力共同抵御洪水。

(2) 落入水中时,要及时脱掉鞋子,减少阻力,将头露出水面,调整呼吸。

(3) 浪高水急,徒身漂浮时,不要做无谓的挣扎,尽可能节省体力。

(4) 及时躲避漩涡及水中夹带的石块等可能危及身体的重物。

(5) 发现并抓住漂浮的木杆、柴火秸秆、家具等作为救生物品。

(6) 发现树木、坝坎、岸沿等高地要想方设法靠上去。

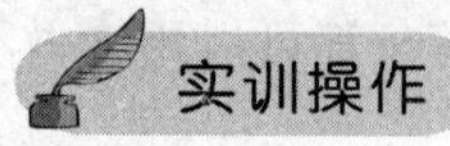

实训目标

- 能够自制漂浮筏
- 在水灾发生时能顺利逃生

实训任务及要求

任务1 学习游泳(选做)

(1) 找正规的具有安全保障设施和措施的游泳馆学习游泳,保证自身安全。

(2) 严禁到江、河、湖等危险地带游泳。

(3) 签阅安全责任承诺书。

任务 2　自制漂浮筏

(1) 以小组为单位,自选材料,设计制作漂浮筏。

(2) 漂浮筏必须能承载一个成年男子的重量(80 千克)漂浮于水面。

实训所需物资和人员

泳装、具有浮力的相关物品、胶布或绳索等能将物体连在一起的物品等。具体根据个人(小组)需求而定。

实训流程

任务 1 的实训流程。

(1) 签阅安全责任承诺书。

(2) 寻找游泳馆,签订学习合同,并将学习合同复印件交学校建档。

(3) 学习游泳。

任务 2 的实训流程。

(1) 小组讨论设计制作方案。

(2) 人员分工。

(3) 收集制作材料。

(4) 制作。

(5) 测试验收。

(6) 自评与总结。

任务六　城市轨道交通水灾事件的应急处理

学习目标

- 能深刻认识轨道交通发生水灾应急处理的重要性
- 正确把握轨道交通发生水灾应急处理的要点
- 掌握关闭车站的条件
- 能根据具体情境,制订应急处理方案

知识准备

一、事件描述

水灾对城市轨道交通运营的影响是直接危及行车安全,因此发现积水情况时,首先确认积水严重程度,然后根据水情采取不同的行车方案。车站人员、工建部人员积极采取措施排水。险情无法控制时车站封站,应急处理措施都围绕保证乘客人身安全展开。

典型案例

美国纽约洪灾,地铁隧道严重渗水

2012 年 10 月 30 日美国纽约受台风"桑迪"影响导致严重洪灾,地铁隧道严重渗水,地铁内积水大约有 1 米多深。

案例来源:http://news.cntv.cn/world/20121030/106205.shtml.

二、处理要点

(1) 发现险情立即上报。

(2) 行车调度员派人确认水情,根据水情严重程度指挥行车或扣停列车。

(3) 车站采取排水措施,及时向 119、120 请求救援,险情无法控制时,向行调请求封站。

(4) 工建部到现场确认水情,采取措施排水救援。

(5) 机电部检查设备情况,采取紧急措施救援。

三、处理程序

(一) 地铁系统水灾处理程序

(1) 列车司机发现前方路段积水向行车调度员报告水势情况。

(2) 车站值班员发现线路、站房积水,立即上报(行车调度员、客运公司机电部生产调度室、安保部等)。

(3) 环调发现线路积水的报警,立即报告环控工程师、线路值班主任。通知机电、工建及相关专业部生产调度室,派人到现场进行处理。

(4) 行调接到线路积水报告后应做好以下工作。

① 立刻向线路值班主任报告,并通知环控调度员和相关专业部生产调度室。

② 线路、站房积水且影响列车通过时,立刻扣停相关列车,并令列车司机(车站人员)现场确认情况。

③ 通知车站值班员密切监视列车运行,有异常情况及时向行车调度员报告。

④ 若积水低于道床可以正常通行,指示列车正常通过,并通告全线列车司机、轮乘室积水地点加强瞭望。

⑤ 若积水低于轨面高于道床可以限速通过,指示列车限速通过积水地段,并通告全线列车司机、轮乘室积水地点限速并加强瞭望。

⑥ 若积水漫过轨面不能通过,继续扣停相关列车,制订列车运行调整方案,在具备条件的区段组织小交路运行。并通告全线列车司机、车站,发布运营受阻信息。

⑦ 组织相关维修人员到现场抢修。

⑧ 水位下降后,通知全线列车司机、车站恢复正常运行。

(5) 司机应做好以下工作。

① 积水低于整体道床时,按正常速度运行。

② 积水高于整体道床、但低于轨面时,限速(45 千米/小时)运行。

③ 积水漫过轨面时,严禁列车通过。

(6) 车站值班站长应做好以下工作。

① 安排站台岗加强线路积水情况巡视。

② 安排厅巡加强出入口积水情况巡视。

③ 发现险情时立即令值班员向相关部门或人员报告(行调、119、120)。

④ 安排车站人员积极设法断水、堵水、排水和清除积水,配合抢险人员抢险。

⑤ 达到封站条件时令值班员向行调报告,请求封站。

⑥ 特殊情况下,值班站长直接决定封站,事后再逐一上报。

(7) 值班员应做好以下工作。

① 出现险情时,向行调、119、120 报告。

② 按值班站长指示向行调请求封站,得到封站命令后报告值班站长。

③ 得到封站命令后,通过广播引导乘客出站。

广播用语:"各位乘客请注意,因车站积水导致车站无法正常运营,请各位乘客迅速离开车站,照顾好身边的老人和小孩,不要拥挤,注意安全,谢谢合作。"(间歇性重复广播)

④ 通过 CCTV 关注车站情况,保持与行调、值班站长的联系。

(8) 值班站长指挥各岗位人员组织乘客疏散和封站,做好乘客解释工作,并协助抢险人员抢险。出现乘客伤亡时做好急救。

(9) 封站时车站各岗位人员职责如下。

① 客运值班员:协助值班站长做好组织疏散乘客工作以及票务服务工作。

② 厅巡岗:在站厅进行宣传疏导,引导乘客迅速有序出站;确认站厅清客完毕后,向值班站长进行汇报。

③ 售票岗:锁好车票、钱箱。关闭票亭,到站厅疏散乘客。

④ 站台岗:在站台进行宣传疏导,引导乘客至站厅;确认站台疏客完毕向值班站长汇报,到站厅指引乘客疏散。

⑤ 安检岗:在出入口张贴服务告示,关闭卷帘门。

保安:根据值班站长的安排,到出入口值守,关闭卷帘门时回到车站,协助抢险人员抢险。

(10) 工建部抢险人员应做好以下工作。

① 进入轨行区进行抢险时,应做好自身安全防护。如现场人员认为进行抢险将危及抢险人员人身安全时,应立即向行车调度员提出封锁区间的请求。

② 检查所有排水沟渠畅通情况,及时清理堵塞。

③ 及时向环控调度员报告水情。

（11）机电部抢险人员应做好以下工作。

① 接到线路积水的抢修命令后，立即赶赴现场，并携带抽排水等工具设备。

② 检查水管破裂地点，及时采取切断水源措施。立即检查排水系统，及时排水。

③ 做好进水区域的照明，对给水、消防水管破裂地点及时采取断水措施；开启水泵排水；立即检查抽排水系统，及时排除故障。

④ 及时向环控调度员报告水情。

（12）事后恢复措施。

① 险情排除后，车站人员清理现场，车站值班员向行调报告车站险情排除，现场清理好，具备恢复运营条件，请求恢复运营。

② 工建部、机电部抢险救援人员检查线路、设备，确认具备恢复运营条件后报告行调。

③ 行调确认具备恢复运营条件后，下令恢复运营。

各岗位人员回到岗位中，恢复正常工作。

【补充】

关闭车站的条件

（1）因暴雨天气、水灾，车站多个出入口因地势或其他原因导致水流倒灌入车站内部，而车站排水能力不足，在采取堵封措施后仍不能缓解。

（2）因暴雨天气、水灾，车站部分出入口通道内部结构发生多处漏水且滴水成线，直接威胁到设备正常使用，严重影响车站的正常运营。

（3）因暴雨天气、水灾，导致车站内部有大量乘客，经引导后仍不能有效减少站内滞留乘客数量。

（4）因暴雨极有可能伴有强风，导致高架站雨棚严重破坏，站台吊顶及广告灯箱松脱浸水，严重威胁行车及乘客安全。

（5）暴雨水灾导致的滑坡明显威胁到车站安全。

（二）单轨系统水灾处理程序

（1）司机发现前方路段积水向行车调度员报告水势情况。

（2）车站值班员发现线路、站房积水，立即报告行车调度员、客运公司机电部生产调度室、安保部。

（3）环控发现线路积水的报警，立即报告环控工程师、线路值班主任通知机电、工建及相关专业部生产调度室，派人到现场进行处理。

（4）行调接到线路积水报告后应做好以下工作。

① 立刻向线路值班主任报告，并通知环控调度员和相关专业部生产调度室。

② 将线路积水的地点通知在线列车司机和车站。

③ 线路积水影响行车安全时，立即封锁区间，命令在线运行的列车，运行到指定车站疏散乘客，将列车扣停在适当车站，及时调整列车运行图，组织具备运行条件的区段维持

小交路运营。

④ 抢险人员申请封锁区间进行抢险时，应立即封锁区间。

⑤ 水位下降后，通知全线列车司机、车站恢复正常运行。

(5) 电调根据行车调度员口头命令，对遭受水害的供电区段接触网紧急停电。

(6) 司机应做好以下工作。

① 听从行车调度员指挥，继续运行到终点站或到指定车站停车疏散乘客。

② 如水位较高时，应立即断开列车的受电弓。

(7) 车站人员、工建部抢险救援人员、机电部抢险救援人员的处理原则同地铁系统。

(8) 事后恢复措施。

① 险情排除后，车站人员清理现场，车站值班员向行调报告车站险情排除，现场清理好，具备恢复运营条件，请求恢复运营。

② 工建部、机电部抢险救援人员检查线路、设备，确认具备恢复运营条件后报告行调。

③ 行调确认具备恢复运营条件后，下令恢复运营。

④ 险情排除后，根据行车调度员书面命令，对接触网进行送电。

(9) 各岗位人员回到岗位中，恢复正常工作。

四、事故调查分析

事故处理完后，调查事故发生的原因，各部门在了解事故信息方面有无不足，如何改善；调查事故处理过程中，有无不当或不足，是否应该追究责任，各岗位人员在哪些方面还需要提高，如何进行培训；调查事故处理结果，是否已将人员伤亡和损失程度降到最低。

五、事故预防

(一) 车站的预防

(1) 加强线路、站台、站厅、楼扶梯口、出入口的巡视。
(2) 特殊车站设置防淹门，配置防水沙袋等。
(3) 出入口增加排水通道。
(4) 制订和完善应急处理方案，做好员工培训与演练工作。

(二) 控制中心的预防

(1) 关注气象信息，提前做好防灾准备。
(2) 做好应急预案的培训和演练工作。

(三) 乘务部门的预防

(1) 乘务人员上岗要保证良好的工作状态。
(2) 做好乘务人员应急预案的培训和演练工作。

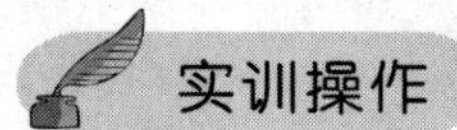

实训操作

实训目标

- 能按正确流程对水灾进行应急处理
- 清楚各个岗位工作人员的职责及处理程序
- 能妥善处理各种细节，做到随机应变
- 能对情境模拟进行自评与总结，不断完善自己
- 能填写事故调查表，能做事故调查报告，能提出预防改进措施

实训要求

(1) 根据所分配的情境，合理设置细节，符合常理，不能刻意简化情境。
(2) 人员岗位分工明确，各岗位人员清楚自身职责与处理程序。
(3) 物资准备齐全，运用合理。
(4) 遵守规章制度，正确处理事件，同时灵活应对乘客。
(5) 表格填写规范具体，原因分析有理有据，预防改进措施合情合理。

实训所需物资和人员

(1) 物资：急救箱、担架、警戒绳、照明、对讲机、电话、扩音器、广播、告示、"小心地滑"提示牌、防淹门、拦水沙包等。
(2) 人员：乘客若干，司机、行调、环调、维修人员、值班站长、值班员、站务员若干等。

实训流程

(1) 给各组分配情境任务。
(2) 组内讨论情境细节、人员与职责、物资等。
(3) 情境模拟。
(4) 事故调查及预防。
(5) 自评与总结。

实训表格

(1) 乘客伤亡事件调查记录表(参看附表 1)。
(2) 岗位与职责表(参看附表 2)。
(3) 实训演练程序及步骤表(参看附表 3)。
(4) 实训演练评估表(参看附表 4)。
(5) 事故事件台账(参看附表 5)。

任务七　山体滑坡公共应急

- 了解山体滑坡以及山体的构成
- 了解山体滑坡原因
- 掌握山体滑坡的应对措施
- 学会鉴别山体滑坡
- 掌握山体滑坡急救的方法

一、认识山体滑坡

1. 山体滑坡的定义

山体滑坡(landslides)是山体斜坡的一部分在重力(包括岩土本身重力及地下水的动静压力)作用下,沿着一定的薄弱结构面产生剪切位移而整体地向斜坡下方移动的现象。

2. 山体滑坡的产生

山体滑坡的产生与地形地质条件、气象水文条件和人类活动等因素有关。地形地质条件是山体滑坡产生的基础,而气象条件和人类活动是导致山体滑坡的直接诱因。例如,在山体比较松散、有各种裂缝或断层的条件下,再出现暴雨、地震、久旱天气就特别容易发生山体滑坡。再如人类的一些经济活动:开挖坡脚、修建公路、山下修建房屋、山上砍伐树木等都也会引发山体滑坡。所以,人类在进行这些活动前一定要先对附近的山体和坡面进行判断,判断山体是否容易发生滑坡的情况。

二、山体滑坡的依据及前兆

(1) 斜坡明显看上去曾经发生过滑坡,说明山体岩土松散,可能会再次发生滑坡。

(2) 斜坡上有裂缝并且裂缝在急剧增长、增宽、增多,坡脚有泥土松脱、垮塌、隆起现象。

(3) 坡体上房屋、道路出现裂缝或变形,电线杆歪斜。

(4) 坡体植物长得东倒西歪。

(5) 泉水、井水出现异常变化,突然干涸或突然出水、冒泡,地下发出异常声响。

(6) 动物出现异常反应,鸡犬不宁,惊慌乱叫。

(7) 当发现以上滑坡征兆时,立即向当地部门报告,立即撤离到安全地带或预先选定的避难场所。

三、自救逃生

(1) 滑坡来临，如果你处于滑坡体上，感觉地面在移动，不要惊慌，以最快的速度向两侧稳定地区转移，一定不要向坡下逃离。

(2) 滑坡来临，如果你在滑坡体的中部，无法逃离时，可选择坡度较缓的开阔地停留，或抱住身边的大树等固定物体，也可以躲避在坚固的障碍物下并用衣物裹住头部，保护好头部。但一定不要和房屋、围墙、电线杆等靠得太近。

(3) 滑坡来临，如果你处于滑坡体下方时，立刻向两侧空地迅速逃离，不要沿滑坡移动方向逃离。

(4) 滑坡停止后，不要立刻贸然返回滑坡地带，以免滑坡再次发生时遭遇不幸。

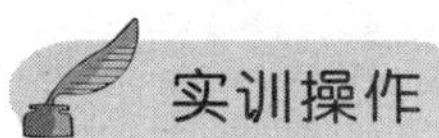

实训目标

- 会辨别山体滑坡
- 发现山体滑坡征兆时，能向相关部门反映情况

实训要求

以小组为单位，调查你所在城市的轨道交通线路及车站附近的山体情况，分析这些线路和车站有无遭遇山体滑坡灾害的危险。如果发现山体滑坡征兆，立即给相关的车站写一封信反映情况。信中详细说明你的调查结果，尽可能提出防范建议。

实训流程

(1) 小组分工。
(2) 搜集轨道交通车站、线路附件山体的相关资料。
(3) 组内讨论这些车站、线路有无遭遇山体滑坡的危险。
(4) 若有危险时，讨论出防范措施。
(5) 给相关车站或部门写一封信，反映危险情况，提出防范建议。
(6) 自评与总结。

任务八　城市轨道交通山体滑坡事件应急处理

- 掌握山体滑坡事件处理要点
- 掌握山体滑坡时行车调整要点
- 了解事件发生时各部门如何协调配合

● 能根据特定情境制订应急处理方案

知识准备

一、事件描述

山体滑坡对城市轨道交通的影响，按照发生的位置不同可分为两种情况：一种是滑坡危及车站的运营；另一种是滑坡危及区间线路，影响列车运行。一般情况下，在山体下方，都会建扶壁、挡土墙或挡土棚。特殊情况下挡土墙等防护措施被破坏，滑坡影响至车站时，车站立即组织封站和人员疏散。滑坡或滑坡导致树木等侵入行车区间时，立即封锁该区间，调整列车运行。

二、处理要点

因山体滑坡危及行车安全时，行车调度员应立即下达封锁区间的调度命令；抢险救援队在滑坡地点设置警戒线，疏散附近人员；工建部按照实际情况制订抢险方案，按照“快速抢通、恢复运营”的原则，尽快放行列车，应急抢险结束，具备行车和送电条件后，工建、电气部要立即报告行车调度员，经集团公司领导批准后及时恢复运营。

(1) 对山体滑坡区段下达封锁区间的调度命令。

(2) 在滑坡地点设置警戒线。

(3) 疏散附近人员。

(4) 工建部按照实际情况制订抢险方案，及时恢复运营。

三、处理程序

1. 发现报告

(1) 现场人员或司机发现山体滑坡时，立即报告行车调度员。

(2) 行调接到报告后详细了解现场情况，立即报告线路值班主任。通知工建、电气、通号部生产调度室。

2. 抢险人员和安保部人员赶赴现场

(1) 维保公司(工建部)、客运公司机电部(电气)、通号公司抢险人员立即赶赴现场。

(2) 安保部到现场设置警戒线，划定警戒区域，维持现场秩序。

3. 行车、客运调整及现场组织

(1) 行调应做好以下工作。

① 组织已进入事故区间的列车退回后方站。

② 及时发布封锁区间的命令。

③ 通知相关车站做好乘客疏散工作。

④ 将在线列车扣停在适当车站，组织具备运营条件的区段小交路运营。

⑤ 通知全线网各站运营受阻情况，做好乘客广播。

（2）司机应做好以下工作。

① 按行车调度员指示行车，并做好广播安抚乘客。

② 列车运行过程中加强瞭望，发现异常立即紧急停车并报告行车调度员。

（3）值班站长应做好以下工作。

① 根据行车调度员的命令，安排车站员工做好乘客组织与疏散工作。

② 事故抢险期间，值班站长为现场抢险总协调人，负责对各部门抢险人员进出轨行区进行把控。

4. 断电准备

（1）行调向电力调度员下达接触网紧急停电的命令。

（2）电调根据行车调度员命令进行紧急停电和送电。

5. 下达进场救援作业命令，抢险人员进场作业

（1）接触网停电完成后，行调向现场抢险人员下达进场作业令（以口头命令代替）。

（2）维保公司抢险人员得到行调进场作业命令后确定是否需要中断列车运行。根据现场情况立即对滑坡地段采取整治措施。检查接触网是否受损，如有损坏，立即进行抢修。险情排除，接触网具备送电条件后，及时报告行车调度员并销令。

（3）客运公司机电部抢险人员得到行调进场作业命令后，对损坏设备进行修理和更换。险情排除，线路具备行车条件后，及时报告行车调度员并销令。

（4）通号公司抢险人员得到行调进场作业命令后检查通信、信号设备是否受损，如有损坏，立即抢修。险情排除，设备恢复正常后，及时向行车调度员报告。抢险时，听从车站值班站长的指挥。

6. 恢复运营

线路和接触网具备行车和送电条件后，行调下达送电命令，组织列车恢复运营。

四、事故调查分析

事故处理完后，调查事故发生的原因，各部门在了解事故信息方面有无不足，如何改善；调查事故处理过程中，有无不当或不足，是否应该追究责任，各岗位人员在哪些方面还需要提高，如何进行培训；调查事故处理结果，是否已将人员伤亡和损失程度降到最低。

五、事故预防

（一）维保公司的预防

（1）保证日常巡查工作落实到位。

（2）暴雨来临前进行雨前巡视。

（3）做好山体滑坡、树木倒塌等灾害的准备工作。

（4）提前检查供电设备的运行状况。

（5）时刻做好应急准备，做好员工培训工作。

（二）通号公司的预防

（1）保证日常检查工作落实到位。
（2）暴雨发生前出发，检查信号、通信、AFC设备的运行状况。
（3）时刻做好应急准备，做好员工培训工作。

（三）车站的预防

（1）加强出入口的巡视。
（2）检查车站相关救援物资是否够用。
（3）特殊车站设置挡土墙、挡土棚等。
（4）制订和完善应急处理方案，做好员工培训与演练工作。

（四）控制中心的预防

（1）关注气象信息，提前做好防灾准备。
（2）做好应急预案的培训和演练工作。

（五）乘务部门的预防

（1）乘务人员上岗要保证良好的工作状态。
（2）做好乘务人员应急预案的培训和演练工作。

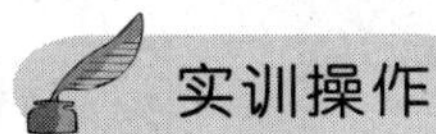

实训操作

实训目标

- 清楚各个岗位工作人员的职责及处理程序
- 能对情境模拟进行自评与总结，不断完善自己
- 能填写事故调查表

实训要求

（1）根据所分配的情境，合理设置细节，符合常理，不能刻意简化情境。
（2）人员岗位分工明确，各岗位人员清楚自身职责与处理程序。
（3）物资准备齐全，运用合理。
（4）遵守规章制度，正确处理事件，同时灵活应对乘客。
（5）表格填写规范具体，原因分析有理有据，预防改进措施合情合理。

实训所需物资和人员

（1）物资：急救箱、担架、警戒绳、照明、对讲机、电话、扩音器、广播等。
（2）人员：乘客若干，司机、行调、环调、维修人员、值班站长、值班员、站务员若干等。

实训流程

(1) 给各组分配情境任务。
(2) 组内讨论情境细节、人员与职责、物资等。
(3) 情境模拟。
(4) 事故调查及预防。
(5) 自评与总结。

实训表格

(1) 乘客伤亡事件调查记录表(参看附表 1)。
(2) 岗位与职责表(参看附表 2)。
(3) 实训演练程序及步骤表(参看附表 3)。
(4) 实训演练评估表(参看附表 4)。
(5) 事故事件台账(参看附表 5)。

任务九　浓雾天气公共应急

- 了解浓雾天气
- 能对浓雾天气可能造成的事故进行分析

一、认识雾

1. 雾的定义

雾是指在接近地球表面的大气中悬浮的由小水滴或冰晶组成的水汽凝结物，是一种常见的天气现象。

2. 雾与雾霾的区分

雾是一种小水滴，属于自然现象，对人体无害。霾是由空气中的灰尘、硫酸、硝酸、有机碳氢化合物等粒子与大气混合而成，是污染造成的非自然现象，对人体有害。

3. 雾的等级

(1) 轻雾：能见距离小于 1000 米大于 500 米时称为轻雾。
(2) 大雾：能见距离不足 500 米时称为大雾。
(3) 浓雾：能见距离不足 200 米时称为浓雾。

二、浓雾的危害

（1）浓雾时能见度很低，易引发各类交通事故，包括陆上的、海上的和空中的。

（2）雾的主要物质——小水滴，在低空中漂浮时不断与灰尘等污染物碰撞凝结，使雾对人体有害的成分大大增加。

（3）浓雾中的酸性物质，对钢铁、电线等具有腐蚀作用，可引起输电线路短路、跳闸、掉闸等故障，造成大面积断电。

（4）浓雾中聚集的污染物对人体呼吸道产生损害，使人出现支气管炎、鼻炎、咽炎、肺炎、肺癌等疾病。

（5）浓雾经久不散，遮蔽日光，使农作物日照不足，并且其中的有害物附着于农作物上，滋生霉菌，使农作物长斑或发生其他病变，进而对人体造成损害。

三、浓雾天气的注意事项

（1）尽量不要外出，必须外出时，要戴上口罩，防止吸入有毒物质引发呼吸道疾病。

（2）到家要清洁面部和裸露在外的皮肤，避免有毒物质在身体长时间附着。

（3）尽量少在雾中活动，不要在雾中锻炼身体。

（4）行人穿越马路要当心，看清来往车辆，遵守交通规则。

（5）驾驶车辆要减速慢行，开启相应灯光，听从交警指挥，能见度过低时及时停车。

（6）浓雾天气不要乘船或乘飞机。遇渡轮停航时，不要拥堵在渡口处。

（7）饮食要以清淡为主。辛辣食物容易引起炎症，一旦在浓雾中吸入有毒物质容易滋生细菌，引发疾病。

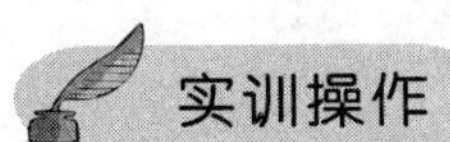

实训目标

能对浓雾天气可能造成的影响进行分析。

实训任务及要求

查阅资料了解浓雾天气对各种交通方式运作的影响。

实训流程

（1）人员分工。

（2）查阅资料。

（3）讨论总结。

（4）以 PPT 或 Word 形式完成总结报告。

任务十　城市轨道交通遇浓雾天气的应急处理

学习目标

- 掌握浓雾天气下的行车工作要点
- 掌握浓雾天气应急处理要点
- 能根据特定情境制订应急处理方案

知识准备

一、事件描述

浓雾天气下，司机的视距严重受影响，在不同视距条件下要采用不同的行车方式，同时车站要做好站台乘客的乘降安全组织工作，若行车速度有较大变动，控制中心还应适时调整列车运行图。

典型案例

重庆轨道地铁 6 号线运营受浓雾影响

2013 年 1 月 12 日早晨 8 点半左右，地铁 6 号线康庄至礼嘉高架段受浓雾影响，导致部分列车运行间隔延长。

案例来源：http://cq.qq.com/a/20130111/000178.html.

二、处理要点

(1) 行调做好列车运行调整工作。

(2) 当出现大雾，能见度低于 100 米，司机应将列车改按“手动驾驶”模式运行，认真瞭望，控制速度。

(3) 车站做好乘客上、下车的乘降组织工作。

三、处理程序

(1) 出现浓雾天气、影响瞭望距离时，司机及时报告行调浓雾区段、能见度等情况。

(2) 行调得到司机报告后应做好以下工作。

① 通过 ATS 加强监视，适时调整运行图并报告线路值班主任。

② 通知在线列车司机出现浓雾天气的区段，要求加强瞭望，在浓雾区段“手动驾驶”模式限速运行，并开启列车前照灯。

③ 通知相应线路乘务段轮乘室和车场调度员出现浓雾区段和能见度等情况，由内勤值班员和车场调度员向未上车的列车司机进行传达。

④ 通知各车站注意监视列车运行，做好站台乘客的乘降组织工作。

⑤ 根据浓雾对列车运行速度的影响，及时调整列车运行图。

(3) 司机应做好以下工作。

① 注意瞭望，在浓雾区段控制速度，并开启列车前照灯，谨慎驾驶。

② 根据行调命令在有雾区段采用“手动驾驶”模式并根据限速规定驾驶。注意瞭望，控制速度，小心驾驶。

③ 当能见度小于100米大于50米时，列车在雾区的限制速度为ATP推荐速度的80%；能见度小于50米时，列车在雾区的限制速度为ATP推荐速度的60%。

④ 列车在进入浓雾区段的车站前应提前控速，加强瞭望，防止乘客侵限。

(4) 车站客运工作组织应做好以下工作。

① 高架站值班员应打开车站所有照明，加强车站广播，提醒乘客注意安全。通过CCTV密切关注车站情况。

② 值班站长安排车站员工做好乘客的乘降组织工作，加强站内外巡视。

③ 站台岗维护好站台秩序。

④ 其他各岗位人员坚守岗位，加强巡视，做好乘客引导。

四、事故调查分析

事故处理完后，调查事故发生的原因，各部门在了解事故信息方面有无不足，如何改善；调查事故处理过程中，有无不当或不足，是否应该追究责任，各岗位人员在哪些方面还需要提高，如何进行培训；调查事故处理结果，是否已将人员伤亡和损失程度降到最低。

五、事故预防

(1) 加强站台、出入口的巡视。

(2) 高架站开启全站照明。

(3) 控制中心关注气象信息，提前做好防灾准备。

(4) 乘务人员上岗要保证良好的工作状态，注意瞭望，开启列车前照灯。

(5) 制订和完善应急处理方案，做好员工培训与演练工作。

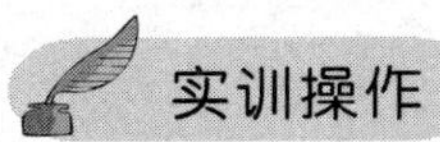

实训操作

实训目标

- 能按正确流程对浓雾天气进行应急处理
- 清楚各个岗位工作人员的职责及处理程序
- 能填写事故调查表，能做事故调查报告，能提出预防改进措施

实训要求

(1) 根据所分配的情境，合理设置细节，符合常理，不能刻意简化情境。

(2) 人员岗位分工明确,各岗位人员清楚自身职责与处理程序。

(3) 物资准备齐全,运用合理。

(4) 遵守规章制度,正确处理事件,同时灵活应对乘客。

(5) 表格填写规范具体,原因分析有理有据,预防改进措施合情合理。

实训所需物资和人员

(1) 物资:急救箱、担架、警戒绳、照明、对讲机、电话、扩音器、广播等。

(2) 人员:乘客若干,司机、行调、环调、维修人员、值班站长、值班员、站务员若干等。

实训流程

(1) 给各组分配情境任务。

(2) 组内讨论情境细节、人员与职责、物资等。

(3) 情境模拟。

(4) 事故调查及预防。

(5) 自评与总结。

实训表格

(1) 岗位与职责表(参看附表 2)。

(2) 实训演练程序及步骤表(参看附表 3)。

(3) 实训演练评估表(参看附表 4)。

(4) 事故事件台账(参看附表 5)。

任务十一　疫情公共应急

学习目标

- 了解常见疫病类型
- 掌握常见疫病的症状及防治
- 掌握疫情出现时的应急处理措施

知识准备

一、相关概念

(1) 疫情的定义:疫情是指疫病的发生和蔓延情况。

(2) 疫病的定义:发生在人、动物或植物身上,并具有可传染性的疾病的统称,一般由寄生虫、细菌、病毒等微生物引起。它泛指一切流行性的传染病。

二、危及人类的常见疫病类型

能危及人类的疫病有很多种，本节主要讲比较常见且传染性比较强、危害比较大的几种，包括鼠疫、肺鼠疫、禽流感、甲型 H1N1 流感、SARS、天花(1980 年，世界卫生组织宣布天花病毒被彻底消灭)、麻风、疯牛病、艾滋病、霍乱。

三、常见疫病的病因、症状和传播途径

1. 鼠疫

病因：鼠疫杆菌引起的烈性传染病。

症状：突然发烧 39℃以上；出现头昏头痛、呼吸和脉搏加快症状；很快进入极度虚弱或昏迷状，面色苍白或潮红，步态蹒跚，孕妇会流产。

传播途径：通过鼠、蚤叮咬传给其他动物及人类。

2. 肺鼠疫

病因：鼠疫的一种，存在于啮齿类动物与跳蚤之间，是一种人畜共患传染病。

症状：发病急，高烧 40～41℃，咯血痰、气短、气喘、呼吸困难、颜面和肢体青紫，有危重的全身中毒症状。若不及时有效治疗，病人 2～3 天内死亡。

传播途径：借跳蚤叮咬传染给其他动物及人类。

3. 禽流感

病因：由甲型流感病毒引起人禽共患的急性传染病。

症状：早期有发烧(39℃以上)、流涕、鼻塞、咳嗽、咽痛、头痛、全身不适、恶心、腹痛、腹泻、并发眼结膜炎等症状；病情发展后，一部分患者会并发肺炎，少数患者出现胸腔积液、急性呼吸窘迫综合征、肺出血、肾衰竭、败血症、休克等多种并发症。

传播途径：禽流感病毒属甲型流感病毒，传播途径同甲型流感。

4. 甲型 H1N1 流感

病因：甲型 H1N1 流感为急性呼吸道传染病，其病原体是一种新型的甲型 H1N1 流感病毒，该病毒毒株包含有猪流感、禽流感和人流感三种流感病毒的基因片段。

症状：早期症状与普通流感相似，发热、咳嗽、喉痛、身体疼痛、头痛、发冷、疲劳、腹泻、呕吐、肌肉痛或疲倦、眼睛发红等，有时可发生肺炎等并发症。

传播途径：主要通过飞沫或气溶胶经呼吸道传播，也可通过口腔、鼻腔、眼睛等处黏膜直接或间接接触传播。接触患者的呼吸道分泌物、体液和被病毒污染的物品亦可能造成传播。

5. SARS(传染性非典型肺炎)

病因：又称严重急性呼吸综合征，简称 SARS，是一种由 SARS 相关冠状病毒引起的强传染性疾病。

症状：发热、干咳、胸闷，严重者出现快速发展的呼吸系统衰竭，主要特点是传染性极强并且病情发展快速。

传播途径：近距离的空气飞沫传播，接触病人的呼吸道分泌物，密切接触。

6. 天花

病因：是由天花病毒所致的一种烈性传染病，传染性强，病死率高。

症状：高烧、浑身乏力、恶心呕吐和严重皮疹。

传播途径：借助空气传播。

7. 麻风

病因：是由麻风杆菌引起的一种慢性传染病。主要侵犯皮肤、黏膜和周围神经，也可侵犯深部组织和器官。

症状：使人失去痛觉，肌肉萎缩，造成肢体畸形、残废或者失明，严重时内脏也会受损害。

传播途径：直接接触传染，间接接触（接触患者接触过的物品）传染，飞沫、呼吸道分泌物传染。

8. 疯牛病

病因：是羊病（绵羊所患的一种致命的慢性神经性机能病）传到牛身上所致。牛食用被病原体感染的肉和骨髓及其制成的饲料后，病原体被胃肠消化吸收，经过血液传到大脑，使大脑失去功能呈海绵状。人食用感染疯牛病的牛肉后会导致疯牛病。

症状：病牛可能会出现抽搐，强直性痉挛，心搏缓慢（平均 50 次/分），呼吸频率增快，体重下降，极度消瘦等症状，以致死亡。

传播途径：通过食用疯牛病牛肉、牛脊髓传染人类。

9. 艾滋病

病因：是人体免疫缺陷病毒（HIV）引起的致命性慢性传染病。HIV 病毒侵犯并损耗辅助性 T 淋巴细胞，使机体免疫功能严重受损。

症状：发热、消瘦、咳嗽、胸痛、呼吸困难、痰血、食欲下降、头晕、头痛、反应迟钝、智力减退、精神异常、抽风、偏瘫、痴呆、恶性肿瘤等。

传播途径：性传播、血液传播和母婴传播三种途径。

10. 霍乱

病因：由霍乱弧菌引起的急性肠道传染病。

症状：头昏、乏力、呕吐、腹泻、脱水、发热（38～39℃）、循环衰竭。

传播途径：经水传播。

四、防范疫情

防疫工作措施的五个方面：传染源、传播途径、预防药品、疫苗、卫生。

（1）控制传染源：用隔离、消灭等手段控制传染源，比如禽流感疫情期焚烧、掩埋病死禽类。

（2）切断传播途径：了解常见疫病传播途径后，在疫情期一定不要给病原体提供传播途径。

(3) 服用相关预防药品：预防疫病大多从清热解毒方面下手，因此应准备相关的清热排毒和抗生素药品等。

(4) 接种疫苗：如果有条件，接种疫苗是很好的办法。

(5) 卫生：疫情期勤洗手，勤洗澡，出门戴口罩，不接触不干净物品，不食用不安全食品。

五、疫情的药物准备

世界上有很多种疫情，每种疫情的发生所需的药物都不相同，下面列举几种疫情的防范与治疗药物。

1. 非典(SARS)

预防：感冒清热颗粒、板蓝根颗粒、正柴胡饮、双黄连口服液、葛根芩连冲剂、藿香正气类、清热解毒口服液、鼻咽清毒剂等。

治疗：双黄连口服液、葛根芩连冲剂、藿香正气类、清热解毒口服液、安宫牛黄丸、清开灵注射液、鱼腥草注射液、生脉饮等等。

2. 禽流感

解表清热类：柴银口服液、银黄颗粒。

清热解毒类：双黄连口服液(粉针)、清热解毒口服液(颗粒)、鱼腥草注射液。

清热开窍类：安宫牛黄丸(胶囊)、清开灵口服液、醒脑静等。

清热祛湿类：藿香正气丸(胶囊等)、葛根芩连微丸等。

扶正固脱类：生脉饮口服液、生脉、参麦、参附、黄芪注射液；百令、金水宝胶囊。

3. 甲型 H1N1 流感

西药：达菲、乐感清等。

中药：藿香正气制剂、双黄连口服制剂、清开灵注射液、安宫牛黄丸等治疗用药。

实训目标

能进行疫情期药物等物资储备。

实训任务

通过查阅资料等方式，为家庭制定一份防疫物品清单，包括药品及其他防护物资。

任务十二 城市轨道交通遇疫情类突发事件的处理

学习目标

- 能深刻认识轨道交通发生疫情应急处理的重要意义
- 正确把握轨道交通不同地点发生疫情的处理程序
- 掌握员工与乘客出现疫情情况的处理方式
- 清楚各岗位在应急处理时的职责

知识准备

一、事件描述

疫情的发生往往会迅速传播，特别是在公共场合中更容易传染，城市轨道交通作为大型的公共场合，为避免疫情发展带来不堪设想的后果，必须在发现疫情时妥善应急处理。根据疫情发生的人员身份、地点不同，可以将疫情分为三种情况进行处理：一是员工出现疫情症状的处理；二是乘客在车站不明原因晕倒的处理；三是乘客在列车上不明原因晕倒的应急处理。

二、处理要点

(1) 坚持统一领导，快速反应，密切注意疫情暴发的实时报道和国家、地区的预警信息，做好应对疫情暴发的各项预防工作。

(2) 坚持早发现、早报告、早隔离、早诊断、早治疗，对公共场所进行消毒。

(3) 预警期间加强疫情监控，密切关注员工身体情况，不安排员工前往暴发疫情的地区培训、考察，组织人员对公共场所进行消毒，轻轨站内不组织大型活动。

(4) 发现疫情及时报告、及时处理。

(5) 车站通风系统全部开放。

(6) 各车站加强疫情监控，密切关注乘客、员工情况。

三、处理程序

(一) 疫情预警期间，员工出现疫情症状特征的处理

(1) 发现症状的员工立即戴上符合规格的口罩并报告部门、集团公司疫情预防工作小组。

(2) 员工家属或接触密切的人员在预警期间，要密切关注周围同事或家属的身体状况，发现疫情，及时向部门、集团公司疫情预防工作小组报告。

(3) 对出现疫情症状特征的员工的处理。

① 疫情预防工作小组将情况通报卫生所所长，安排员工到大医院就诊。

② 市有关部门做好情况记录，安排对相关区域进行消毒，跟进相关情况。

③ 该员工经诊断非疑似病人或非疫情病人，相关人员解除隔离。

④ 该员工诊断为疑似病人或疫情病人，马上向集团公司相关人员报告。在家隔离经医学观察14天，未出现疫情症状特征的，解除隔离。出现疫情症状特征的根据医院指示处理。

(4) 对与该员工接触密切的员工或家属的处理。

① 部门、集团公司疫情预防工作小组将情况通报所在部门，安排该员工在家隔离休息，进行医学观察14天，并跟进情况，随时向市有关部门通报情况。

② 集团公司疫情预防工作小组做好情况记录，安排对相关区域进行消毒，跟进相关情况。

③ 隔离期间，员工如出现疫情症状特征，按第(3)条处理；如未出现疫情症状特征，解除隔离。

（二）疫情预警期间，乘客在车站不明原因晕倒的处理

(1) 车站人员发现乘客在站厅/站台不明原因晕倒，立即向车站值班员报告。通知客运公司生产调度室。

(2) 车站值班员接到车站工作人员乘客在站厅/站台不明原因晕倒的报告后，立即报告行车调度员、环控调度员。

(3) 行调应做好以下工作。

① 接到报告后，及时向线路值班主任报告。

② 根据集团公司疫情预防工作小组负责人的命令，通知车站清客，调整列车运行。

(4) 环调开启车站全部通风系统。

(5) 车站值班站长启动应急预案，指示员工做好自我保护措施后，安排员工及时疏导乘客，稳定乘客情绪，避免其他乘客围观。将晕倒乘客搬移到安全地点，并对其周围3米范围进行隔离。其间乘客苏醒，尽量规劝乘客等待医生前来。

(6) 值班员应做好以下工作。

① 通知公安协助维持秩序。

② 拨打120电话通知定点医院前来接收晕倒乘客。

③ 向部门、集团公司疫情预防工作小组报告。

④ 尽可能联系乘客家属。

(7) 定点医院接走晕倒乘客后，与晕倒乘客接触的员工自行消毒，值班员联系相关人员对相关地点进行消毒。

(8) 值班站长安排人员跟进乘客就诊情况，随时将情况向部门、集团公司疫情预防工作小组报告。

(9) 如该乘客确诊为疑似病人或疫情病人，部门、集团公司疫情预防工作小组安排与该乘客接触密切的员工隔离休息，进行医学观察14天，并跟进情况，将情况向部门、集团公司相关人员报告。隔离期间，员工如出现疫情症状特征，按员工出现疫情症状处理；如

未出现疫情症状特征，解除隔离。

（三）疫情预警期间，乘客在列车上不明原因晕倒的处理

（1）司机发现列车上乘客不明原因晕倒后，应做好以下工作。

① 立即向行车调度员报告。

② 根据行车调度员命令运行至车站疏散乘客。

③ 使用广播安抚乘客。

（2）行调接到报告后应做好以下工作。

① 指示列车司机运行至前方车站疏散乘客。

② 及时向线路值班主任报告，通知相关专业部生产调度室。

③ 通知车站做好接应准备。

④ 扣停相应列车。

⑤ 到达车站清客后，组织该列车退出运营，回车场消毒。

⑥ 调整列车交路，组织备车出段，恢复运营。

（3）环调开启车站全部通风系统。

（4）车站的处理如下。

① 列车进站后，车站值班站长安排人员作好自我保护措施后，将晕倒乘客搬移出列车，安置在安全地点，并用隔离带对乘客周围 3 米范围进行隔离。其间乘客苏醒，尽量规劝乘客等待医生前来。

② 车站接报或发现乘客在进站列车上晕倒，马上使用扣车、急停按钮，将列车扣停在车站，并报告行车调度员，安排人员作好自我保护措施后，将晕倒乘客搬移出列车，安置在安全地点，并用隔离带对乘客周围 3 米范围进行隔离。其间乘客苏醒，尽量规劝乘客等待医生前来。

③ 车站搬移乘客后，对列车进行清客，并疏导乘客，对和晕倒者在同一节车厢的乘客进行登记。

④ 值班员同时通知公安协助维持秩序，拨打 120 电话，通知定点医院前来接收晕倒乘客，向部门、集团公司疫情预防工作小组报告，并尽可能联系乘客家属。

⑤ 定点医院接走晕倒乘客后，车站与晕倒乘客接触的员工自行消毒，并联系相关人员对相关地点进行消毒。

⑥ 值班站长安排人员跟进乘客就诊情况，随时将情况向部门、集团公司疫情预防工作小组报告，如该乘客确诊为疑似病人或疫情病人，部门、集团公司疫情预防工作小组马上将情况报告集团公司相关领导，安排与该乘客接触密切的员工隔离休息，进行医学观察 14 天，并跟进情况，做好情况记录。隔离期间，员工如出现疫情症状特征，按员工出现疫情处理；如未出现疫情症状特征，解除隔离。

四、事故调查分析

事故处理完后，配合警方调查事故发生的原因，各部门在了解事故信息方面有无不足，如何改善；调查事故处理过程中，有无不当或不足，是否应该追究责任，各岗位人员在

哪些方面还需要提高，如何进行培训；调查事故处理结果，是否已将人员伤亡和损失程度降到最低。

五、事故预防

(1) 疫情期加强车站巡视，发现人员异常立即报告，提高警觉。

(2) 疫情期间，车站工作人员加强自身身体素质的锻炼，常备预防药品，避免接触传染源。

(3) 疫情期，车站加强消毒工作，保持车站环境卫生。

(4) 加强员工培训，进行相关应急演练，提高员工应急处理能力。

(5) 疫情期与市政府、市重点医院合作，在某些站点设立医疗急救点，一方面给乘客发放常备预防药品；另一方面以便及时应对突发疫情。

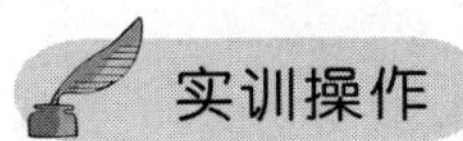

实训操作

实训目标

- 能按正确流程对车站发生疫情进行应急处理
- 清楚各个岗位工作人员的职责及处理程序
- 能对情境模拟进行自评与总结，不断完善自己
- 能填写事故调查表，能做事故调查报告，能提出预防改进措施

实训要求

(1) 根据所分配的情境，合理设置细节，符合常理，不能刻意简化情境。

(2) 人员岗位分工明确，各岗位人员清楚自身职责与处理程序。

(3) 物资准备齐全，运用合理。

(4) 遵守规章制度，正确处理事件，同时灵活应对乘客。

(5) 表格填写规范具体，原因分析有理有据，预防改进措施合情合理。

实训所需物资和人员

(1) 物资：急救箱、担架、警戒绳、照明、对讲机、电话、扩音器、广播等。

(2) 人员：乘客若干，司机、行调、环调、维修人员、值班站长、值班员、站务员若干等。

实训流程

(1) 给各组分配情境任务。

(2) 组内讨论情境细节、人员与职责、物资等。

(3) 情境模拟。

(4) 事故调查及预防。

(5) 自评与总结。

实训表格

(1) 乘客伤亡事件调查记录表(参看附表 1)。
(2) 岗位与职责表(参看附表 2)。
(3) 实训演练程序及步骤表(参看附表 3)。
(4) 实训演练评估表(参看附表 4)。
(5) 事故事件台账(参看附表 5)。

项目五

客运组织类突发事件应急及安全管理

任务一　城市轨道交通车站大客流事件应急处理

- 掌握车站大客流事件处理要点
- 明确相关岗位人员的职责
- 能根据特定情境按正确流程对大客流事件进行应急处理

一、事件描述

城市轨道交通大客流事件是指在轨道交通运营中由于某些因素的影响导致轨道交通车站在某一时间内候车、停留的乘客超过了车站设计许可的客流量，并有持续增加的趋势的客流情况。在正常客流情况下，车站客流组织相对容易。而大客流往往难以预测，当车站周边发生地面交通阻塞、重要节假日期间、举办大型活动、集会或其他突发事件时，个别车站将出现突发大客流情况，有时会出现比预测还要大得多的客流量，甚至出现无法事先预知的大客流事件。这时要以保证疏散客流安全为前提，尽快疏散客流，并采取客流控制措施，以避免混乱失控。

典型案例

杭州地铁因动漫节爆满　闸机"罢工"后乘客翻闸机出站

一网友发微博称："地铁 E、C 出口，出门闸口票箱满了，结果工作人员不顾安全，同意乘客翻越闸门。出现问题不及时维修，这种小问题完全可以避免的，票箱满了导致的，最终里面拥挤了近千人。"记者了解到，发生这一幕的是杭州地铁1号线湘湖站。"五一"假期的第一天，恰逢第十届中国国际动漫节在杭州召开，作为去往动漫节最便利的公共交通之一，今天地铁1号线湘湖站迎来了暴增的客流量。事发当时，由于出站闸机票箱内存放的车票已经超过了2000张的上限，导致闸机暂时停止工作，一些等待的乘客就翻越了闸机，离开车站。

针对此事，杭港地铁公关经理吴艇介绍，一般出现闸机满票的情况，现场的工作人员会第一时间去清理机箱内的存票。在清理等待的过程中，其他工作人员会进行人工回收单程票卡，同时安排乘客经由员工通道出收费区。

案例来源：http://zjnews.zjol.com.cn/system/2014/05/01/020002316.shtml.

二、处理要点

(1) 确保乘客安全和车站运营安全为首要任务。

(2) 把好站台上下车、站厅购票及入站限流三道关口，本着宁乱站厅不乱站台、宁乱站外不乱站内的原则。

(3) 列车运能较充足的情况下，车站加快售票等客运组织速度，尽量利用列车运能，组织乘客上车。

(4) 根据车站拥挤程度和行调命令适时调整车站售票速度及放行入闸人数。

三、处理程序

(1) 当车站接到总公司相关部门通知，车站尽快做好人员、票务和物资准备，确保充足。

(2) 值班站长判断是否启动大客流应急预案，当车站将出现大量乘客涌入、客流持续增长、购票排队过长等现象，是否形成了大客流，是否启动应急预案由当班值班站长负责判断。

(3) 当已经判断大客流情况出现，值班站长命令各岗启动应急预案。车站值班员及时向行调、部值班室、站长报告。

(4) 在列车运能充足的情况下，值班站长根据客流情况和调度命令，组织人员加快售票速度，同时向中心站请求人员支援，安排人员完成区域隔离，及时疏导乘客，确保站厅、站台及通道秩序。

(5) 人员、票务、物资等首先在本中心站范围内调配，当调配需求不足时，由部生产值班室在全线范围内调配。

(6) 车站依次把好站台安全关、站厅售票关和站外通道关。当站台客运压力过大时，减缓或暂停站厅售票和入闸的速度；当站厅客运压力过大时，在车站入口处采取限流措施，分批组织站外乘客进站乘车。

(7) 客流明显减少后，站长、值班站长安排支援人员撤除；车站值班员将情况向行调、部值班室和安保部报告；客运值班员对发售的预制票、应急票进行统计，次日及时上报票务课。

（8）相关岗职责与处置办法。

① 值班站长：负责判断大客流情况，判断车站已形成大客流，通知各岗位启动应急预案；无客运值班员时负责为售票员增配预制票、车票及备用金，增设售票窗口，根据现场情况实时做出加快或暂停售票决定；安排其他站务员、保安及车站值班员（当有 2 名车站值班员时），包括站长、值班站长本人分别到站台、站厅加强力量。

② 站长：接到大客流报告后，根据车站需要立即调配本中心站人员到大客流车站支援，并立即赶往大客流车站参与组织。

③ 车站值班员：得到启动应急预案的命令后，立即向行调、部值班室、站长和安保部报告；利用广播引导乘客按秩序购票乘车，劝导乘客改乘其他交通工具，提醒乘客听从工作人员安排，不要拥挤，注意安全。

④ 部值班人员：根据需要负责调集全线其他车站员工到大客流车站支援，指导值班站长执行应急措施。

⑤ 客运值班员：为售票员增配车票及备用金，回收票卡，维持售票秩序；车票不足时，请示票务科后使用预制车票甚至应急车票。

⑥ 售票员：加快售票速度，增设售票窗口，努力减少排队现象；必要时发售预制车票甚至应急车票；若站台乘客爆满，根据值班站长或客运值班员的命令暂缓售票。

⑦ 站台站务员：努力维持站台候车秩序和出站秩序，确保乘客上、下车安全，随时向值班站长和车站值班员报告站台客流情况。

⑧ 厅巡员：组织乘客依次刷卡进站和出站，避免过分拥挤。

⑨ 保安员：配合完成站台、站厅的隔离；根据安排维护站厅、站台秩序；需限流时到车站入口处开展限流工作。

⑩ 保洁员：配合完成站台、站厅秩序的维护。

⑪ 其他车站支援人员：到车站后听从站长、值班站长安排，到站台、站厅及通道外加强力量，组织乘客进站、快速出站，避免客流交叉，做好解释工作。

四、事件总结

认真总结应对大客流事件时的问题和不足，不断优化应急预案，不断提高应对各类突发事件的能力。

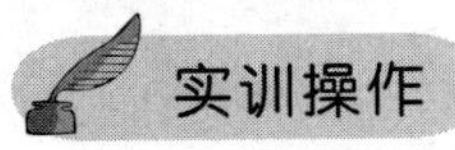

实训目标

- 掌握车站大客流事件处理要点
- 明确相关岗位人员的职责
- 能按正确流程对大客流事件进行应急处理
- 能妥善处理各种细节，做到随机应变
- 具备良好的服务意识，在应急处理中保持良好的服务态度

- 能对情境模拟进行自评与总结，不断完善自己

实训要求

(1) 根据所分配的情境，合理设置细节，符合常理，不能刻意简化情境。

(2) 人员岗位分工明确，各岗位人员清楚自身职责与处理程序。

(3) 物资准备齐全，运用合理。

(4) 遵守规章制度，正确处理事件，同时灵活应对乘客突发情况。

(5) 表格填写规范具体，原因分析有理有据，预防改进措施合情合理。

实训所需物资和人员

(1) 物资：票卡、备用金、零钞、隔离柱、隔离带、警戒绳、暂停使用牌、纸、笔等。

(2) 人员：乘客若干，站务员若干，行车值班员 1 名，客运值班员 1 名，值班站长1 名，行调 1 名，保洁员 1 名，安全员 1～2 名，站长、副站长 1～2 名，地铁公安 1～2 名(人员配备可根据各组场景需要自行安排)。

实训流程

(1) 给各组分配情境任务。

(2) 组内讨论情境细节、人员与职责、物资等。

(3) 情境模拟。

(4) 自评与总结。

实训表格

(1) 乘客伤亡事件调查记录表(参看附表 1)。

(2) 岗位与职责表(参看附表 2)。

(3) 实操演练程序及步骤表(参看附表 3)。

(4) 实训演练评估表(参看附表 4)。

(5) 事故事件台账(参看附表 5)。

实训操作示例

预见性大客流的应急处理

1. 情境

2016 年 4 月 25 日晚上一位著名歌星在大剧院演奏，x 车站在收到行调的通知后做好了应对大客流的一系列准备，增设售票窗口，备好预制票，用铁马设置分流路径。

2. 处理流程

(1) 大客流前，x 站值班站长向中心站长请求支援，中心站长安排邻站值班站长抽调站务员到 x 站支援。

(2) 大客流前，x 车站值班站长通过会议安排应对客流的准备工作。

值班站长："接行调通知，今晚大剧院有著名歌星的演唱会，我站可能会出现大客流情况，在大客流到来之前我们要做好应对准备。第一，我们要增设3个售票点，站务员A、B、C担任这3个售票点的售票员，散会后去领取相应物资设置好临时售票点，然后去票务员处领取预制票。第二，我们要设置好分流路径，站务员D、E、F散会后随我一起领取铁马等设置分流路径。第三，我们要增设站台岗人员，在大客流时组织好乘客乘降工作，引导乘客排队候车，车门即将关闭时，防止乘客抢上抢下。站务员G、H、I负责上行站台，站务员J、K、L负责下行站台。第四，我们要在出入口增设人员，控制进站客流，保安1到1出口，保安2到2出口，站务员M到3出口，站务员N到4出口。大客流过程中的三级客流控制：站台人员做好站台乘客的乘降工作组织；站务员O、P、Q、R在站厅往站台的楼扶梯口处，控制站厅客流通往站台；站务员M、N和保安1、2控制出入口的进站客流。客运值班员(票务员)指挥各售票员控制售票速度，控制进入付费区的客流。安检岗，做好乘客安检工作和乘客解释工作。"

(3) 散会后，各岗位按照值班站长的会议指示，做好准备工作，并在相应岗位待命。

(4) 演唱会结束后，大量乘客涌入x车站，厅巡发现后立即报告给值班站长。

厅巡："呼叫值班站长。"

值班站长："值班站长有。"

厅巡："2号入口处大量乘客涌入，大客流情况出现。"

值班站长(复诵)："2号入口出现大客流，收到，立即按预案进行应急处理。"

(5) 值班站长判断情况后，命令各岗位启动应急预案，同时进入应急状态。

值班站长："各岗位注意，2号入口处出现大客流，现立即启动紧急预案(车站出现大客流应急预案，各岗位人员按预案做好应急工作)。"

各岗位："收到。"

(6) 车站值班员收到情况后立即向行调及站长等相关人员报告。

车站值班员："x站值班员呼叫行调。"

行调："行调有。"

车站值班员："x站出现大客流情况，车站现已启动紧急预案，请指示。"

行调(复诵)："大剧院站出现大客流情况，车站现已启动紧急预案，收到，请你站做好相应的客运组织工作。"

车站值班员："收到。"

车站值班员："x站值班员报告站长。"

站长："请讲!"

车站值班员："x站出现大客流，值班站长现已启动紧急预案。"

站长："收到，我即刻赶往现场。"

(7) 车站值班员利用广播引导乘客按秩序购票乘车，劝导乘客改乘其他交通工具，提醒乘客听从工作人员的安排，不要拥挤，注意安全。

车站值班员：(广播)"各位乘客请注意，由于车站出现大客流，现已采取限流措施，请各位乘客有序购票乘车，赶时间的乘客请换乘其他交通工具，给您带来的不便敬请谅解!"(间歇性重复)

(8) 站台滞留乘客过多,站台岗向值班站长报告。

站台岗:“呼叫值班站长,站台滞留乘客过多,请求限流。”

值班站长:“收到,请维持好站台秩序。”

(9) 值班站长命令站务员 O、P、Q、R 在楼扶梯口处限流,控制通往站台的客流,并做好乘客解释工作。

值班站长:“站务员 O、P、Q、R 请注意,立即采取楼扶梯口处限流,控制通往站台的客流,并做好乘客解释工作。”

(10) 付费区滞留客流过多,值班站长命令售票员控制售票速度,并做好乘客解释工作。

值班站长:“各售票岗请注意,现付费区滞留乘客过多,请控制售票速度,并做好乘客解释工作。”

(11) 站内过多乘客排队购票,值班站长命令出入口限流。

值班站长:“保安 1、2,站务员 M、N 请注意,现站内滞留乘客过多,立即采取出入口限流,并做好乘客解释工作。”

(12) 各岗位按照值班站长的指示做好限流工作和乘客解释工作。

限流解释:“各位乘客您好,由于车站客流过多,现已采取限流措施,赶时间的乘客请换乘其他交通工具,给您带来的不便敬请谅解。”

(13) 车站客流得到缓解,车站停止限流,售票岗恢复正常售票。

(14) 车站值班员向行调汇报车站客流得到缓解。

车站值班员:“x 站值班员呼叫行调。”

行调:“行调有。”

车站值班员:“x 站大客流情况已缓解。”

行调(复诵):“x 站大客流情况已缓解,收到。”

(15) 车站客运值班员(票务员)对发售的预制票、应急票进行统计,次日上报票务科。

任务二　车站日常照明停电应急处理

- 掌握车站日常照明停电应急处理要点
- 明确相关岗位人员的职责
- 能根据特定情境制定处理方案

一、事件描述

当车站日常照明停电导致车站无法正常运营时,为避免乘客恐慌、危及人身安全或设备、设施安全,运营管理人员应及时疏散乘客,尽可能减少对运营的影响。因此提高车站员工对紧急情况的处理及协调能力至关重要。

典型案例

东京地铁停电导致1300多名乘客被困

2007年10月23日,东京地铁都营大江户线在早高峰期间发生停电事故,有1300多名乘客被困黑暗中长达一小时,13人因车厢内闷热拥挤而晕倒,其中有10名乘客病情较重被送往医院治疗。其余乘客在车站工作人员的疏导下从车厢内撤出,并沿着铁轨步行到最近的地铁站。据日本富士电视台报道说,地铁公司初步怀疑是当地变电站电力供应出现问题而导致停电。共造成72班次地铁列车行驶、9.3万人行程受到影响。

案例来源:http://wenku.baidu.com/link?url=lPi6O0L_3rOlX7Od-JyEaBnM5KvlklWh5SYMZJ--fGOFjLVjmhe3uHgRVYsbU40GWiNUz-pw8Ba5cYpr3CSEUlCAi8w3fd_3nnA3rFjjMUW.

二、处理要点

(1) 工作人员需沉着冷静,有序疏导,利用车站地面、墙面蓄光型紧急逃生标志及车站备用的应急照明灯、手电筒等照明设备,引导乘客依次从站台到站厅再到出口的顺序进行疏散。

(2) 保证乘客及工作人员的人身安全,确保车站票款及设备设施安全。

三、处理程序

1. 车站值班员职责与处理

(1) 发现照明完全熄灭,立即报告行车调度员。

(2) 得到值班站长启动应急预案的命令后,及时报告安全保卫部、公安轨道支队。

(3) 通知电气部、客运公司机电部生产调度室组织抢修。

(4) 得到启动应急预案的命令后,立即按压AFC紧急按钮,打开全部进、出站闸机,立即封站。

(5) 通知各岗位人员启动应急预案。

(6) 车站广播未失电时,利用广播安抚和引导乘客。

(7) 立即从应急备品柜中拿出应急照明灯等应急设备,配给车站人员用于组织乘客疏散。

2. 行车调度员职责与处理

(1) 得到车站值班员的报告后,向值班主任报告。

(2) 通知电气部、客运公司机电部生产调度室组织抢修。

(3) 通报电力调度员。

(4) 照明未恢复前,组织列车在该站通过。

(5) 通告在线列车司机。

3. 车站人员(含安检、保安、保洁等)职责与处理

(1) 保护好票卡和钱款安全。

(2) 利用喊话器引导乘客向站厅疏散,使用应急灯为乘客提供照明。

(3) 提供照明的列车进站后,阻止站台乘客上车。

(4) 完成站台、站厅秩序维护工作。

(5) 及时撤出安检机处的隔离柱,方便乘客疏散。同时做好车站安全保卫工作和安检设备的保护工作。

(6) 得到启动应急预案的命令后,立即按压紧急按钮使所有闸机处于放行状态。

(7) 到重点部位支援,疏散乘客。

(8) 照明恢复后,检查应急照明灯、手电筒、喊话器、对讲机等设备的工作状态,及时充电并归置。

四、事故调查分析

通过现场目击证人证词、事发现场情况、乘客伤亡情况等对事故进行分析调查,找出事故发生原因及车站存在的漏洞和问题,并提出改进方案和措施。

五、事故预防

根据事故调查,提出事故预防方案和措施,并对车站员工进行培训教育,不断完善车站工作,减少乘客伤亡事故的发生。

预防措施(车站人员日常准备工作)如下。

(1) 检查应急照明灯、手电筒、喊话器、对讲机等应急物资或设备的工作状态,及时充电。

(2) 夜间检查车站地面、墙面蓄光型紧急逃生标志工作状态。

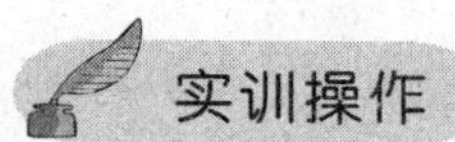

实训操作

实训目标

- 能对车站日常照明停电进行应急处理
- 清楚各个岗位工作人员的职责及处理程序
- 能妥善处理各种细节,做到随机应变
- 具备良好的服务意识,在应急处理中保持良好的服务态度
- 能提出预防改进措施
- 能对情境模拟进行自评与总结,不断完善自己

实训要求

(1) 根据所分配的情境,合理设置细节,符合常理,不能刻意简化情境。

(2) 人员岗位分工明确,各岗位人员清楚自身职责与处理程序。

(3) 物资准备齐全,运用合理。

(4) 遵守规章制度,正确处理事件,同时灵活应对乘客。

(5) 表格填写规范具体,原因分析有理有据,预防改进措施合情合理。

实训所需物资和人员

(1) 物资:急救箱(乘客受伤时使用)、担架、隔离柱、隔离带、警戒绳、暂停使用牌、纸、笔等。

(2) 人员:乘客若干,站务员3～5名,值班员2名,值班站长1名,安全员1～2名,站长、副站长1～2名,地铁公安1～2名。

实训流程

(1) 给各组分配情境任务。

(2) 组内讨论情境细节、人员与职责、物资等。

(3) 情境模拟。

(4) 事故调查及预防。

(5) 自评与总结。

实训表格

(1) 乘客伤亡事件调查记录表(参看附表1)。

(2) 岗位与职责表(参看附表2)。

(3) 实训演练程序及步骤表(参看附表3)。

(4) 实训演练评估表(参看附表4)。

(5) 事故事件台账(参看附表5)。

任务三　外来人员误入地铁隧道区间或单轨轨行区应急处理

学习目标

- 掌握外来人员误入地铁隧道区间或单轨轨行区应急处理要点
- 明确相关岗位人员的职责
- 能根据特定情境制订处理方案

知识准备

一、事件描述

在轨道交通正常运营过程中,如发生外来人员误入地铁隧道区间或单轨轨行区的情况时,不仅会导致轨道交通系统不能正常运营,甚至造成人员伤亡事故。为避免乘客恐慌、危及人身安全或设备、设施安全,运营管理人员应及时采取应急处理措施,尽可能减少对运营的影响。

典型案例

深圳地铁三名乘客在地铁运营时掉入隧道

2013年9月8日傍晚6时许,张先生和太太李女士乘深圳地铁1号线,突发意外情况。李女士说当时她在最后一节车厢里,车辆行驶途中突然停了下来,前面车厢里有很多人飞奔过来,大喊:"救命,快逃,出事了。"随后她被人流挤到最后一个门边,门突然打开,李小姐直接掉到了轨道上,"应该是后背和屁股先着地,衣服上全是土,右膝盖也摔伤了。"

见到太太掉了下去,张先生立刻从车厢跳了下去。随后,另外一名年轻男子也下到轨道上。9月8日晚9时许,在公交分局办公室,有记者见到李女士时,她谈起当时场面仍是神情紧张,双腿止不住抖动。

9日下午,深圳地铁集团通过官方微博公布了初步分析结果:事件缘起两名列车乘客在车厢中打架引发部分乘客恐慌,其间多名乘客擅自拉下车门紧急解锁装置导致列车紧急停车,车上3挡车门被打开,随后一名女子被挤落轨道,两名男乘客相继跳下轨行区。

案例来源:http://epaper.ynet.com/html/2013-09/10/content_9299.htm? div=-1.

二、外来人员误入地铁隧道区间处理要点

(1) 首次发现有外来人员侵入隧道的列车司机,限速15千米/小时接近,不影响列车通过时可继续运行,同时报告行车调度员。

(2) 组织车站人员登乘后续列车司机室搜寻外来人员,同时组织前方站人员登乘驶入本站的列车司机室进行交叉搜寻。

(3) 车站人员添乘后续列车未发现外来人员时,相邻车站安排人员再添乘后续下一班列车。若连续三班列车均未发现外来人员,则视为外来人员已自行离开轨行区,列车恢复正常速度运行。

(4) 当列车撞上外来人员时,按《地铁列车撞人应急预案》处置。

三、外来人员误入地铁隧道区间处理程序

(1) 车站值班员发现有外来人员侵入隧道时,应立即报告行车调度员、安全保卫部、公安轨道支队。

(2) 行车调度员职责与处理。

① 立即通报在线列车司机外来人员所在区间,要求行经该区域时加强瞭望、减速鸣笛。

② 立即报告线路值班主任、报告工建部维修调度。

③ 根据现场报告情况及时调整或扣停相关列车。

④ 通知客运一公司生产调度室,组织本站和后方相邻车站人员登乘后续列车司机室

搜寻外来人员，同时组织前方站人员登乘驶入本站的列车司机室进行交叉搜寻。

⑤ 得到车站值班员连续三班列车均未发现外来人员的报告后，视为外来人员已自行离开轨行区，组织列车恢复正常速度运行。

⑥ 当列车撞上外来人员时，按《地铁列车撞人应急预案》处置。

⑦ 根据现场情况组织列车运行。

⑧ 协调、配合相关部门实施应急处置。

⑨ 调整列车运行秩序，处理时间较长时，在具备条件的区段开行小交路。

(3) 列车司机职责与处理。

① 发现有外来人员侵入隧道的列车司机，限速 15 千米/小时接近，不影响列车通过时可继续运行，同时报告行车调度员。

② 当外来人员影响行车时，立即停车，报告行车调度员，尽量劝导外来人员退出轨行区或撤至安全区域后动车。

③ 做好乘客安抚工作。

④ 根据行车调度员命令，待轨警、保安或车站人员上车后动车，未发现外来人员时，限速 45 千米/小时运行；发现外来人员时，限速 15 千米/小时接近，停车后将其强制带上列车，交前方站处理。

⑤ 当列车撞上外来人员时，按《地铁列车撞人应急预案》处置。

(4) 车站人员（含安检、保安、保洁等）职责与处理。

① 做好车站乘客疏导和安抚工作。

② 组织本站人员登乘后续列车司机室搜寻外来人员，同时组织前方站人员登乘驶入本站的列车司机室进行交叉搜寻。

③ 车站人员添乘后续列车未发现外来人员时，由后方相邻车站安排人员再添乘后续下一班列车。若连续三班列车均未发现外来人员，车站应及时向行车调度员报告。

④ 联系轨警协助搜寻。

⑤ 做好工建部搜寻人员进入轨行区的安全卡控。

⑥ 当列车撞上外来人员时，按《地铁列车撞人应急预案》处置。

⑦ 将列车上转移下来的外来人员移交轨警处理。

⑧ 如外来人员受伤，按照客伤处置流程处置。

四、外来人员误入单轨轨行区处理要点

(1) 发现外来人员进入轨行区的列车司机或车站工作人员应立即报告行车调度员。

(2) 确认外来人员已进入轨行区侵入限界影响运营时，需要对接触网停电。行车调度员向现场人员了解清楚侵入地点，并将相关列车扣停在适当车站（确认列车停车位置具备疏散条件）后，向电力调度员下达停电命令。

(3) 停电范围应大于搜寻范围，且搜寻范围内的上下行接触网应同时停电；搜寻范围涵盖两个供电分区的分界点时，应对两个供电分区同时停电。

(4) 停电完成后，行车调度员通知相应区间两端的车站工作人员进入轨行区搜寻。搜寻人员进行搜寻时必须与接触网保持 700 毫米以上的安全距离。

(5) 外来人员被带出或搜寻范围轨行区未发现外来人员,区间两端车站的车站值班员应及时向行车调度员报告。行车调度员得到车站值班员确认的"人员、机具全部撤离,轨行区具备送电及行车条件"后,向电力调度员下达对接触网送电的命令,恢复列车运行秩序。

五、外来人员误入单轨轨行区处理程序

(1) 车站值班员确认外来人员侵入轨行区后,应立即报告行车调度员、安全保卫部、公安轨道支队。

(2) 行车调度员职责与处理。

① 立即通报在线列车司机外来人员所在区间,要求行经该区域时加强瞭望、减速鸣笛。

② 立即报告线路值班主任、报告工建部维修调度。

③ 通告行经该处列车的司机加强瞭望、控制车速。

④ 外来人员已对行车造成影响,行车调度员应将相关列车扣停在车站(确认列车停车位置具备疏散条件)后,向电力调度员下令停电。

⑤ 停电范围应大于搜寻范围,且搜寻范围内的上下行接触网应同时停电;搜寻范围涵盖两个供电分区分界点时,应对两个供电分区同时停电。

⑥ 停电完成后,行车调度员通知区间两端的车站工作人员进入轨行区搜寻,若该区间位于隧道内且隧道上下行线有联络通道,则应派人对上下行区间进行搜寻。

⑦ 通知全线运营受阻,在具备条件的区段开行小交路列车,调整列车运行秩序。

⑧ 事件处置结束,向派出搜寻人员的车站值班员确认搜寻人员已全部撤离,轨行区满足送电及行车条件以后,向电力调度员下达对接触网送电的命令。

⑨ 收到电力调度员接触网送电完成的报告后,组织列车恢复正常运行。

(3) 列车司机职责与处理。

① 发现外来人员进入轨行区后,立即报告行车调度员,加强瞭望、鸣笛减速通过该区域或停车,并通过喊话引导外来人员离开轨行区或躲避至较安全区域。

② 按行车调度员指示组织行车,并做好乘客广播。

(4) 车站人员(含安检、保安、保洁等)职责与处理。

① 根据行车调度员或客运二公司生产调度室通知,在接触网停电后,距离事发现场最近的车站应由值班站长或其指定人员带领,立即赶赴现场搜寻外来人员,通过喊话等形式劝其离开轨行区或等待救援。

② 维保公司或安保部等搜寻人员赶到后,对进入轨行区的搜寻人员进行组织协调。

③ 如无法确认侵入人员是否已经离开轨行区,事发区间两端的车站均需派出人员进入区间进行搜寻,若该区间位于隧道内且上下行线有联络通道时,则应派人对上下行区间进行查找确认。

④ 救出外来人员或未发现外来人员,搜寻人员全部撤离轨行区后,及时向生产调度室和行车调度员报告轨行区具备行车、送电条件。

⑤ 将救出的外来人员移交轨警处理。

六、事故调查分析

通过现场目击证人证词、事发现场情况、乘客伤亡情况等对事故进行分析调查，找出事故发生原因及车站存在的漏洞和问题，并提出改进方案和措施。

七、事故预防

根据事故调查，提出事故预防方案和措施，并对车站员工进行培训教育，不断完善车站工作，减少乘客伤亡事故的发生。

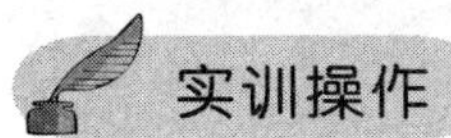

实训操作

实训目标

- 能对外来人员误入地铁隧道或单轨轨行区进行应急处理
- 清楚各个岗位工作人员的职责及处理程序
- 能妥善处理各种细节，做到随机应变
- 具备良好的服务意识，在应急处理中保持良好的服务态度
- 能提出预防改进措施
- 能对情境模拟进行自评与总结，不断完善自己

实训要求

(1) 根据所分配的情境，合理设置细节，符合常理，不能刻意简化情境。

(2) 人员岗位分工明确，各岗位人员清楚自身职责与处理程序。

(3) 物资准备齐全，运用合理。

(4) 遵守规章制度，正确处理事件，同时灵活应对乘客。

(5) 表格填写规范具体，原因分析有理有据，预防改进措施合情合理。

实训所需物资和人员

(1) 物资：对讲机、事故事件台账记录表、纸、笔等。

(2) 人员：乘客若干，外来人员1名，司机1名，值班员2名，值班站长1名，行车调度员1名，轨警2名(人员配备可根据各组场景需要自行安排)。

实训流程

(1) 给各组分配情境任务。

(2) 组内讨论情境细节、人员与职责、物资等。

(3) 情境模拟。

(4) 事故调查及预防。

(5) 自评与总结。

实训表格

(1) 乘客伤亡事件调查记录表(参看附表 1)。

(2) 岗位与职责表(参看附表 2)。

(3) 实训演练程序及步骤表(参看附表 3)。

(4) 实训演练评估表(参看附表 4)。

(5) 事故事件台账(参看附表 5)。

实训演练示例

外来人员误入隧道的处理

1. 情境

某日,地铁 1 号线上行方向 x 站至 y 站区间发现外来人员误入隧道,此时 010178 次列车正行驶至 z 站至 y 站区间(见图 5.3.1)。

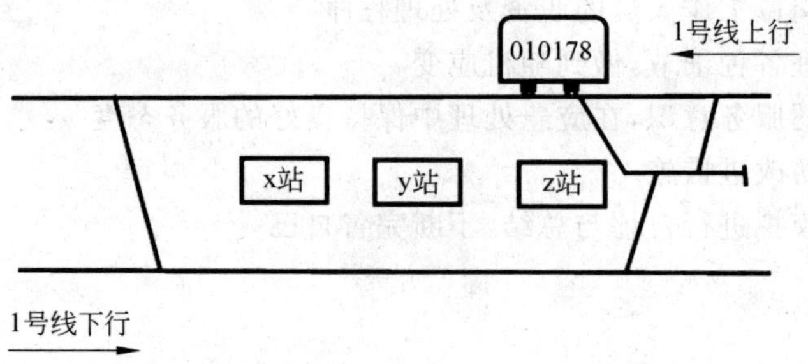

图 5.3.1 地铁 1 号线的列车运行情况

2. 处理流程

(1) 车站值班员发现有外来人员侵入隧道时,应立即报告行车调度员。

车站值班员:"1 号线 x 站值班员呼叫行车调度员。"

行车调度员:"行车调度员有。"

车站值班员:"有一名外来人员误入 x 站至 y 站区间,请立即启动《外来人员误入地铁隧道区间应急处置预案》。"

行车调度员:"有一名外来人员误入 x 站至 y 站区间,收到。立即启动《外来人员误入地铁隧道区间应急处置预案》。"

(2) 行车调度员立即通知列车司机,根据现场报告情况及时调整相关列车;同时立即通知轨警在 y 站登乘相关列车。

行车调度员:"呼叫 010178 次列车司机。"

列车司机:"010178 次列车司机有。"

行车调度员:"010178 次列车司机注意,一名外来人员误入 1 号线上行方向 x 站至 y 站区间,请在 y 站等待轨警上车后发车,注意行经该区域时加强瞭望、减速鸣笛。"

列车司机:"一名外来人员误入 1 号线上行方向 x 站至 y 站区间,收到。将在 y 站等待轨警上车后以 15 千米/小时接近。”

行车调度员：“呼叫 y 站轨警。”

轨警：“y 站轨警有。”

行车调度员：“y 站轨警请注意，一名外来人员误入 1 号线上行方向 x 站至 y 站区间，请在 y 站登乘 010178 次列车，发现外来人员后强制将其带上车，交 x 站处理。”

轨警：“在 y 站登乘 010178 次列车，发现外来人员后强制将其带上车，交 x 站处理。收到。”

(3) 列车司机发现外来人员影响行车，立即停车等待轨警将其带上车，报告行车调度员，同时安抚乘客。

列车司机：“呼叫行车调度员。”

行车调度员：“行车调度员有。”

列车司机：“在 1 号线上行方向 x 站至 y 站区间发现外来人员，立即停车，等待轨警将其带上列车。”

行车调度员：“收到。”

列车司机：“各位乘客请注意，由于前方有特殊情况发生，本次列车临时停车，待前方事故处理完毕后我们将立刻恢复运行。谢谢您的配合。”

轨警：“y 站轨警呼叫行车调度员。”

行车调度员：“行车调度员有。”

轨警：“外来人员已被带上 010178 次列车。”

行车调度员：“收到，请交 x 站处理。”

轨警：“收到。”

(4) 010178 次列车恢复正常运行，轨警在 x 站将外来人员交值班站长。值班站长了解外来人员是否受伤及误入区间原因。

值班站长：“乘客，请问您是否受伤?”

乘客：“没有受伤，谢谢。”

值班站长：“请问您为什么会进入 x 站至 y 站区间?”

乘客：“我只是出于好奇，不好意思给你们的工作造成不便。”

值班站长：“运营管理人员未经允许擅自进入轨道区间都是不允许的，更何况外来人员。这不仅造成列车停运导致乘客出行受到影响，还有可能给您造成伤害。”

乘客：“实在不好意思，下次不会了。”

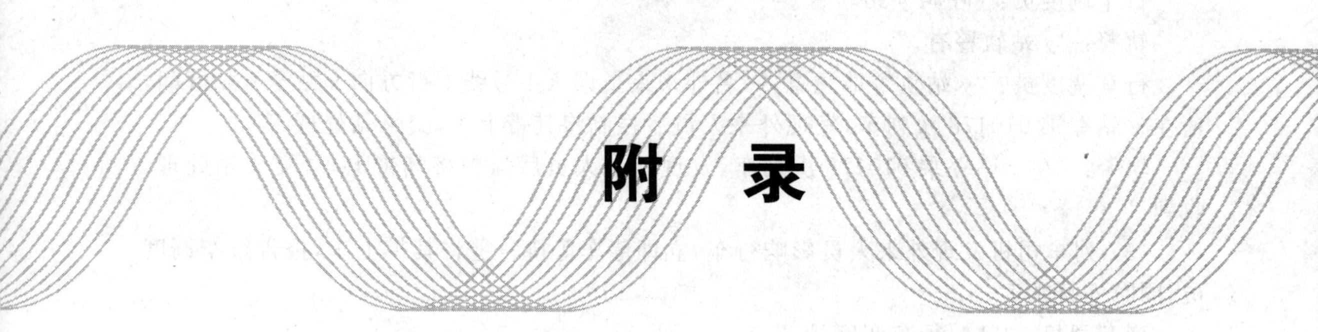

附录

附表 1　乘客伤亡事件调查记录表①

________站　　　　　　　　　　　　　　　　　　________年____月____日星期____

乘客姓名	性别	年龄	发生时间	发生地点	天气
乘客联系地址				联系电话	
乘客证件号码				车站办理人	
事件经过及处理结果					

① 重庆轨道交通“乘客伤亡事件调查记录表”。

续表

车站调查及人证物证	
防范措施	
部门意见	

附表 2 岗位与职责表

序号	岗 位	职 责	应急物资
1			
2			
3			
4			
5			
6			
7			

附表 3 实训演练程序及步骤表

序号	场 景	岗位人员	处理任务
1			
2			
3			
4			

附表 4　实训演练评估表

日期及时间：　　　　　　　　　　　　　　　　　　　　　　　　　观察员：

序号	评估内容	存在的问题
1		
2		
3		
总体评价		

附表 5　事故事件台账①

序号	事故影响	事故名称	时间	地点	事故原因	事故定性	全部责任	主要责任	次要责任

附表 6　乘客伤亡统计表

_____站　　　　　　　______年____月____日星期____

乘客姓名	性别	联系地址	电话号码	证件号码	伤亡情况			
					受伤情况			死亡
					轻	中	重	
总计	受伤总人数							
	死亡总人数							

① 哈尔滨地铁运营分公司"事故事件台账"。

附表 7 事件经过记录表[①](目击证人)

<table>
<tr><td>车站</td><td>目击证人</td><td>性别</td><td>年龄</td><td>事发时间</td><td>事发地点</td></tr>
<tr><td></td><td></td><td></td><td></td><td></td><td></td></tr>
<tr><td>身份证号码</td><td colspan="2"></td><td>联系电话</td><td colspan="2"></td></tr>
<tr><td>家庭住址</td><td colspan="5"></td></tr>
<tr><td colspan="6">事件经过</td></tr>
<tr><td colspan="6"></td></tr>
</table>

① 重庆轨道交通《客伤处理手册》。

参 考 文 献

[1] 毛保华. 城市轨道交通系统运营管理[M]. 北京：人民交通出版社,2006.
[2] 曾小清,姜季生. 轨道信号控制基础[M]. 上海：同济大学出版社,2007.
[3] 费安萍. 城市轨道交通运营设备的运用[M]. 成都：西南交通大学出版社,2008.
[4] 耿幸福,宁文斌. 城市轨道交通运营安全[M]. 北京：人民交通出版社,2010.
[5] 耿幸福,徐新立. 城市轨道交通行车组织[M]. 北京：人民交通出版社,2010.
[6] 王艳荣. 城市轨道交通车辆电气检修[M]. 上海：上海科学技术出版社,2010.
[7] 王延章. 应急管理信息系统[M]. 北京：科学出版社,2010.
[8] 李宇辉. 城市轨道交通应急处理[M]. 北京：人民交通出版社,2011.
[9] 王艳辉,祝凌曦. 城市轨道交通运营安全管理方法与技术[M]. 北京：北京交通大学出版社,2011.
[10] 邱薇华,李健. 城市轨道交通企业管理[M]. 北京：中国铁道出版社,2011.
[11] 罗富荣. 轨道工程建设安全风险控制实施指南[M]. 北京：中国建筑工业出版社,2011.
[12] 黄远丰,李文. 城市轨道交通安全管理法规文件汇编[M]. 北京：人民交通出版社,2013.
[13] 王青林. 城市轨道交通通信与信号系统[M]. 北京：人民交通出版社,2012.
[14] 永秀. 城市轨道交通车站运作管理[M]. 北京：机械工业出版社,2012.
[15] 徐新立. 城市轨道交通运营管理章程[M]. 北京：人民交通出版社,2013.
[16] 夏熠,陈一鸣. 城市轨道交通机电设备[M]. 北京：中国铁道出版社,2013.
[17] 张开冉. 城市轨道交通安全[M]. 北京：科学出版社,2013.
[18] 罗富荣,曹伍福. 北京轨道交通工程安全风险管理体系[M]. 北京：中国铁道出版社,2013.
[19] 王晓飞,黄建中. 城市轨道交通车站设备[M]. 合肥：中国科学技术大学出版社,2014.
[20] 李云飞,刘智铭. 城市轨道交通设施设备认知实训指导书[M]. 昆明：云南人民出版社,2014.
[21] 刘光武,王富章. 城市轨道交通安全应急管理及信息化[M]. 北京：中国铁道出版社,2015.
[22] 刘俊峰. 城市轨道交通概论[M]. 重庆：重庆大学出版社,2015.
[23] 裴瑞江. 城市轨道交通客运组织[M]. 北京：机械工业出版社,2015.
[24] 黎茂盛. 城市轨道交通运营管理[M]. 长沙：中南大学出版社,2015.
[25] 裴晓,朱剑豪. 城市轨道交通工程质量安全事故警示录[M]. 上海：上海科学技术出版社,2015.
[26] 赵东拂. 城市轨道交通枢纽行人安全疏散分析[M]. 北京：中国电力出版社,2015.
[27] 连义平. 城市轨道交通安全管理[M]. 成都：西南交通大学出版社,2011.
[28] 李慧玲,刘冰. 城市轨道交通安全管理[M]. 北京：人民交通出版社,2011.
[29] 张新宇,王富饶. 城市轨道交通安全管理[M]. 北京：人民交通出版社,2012.
[30] 秦进,高桂凤. 城市轨道交通安全管理[M]. 北京：人民交通出版社,2012.
[31] 刘煜,何晓风. 城市轨道交通安全[M]. 重庆：重庆大学出版社,2013.
[32] 赵跟党,张玮. 城市轨道交通信号常见故障及应急处理[M]. 重庆：重庆大学出版社,2014.
[33] 王靓,于赛英. 城市轨道交通安全管理[M]. 北京：机械工业出版社,2014.
[34] 蒋海波,荆涛. 城市轨道交通安全管理[M]. 北京：中央广播电视大学出版社,2014.
[35] 马国龙. 城市轨道交通安全管理[M]. 北京：中央广播电视大学出版社,2014.
[36] 黄锡明. 轨道交通安全风险[M]. 北京：中国铁道出版社,2014.
[37] 连义平,李增和. 城市轨道交通安全管理[M]. 北京：中国铁道出版社,2015.

[38] 于福权. 城市轨道交通运营安全与应急处理[M]. 北京：北京理工大学出版社，2015.
[39] 孟祥虎，孙巧玲. 城市轨道交通安全管理[M]. 北京：人民交通出版社，2015.
[40] 毛昱洁，刘宏晨. 城市轨道交通电动列车应急处理[M]. 北京：人民交通出版社，2015.
[41] 王慧，祖晓东. 高铁乘务安全管理与应急处理[M]. 成都：西南交通大学出版社，2015.
[42] 柴忠信. 城市轨道交通运营安全管理[M]. 北京：中国电力出版社，2015.
[43] 任萍. 城市轨道交通运营安全管理[M]. 北京：机械工业出版社，2015.
[44] 重庆市人民政府应急办. 重庆轨道应急预案附件：重庆轨道交通单轨系统运营突发事件 1[R]. 渝府办发〔2016〕3 号.
[45] 重庆市人民政府应急办. 重庆轨道应急预案附件：重庆轨道交通地铁系统运营突发事件应急处置预案 2[R]. 渝府办发〔2016〕3 号.
[46] 史聪灵，钟茂华，等. 地铁高架车站火灾时人员疏散的性能化设计[J]. 中国安全生产科学技术，2007，3(4)：11-15.
[47] 高俊霞，史聪灵，等. 地铁高架车站站厅火灾烟气流动与控制[J]. 中国安全生产科学技术，2007，3(2)：50-58.
[48] 侯昱晟，李炎锋，石勃伟，赵梦. 地铁换乘车站的火灾风险评估[J]. 消防科学与技术，2014，33(11)：1325-1329.
[49] 冯凯，杨舜，黄豪，田冲. 火灾模式下地铁换乘车站选型设计比较研究[J]. 消防科学与技术，2008，27(10)：730-734.
[50] 章雪明. 重庆单轨 FAS 及 BAS 系统车站级网络集成实践[J]. 现代城市轨道交通，2006(2)：12-17.
[51] 孙晓乾，于芳. 地铁换乘站火灾排烟模式和气流组织策略[J]. 消防科学与技术 2013，32(4)：370-373.
[52] 蒋晓晖. 浅析地铁地下车站的火灾特点及防排烟、灭火方法[J]. 科技风，2011(6)：110.
[53] 施晓群. 铁路旅客列车火灾风险分析及火灾预防、应急处置措施[J]. 铁道警官高等专科学校学报，2012，22(1)：17-20.
[54] 韩凤岩. 深圳福田地下火车站火灾预防及安全救援方案研究[D]. 长沙：中南大学，2009.
[55] 保鲁昆. 铁路车站火灾安全疏散及预防措施研究[D]. 成都：西南交通大学，2008.
[56] 刘凯. 地下双岛式车站自然通风与火灾研究[D]. 成都：西南交通大学，2013.
[57] 张立龙. 地铁列车火灾条件下人员安全疏散预案研究 [D]. 成都：西南交通大学，2011.
[58] 冯美升. 铁路车站候车室火灾危险分析及其预防措施[J]. 安全与健康，2004(9)：38-39.
[59] 李铁勤，李桂超. 典型地铁车站的 FAS 实验平台搭建及应用[J]. 科技传播，2014(18)：207-208.